牟 宗 三 著

# 圓善論

臺灣學生書局 印行

# 序　言

我之想寫這部書是開始于講天臺圓教時。天臺判教而顯圓教是真能把圓教之所以爲圓教的獨特模式表達出來者。圓教之所以爲圓教必有其必然性，那就是說，必有其所依以爲圓教的獨特模式，這個模式是不可以移易的，意卽若非如此，便非圓教。天臺宗開宗于智者，精微辨釋于荆溪，盛闡于知禮，皆在大力表示此獨特模式。觀其所說實有至理存焉。這是西方哲學所不能觸及的，而且西方哲學亦根本無此問題——圓教之問題。

由圓教而想到康德哲學系統中最高善——圓滿的善（圓善）之問題。圓教一觀念啓發了圓善問題之解決。這一解決是依佛家圓教、道家圓教、儒家圓教之義理模式而解決的，這與康德之依基督教傳統而成的解決不同。若依天臺判教底觀點說，康德的解決並非圓教中的解決，而乃別教中的解決。因爲教旣非圓教，故其中圓善之可能亦非眞可能，而乃虛可能。詳如文中第六章所說。

德說：

嚮往一最高善是西方「哲學」一詞之古義（這古義的哲學在中國則寧名曰「教」）。康

反過來，圓滿的善是哲學系統之究極完成之標識。哲學系統之究極完成必函圓善問題之解決；

因此，圓善問題之解決亦函哲學系統之究極完成。

（理性之實踐的使用）優越于思辨理性（理性之思辨的使用）。實踐理性

則哲學亦是教。依康德，哲學系統之完成是靠兩層立法而完成。在兩層立法中，實踐理性

指導人通過實踐以純潔化人之生命而至其極者為教。哲學若非只純技術而且亦有別於科學，

籠統方便言之，凡聖人所說為教。即不說聖人，則如此說亦可：凡足以啟發人之理性並

個希臘字（希臘字哲學一詞指表「愛智慧」），而同時它又必足以在哲學之名下去

這必應是妥善的。因為一方面，「作為一最高善論」這所附加的限制必應適合于那

在其作為一最高善論之古義中（就理性努力去使這最高善論成為一門學問而言）

這乃是「實踐的智慧論」之事，而此實踐的智慧論，作為一門學看，復又即是所

謂哲學。哲學一詞是取古人所了解之意義。古人以為哲學意謂一種「概念中之教」。

訓」（註一），概念乃即是「最高善已被置于其中」的那概念，並且亦意謂一種

「行為中之教訓」，行為乃即是「最高善所因以被得到」的那行為。去把哲學一詞留

為我們的合理行為底諸格言而去實踐地即充分地（適當地）規定一最高善之理念，

擁攝「愛學問」，即是說，「愛一切思辨的理性

知識」是就這思辨的理性知識在以下兩方面均可「適用於理性」（註二）而言，即，

一是在那個概念（即最高善之概念）方面可適用於理性，一是在「決定我們的行

爲」的那實踐原則方面可適用於理性，而單爲此主要目的之故，此思辨的理性知識却亦並未喪失這主

要的目的（愛智慧），而單爲此主要目的之故，此思辨的理性知識却亦並未喪失這主

智慧論。另一方面，因著在此定義中（意即在哲學作爲最高善論之定義）中

執持一個「必十分降低一個人之虛僞要求」的自我估價之標準于一個人之面前而去

抑制那「冒險去要求哲學家之稱號（自居爲哲學家）」這樣一個人底自大，這必是

無害的。〔案意卽：另一方面，我們可用哲學之爲最高善論之定義以爲一自我估價

之標準，把此標準置于一個自居爲哲學家的人面前而抑制其自大，這必是無什麼損

害的，蓋有誰能及此標準呢？是故此標準必十分降低其虛僞的要求。〕因爲一個智

慧底教師必不只是意謂一個學者（一個學者並未進至如此之遠，即如以「達到如此

高之目的」之確定期望來指導他自己那樣遠，當然亦未以此來指導他人）；智慧底

教師是意謂智慧底知識中之師（案卽中國所謂人師），智慧底知識必然仍是一個比

一個平庸人所要求于其自己者爲更多一點。這樣，哲學如同智慧必總仍是一個

理想，此理想，客觀地說，其被呈現爲完整的是單只在理性中被呈現爲完整的（單

只是完整地呈現于理性），而主觀地說，對一個人而言，它只是此人之不停止的努

力。○○。而無人能有理由宣稱哲學家之名，倘無人能展示此理想之不可錯誤的結果于他自己的人格中以為一範例（即在其自我作主中以及在那「他于一般的善中異常地感有之」的那無疑問的興趣中展示此理想之不可錯誤的結果于他自己的人格中以為一範例），而這一點却亦正是古人所要求之以為一條件，以為值得有那個可尊敬的（光榮的）「哲學家」之頭銜之條件。

註一：改為「依概念而說的教訓」亦可。下「行為中之教訓」亦可改為「依行為而說的教訓」。若把這兩面揉在一起而如此譯亦可，即「古人以為哲學意謂一種依概念與行為而說的教訓，概念即是最高善已被置于其中的那概念，而行為亦即是最高善所由以被得到的那行為」。

註二：意即「可服務于理性」或「有益于理性」。

註三：此是改正文，原注為「意即在最高善之定義中」，誤。俟再版時當照改。

如康德此段話所言，哲學之思考依其發展而至實踐理性之批判，充分地去為我們的理性行為之格言規定最高善之理念而言，就是「實踐的智慧論」（Weisheitslehre 智慧學，「實踐的」一形容詞是阿保特所加）。哲學之思考而至此是符合「哲學」一詞之古義的。古希臘哲學一

詞意謂「愛智慧」。何謂「智慧」？洞見到「最高善」即謂智慧。何謂「愛智慧」？嚮往最

高善、衷心對之感興趣、有熱愛、有渴望，即謂「愛智慧」。所以哲學或智慧學（實踐的智

慧論），作為一門學問看，是不能離開「最高善」的。因此，哲學，依古義而言，亦可逕直

名曰「最高善論」。（依近世而言，當然不如此。近代哲學甚至已不討論最高善了。又古代

所謂最高善，如柏拉圖之所意謂，以及斯多噶與伊壁鳩魯之所意謂，亦皆以最高善即意謂

者之境。至康德，我們可明確地知道最高善即是圓滿的善，而即此圓滿的善亦未達至圓教下

的圓善之境。吾雖就此圓滿的善而譯為圓善，圓善就是圓滿的善之簡稱，然而當吾就圓教說

圓善，則此圓善之內容的，具體而眞實的意義亦有進于康德所說者，雖然德福一致之義仍照

舊。）

依哲學之古義之為「最高善論」這一限制而言，（限制是照顧到近世而言，若依古義，

哲學就是如此，無所謂限制，恰如依中國傳統而言，這樣的哲學就是所謂「教」），哲學一

方固是「愛學問」（哲學一詞之原義），一方亦是「愛智慧」。「愛一切思辨性的理性知識」。

「愛學問」就是使「愛智慧」成為一門學問，有規範有法度的義理系統，這就是所謂「智慧

學」。既是一有規範有法度的義理系統，就需要有思辨性的理性知識，如孟子所謂「終始條

理」（稱孔子者），荀子所謂「知統類」。若是雜亂無章，荀子所謂「雜而無統」，或只是

「儻來一悟」，只是一些零碎的感覺，則不成學問，亦不能說「愛智慧」矣。愛智慧就函着

愛學問，愛學問就函着愛一切思辨性的理性知識。這一切思辨性的理性知識當然是就最高善

論而說的。這些理性知識在界定最高善之理念（概念）中以及在表明實踐原則以決定我們的

行為中都是對于理性有用的，即皆可服務于理性而有用于理性，卻理性可藉這些思辨性的理

性知識以展現其自己之目的與義用。故雖是思辨性的理性知識，卻亦未歧離漫蕩，往而不

返，而喪失其主要目的，即「愛智慧」之目的；單為此目的之故，這些思辨性的理性知識始

可叫做是實踐的智慧論（智慧學），這就是哲學（智慧學）——最高善論之為一學問之恰當

意義。

這樣意義的哲學，康德說，古人認為是一種教訓，即依概念與行為。概念即

是「把最高善置于其中」的那概念（意即最高善之概念），行為即是「最高善因之而被得到」

的那行為。這亦正是中國儒釋道傳統中所謂「教」。哲學既是這樣意義的一種教訓，則依

此意義的哲學而言，無人敢自居為一「哲學家」。因此，「哲學如同智慧，必總仍然是一個

理想，此理想，客觀地說，其被呈現為完整的是單只在理性中被呈現為完整的，而主觀地

說，對一個人而言，它只是此人之不停止的努力之目標，而無人能有理由宣稱為實得有之，

得有之以冒稱哲學家之名，倘無人能展示此理想之不可錯誤的結果于他自己的人格中以為一

範例。」

案這個意思的哲學家必即儒家所謂聖人，道家所謂至人真人，佛家所謂菩薩佛，而康德

在他處則名曰「理想的哲學家」。康德在純粹理性批判超越的方法論第三章純粹理性底建構

中有云：

迄今以往，哲學之概念只是一經院式的概念——一個知識系統之概念，此意義的哲學概念只在其為一學問的性格中被尋求，因此，它只籌劃這系統性的統一，即適當于學問的那系統性的統一，因而結果，它不過是知識底邏輯圓滿。但是，玆同樣也有另一個哲學底概念，即一「宇宙性的概念」，此宇宙性的概念總是已形成「哲學」一詞之真實基礎，特別當其似乎已被人格化（已為人所體之），而其基型已被表象于理想的哲學家中時，為然。依此觀點而言，哲學是把一切知識關聯于人類。理性底本質目的之學，而哲學家不是理性領域中的一個技匠，而是其自身就是人類理性底立法者。依哲學一詞底這個意思而言，去稱一個人為哲學家，並妄以為他已等同于那只存于理念中的「模型」，這必是過情的虛譽。

〔譯者案〕：所謂哲學之「宇宙性的概念」（Cosmical concept, Conceptus cosmicus, Weltbegriff），宇宙性是照字面譯，很難找一個恰當字眼譯之，也許孔子「與人為徒」義較近之。見下康德注。

數學家，自然哲學家，以及邏輯學家，不管前兩者在其理性知識之領域中的進步是若何的成功，而後兩者尤其在哲學知識方面的進步是若何的成功，他們在理性領域中猶仍只是一些技匠。今設想有一教師（理想中思議之者）于此，他把那三家的

工作分派給三家，並且用他們的工作爲工具，去推進人類理性底本質目的。我們必須單名此一教師爲一哲學家；但是由于這樣的教師並不存在，而「他的立法」之觀念則是被見于那每一人類所稟賦的理性中，是故我們將緊守這理性，較更準確地去決定哲學所規定者，即從理性底本質目的之觀點，依照哲學之宇宙性的概念（註一），較更準確地去決定哲學所規定者。就着系統性的統一，更準確地去決定哲學所規定者。

【原注一】：關于哲學之宇宙性的概念，康德有注云：

所謂「宇宙性的概念」，在此，是意謂這樣一個概念，即，它關聯到那「每一個人必然地對之有一興趣」者；依此，如果一門學問只被視爲這樣一種學科，則我必須依照【學問】之經院式的概念去決定它。的而被設計成者這樣一種學科，即依照某種自由選擇的目的而被設計成者這樣一種學科，則我必須依照【學問】之經院式的概念去決定它。

（案：哲學之經院式的概念其目的有特限，而且只注意知識之邏輯圓滿。哲學之宇宙性的概念其目的的無特限，只就那與全人類有關每一人對之的感興趣者而言，是一切理性知識之實踐存有論的圓滿，故似與孔子「與人爲徒」義較合。）

本質的目的，自其當身而言之並不就是最高的目的；在這些本質的目的中，只有一個始可說爲是最高的目的。因此，本質的目的或是終極的目的，此等隸屬性的目的是必然地當作工具而與那終極目的相連繫。終極目的的或是諸隸屬目的，此等隸屬性的目的是必然地當作工具而與那終極目的相連繫。終極目的不過就是人底全部天職，而討論此全部天職的哲

學即被名曰道德哲學。由于道德哲學所有的這種優越性，即優越于理性底一切其他業績的這種優越性，所以古人在其使用「哲學家」一詞時，常特別意指「道德家」而言，而甚至在今日，我們亦因着某種類比而被引導去稱一個在理性底指導下顯示自制的人曰哲學家，不管其知識為如何地有限。

「人類理性底立法」（哲學）有兩種對象，即自然與自由，因此，它不只含有自然底法則，亦含有道德法則，它把這兩種法則首先呈現于兩個不同的系統中，而最後則呈現之于一個整一的哲學系統中。自然底哲學討論那一切「是什麼」者，而道德哲學則討論那「應當是什麼」者。

案此四段話與上所引實踐理性批判中者相呼應。關于此四段話，還有前乎此者，我曾詳釋之于現象與物自身一書第七章最後一節中。讀者可取而一閱。那部書從純粹理性批判講起，依中國哲學底智慧方向，就着康德的現象與物自身之超越的區分，最後建立執的存有論與無執的存有論。本書則講圓教與圓善，故先以古人所理解的哲學——實踐的智慧學，最高善論，標之于此序，以實踐理性作開端，把圓滿的善（圓善）套于無執的存有論中來處理，即從圓教看圓善，此將使無執的存有論更為真切，使一完整的系統之圓成更為真切。

哲學之為智慧學（實踐的智慧論）——最高善論，這雖是哲學一詞之古義，然康德講最高善（圓滿的善）之可能卻不同于古人。他是從意志之自律（意志之立法性）講起，先明何謂

善，然後再加上幸福講圓滿的善。此圓滿的善底可能性之解答是依據基督教傳統來解答的，即由肯定一人格神的上帝使德福一致為可能。我今講圓教與圓善則根據儒學傳統，直接從孟子講起。孟子的基本義理正好是自律道德，而且很透闢。圓滿的善，以前儒者不甚措意，孟子亦未積極考慮此問題而予以解答，此蓋由於先重「德」一面故。然而天爵人爵亦是孟子所提出者，則是孟子的智慧，雖辭語與思考方式不同于康德。圓滿的善，首發于二千年以前，不同凡響，此示本有德福之兩面，此即可引至圓滿的善之考慮。圓教底意識是後來慢慢發展成的。儒家由孔子之仁開端，本有上下內外本末通而為一的粗略規模。道家老莊亦有。然而圓教之所以為圓教之獨特模式卻必須首先見之于佛家天台宗之判別、圓。若以此為準而予以鄭重注意，則儒聖之圓境卻首先見之于王弼之聖人體無以及向、郭之注莊。此等玄言雖是假託道家理境以顯，然而圓境卻必須歸之于儒聖。由此即可啟發出依儒家義理而說儒家之圓教。依儒家義理而說儒家圓教必須順王學之致良知教而發展至王龍谿之「四無」，始正式顯出。由此圓教之顯出始可正式解答之「一本」與胡五峯之「天理人欲同體異用」，再由此而回歸于明道圓善之可能，此則不同于康德之解答。是則圓善問題之解決固非斯多噶與伊壁鳩魯所能及，甚至亦非康德之依基督教傳統而答者所真能答。

我之講圓教與圓善是直接從孟子講起，我之這樣講起是取疏解經典之方式講，不取「依概念之分解純邏輯地憑空架起一義理系統」之方式講。所以如此，一因有所憑藉，此則省力故；二因講明原典使人易悟入孟子故；三因教之基本義理定在孟子，孟子是智慧學之奠基

者，智慧非可強探力索得，乃由有眞實生命者之洞見發，爲不可移故。

我之疏解孟子是取孟子告子篇上逐句疏解之。這一篇文字由孟子與告子辯「生之謂性」起直至最後篇尾止，乃一氣呵成者，甚有條貫性。然而兩千多年來，眞能通解、切解、確解此篇文字者卻不易得。只一「生之謂性」卽不易辨明。象山卽謂「不必深考，恐力量未到，反惑亂精神」。（詳見全集卷七與邵中孚書）。此雖勸人，然其本人終亦未深考也。程明道亦言「生之謂性」，但成另一義，非告子之原義。至若就「無分于善惡」而涉想者皆不相干，如陽明及劉蕺山皆對于告子語有無謂之遐想。朱注順通文句雖大體不誤，然于論辯之經過則不能使人有確切之理解。凡此俱見心體與性體第二冊明道章生之謂性篇。仁義內在只象山陽明能切明之，朱子不能明也。可見兩千多年來，有誰能通解、切解、確解此篇文字乎？近人更不易理解。吾每念及此，輒覺華族學人對不起古人。以前學子有誰不讀四書，而猶若是，況今日乎？故吾取而逐句疏解之。又不只文句事，且是義理事。兩者俱到，方能有通解、切解、與確解。語句暢順，則義理豁然，因其語句本是智慧語句，亦是表達義理之語句也。若無生命之感應，又無義理之訓練，而謂訓詁明則義理通，是則難矣。吾旣疏解已，又取康德論人性中之基本惡一文譯成中文以附于後。此則有助于「生之謂性」之論辯之理解，是此時代理解告子篇之不可少之補充也。詳讀康德文，益覺孟子後華族學子思力之脆弱，又象山嘗謂「竊不自揆，區區之學自謂孟子之後至是而始一明也。」（全集卷十與路彥彬書）。象山語錄云：「夫子以仁發明斯道，其言渾無罅縫。孟子十字打開，更無隱遁。」孔子是聖

人，孟子是教（智慧學）之奠基者。孟子後至象山而始一明。象山所明者卽是孔孟之智慧方向也。象山與邵叔誼書云：「端緒得失則當早辨」（全集卷一）。「端緒」卽所謂智慧方向也。就告子篇言，象山所明者亦只是孟子義理，智慧之大端，卽「牛山之木嘗美矣」以下直發正面之義理者，象山實能得之，彼亦勸人當「常讀之」，必能得益。然于篇之開首論「生之謂性」處，則勸人「不必深考，恐力量未到，反惑亂精神。」此雖勸人，而其本人終亦未示人以通解。故吾必須詳予疏解，且又附之以康德之文。此問題之暢通實需要有相當之「力量」，未可隨意滑轉，亦不可涉想漫蕩。否則孟子之爭辯乃徒然矣。此中曲折甚多，觀康德之文可知也。

順孟子基本義理前進，直至天爵人爵之提出，此則可以接觸圓善問題矣。孟子未視圓善爲一問題而期解決之。視之爲一問題則來自西方，正式解答之則始自康德。康德之解答是依據基督教傳統而作成者，此並非是一圓滿而眞實之解決。吾今依圓教義理解決之，則期予以圓滿而眞實之解決。但圓教之觀念卽非易明者。此則西方哲學所無有也，儒、道兩家亦不全備也。唯佛家天台宗彰顯之，此是其最大的貢獻。此由判教而逼至者。中國吸收佛教，其中義理紛然，判教卽是一大學問，能判之而彰顯圓教之何所是卽是一大智慧。此則啓發于人類理性者既深且遠，而敎內外人士鮮能眞切明之。智顗、荊溪、知禮實乃不可多得之大哲學家。吾以此智慧爲準，先疏通向、郭之注莊而確立道家之圓教，次疏通儒學之發展至王學之四有四無，由之再回歸于明道之一本與胡五峯之同體異用，而確立儒家之圓教。圓教確立，

用于圓善，則圓善之圓滿而眞實的解決即可得矣，此則不同于康德之解答而有進于康德者。

人或以爲王弼、向秀、郭象只是魏晉之名士，何以道家圓教至彼始顯，然則老莊尙不及魏晉名士乎？至于王龍谿，劉蕺山斥其爲虛玄而蕩，黃梨洲謂其陷陽明于禪，一般視之尙非王學之正傳，何以儒家圓教至彼始顯，然則孔孟程朱陸王尙不及王龍谿乎？案此問爲不知類。天台判別圓，亦非釋迦、龍樹、無著之所說，然則釋迦、龍樹、無著尙不及天台乎？天台智者大師不過「位居五品」，尙未斷無明，極稱之不過曰「東土小釋迦」，何以佛家圓教至彼始立？須知謂其能明圓教非謂其修行高于釋迦、龍樹、無著也。王弼、向秀、郭象以迹本論會通孔老以明道家義理之圓教，此非謂其智慧風範即高于老莊也。王龍谿提出四無，胡五峯提出同體異用，以明儒家義理之圓教，此亦非謂其智慧德行已高于孔孟程朱陸王也。

智慧之造始與思想之開發固是兩事，即思想之開發與踐履造詣之高下更是兩事，非可一概而論。於此後兩者間，欲想得一配稱之關係，恐將比在德福間得一配稱爲更難，此當別論。

吾人若不能洞曉道家「無」之性格與佛家般若之性格之共通性，則不能解除後世儒者對于佛老之忌諱，此一忌諱是儒家義理開發之大障礙。吾人若不能了解儒家系統是縱貫講之創生系統，佛老是縱貫橫講之非創生系統，則不能了解三教之所以異。吾人若不能證立三教皆有無限智心之肯認，則不能證立三教無限智心旣是成德之根據亦是存在之根據，此而不能被肯認，則必致使三教之宗趣，自相刺謬。吾人若不能證立三教無限智心之肯認，此而不能被肯認，則必致使三教之宗趣，自相刺謬。吾人若不能了然於分別說與非分別說，則不能預規圓教之規模，因而圓善之可能亦不可得而期矣。吾人若不能了然於分別說與非分別說之

足以窮盡人類理性之一切理境，而非分別說又有屬于「無限智心之融通淘汰之作用（無）」者，又有屬于「存有論的法之存在」者（縱貫縱講者與縱貫橫講者），則不能知何以必在兩義兼備之非分別說中成立圓教，因而亦不能知何以必在此究極圓教中始得到圓善問題之圓滿而眞實的解決。

凡此皆經由長途跋涉，斬荊截棘，而必然地達到者。中經才性與玄理，佛性與般若（兩冊），心體與性體（三冊），從陸象山到劉戢山等書之寫作，以及與康德之對比，始達到此必然的消融。吾愧不能如康德，四無傍依，獨立運思，直就理性之建構性以抒發其批判的哲學；吾只能誦數古人已有之慧解，思索以通之，然而亦不期然而竟達至消融康德之境使之百尺竿頭再進一步。于以見概念之分解，邏輯之建構，與歷史地「誦數以貫之，思索以通之」（荀子語），兩者間之絕異者可趨一自然之諧和。（中間須隨時有評判與抉擇，以得每一概念之正位）。柏拉圖、亞里士多德、宗敎耶穌、聖多瑪、近世笛卡爾、來布尼茲、陸克、休謨、康德、羅素，代表西方之慧解；孔、孟、老、莊、王弼、向秀、郭象、智顗、荆溪、知禮、杜順、智儼、賢首、濂溪、橫渠、二程、朱子、五峯、象山、陽明、龍谿、劉戢山，代表中國之慧解。中西融通之橋樑乃在康德。西方多激蕩，有精釆，亦有虛幻；中國多圓融平實，但忌昏沈，故須建構以充之。圓融不可以徒講，平實不可以苟得。非然者，必下趨于昏沈而暴戾隨之，此可悲也。

言至此，尚有不能已于言者，熊先生每常勸人爲學進德勿輕忽知識，勿低視思辨。知識

· xiv ·

不足，則無資以運轉；思辨不足，則浮泛而籠統。空談修養，空說立志，虛餒迂陋，終立不

起，亦無所修，亦無所養。縱有穎悟，亦是浮明；縱有性情，亦浸灌不深，枯萎以死。知識

與思辨而外，又謂必有感觸而後可以爲人。感觸大者爲大人，感觸小者爲小人。曠觀千古，

稱感觸最大者爲孔子與釋迦。知識、思辨、感觸三者備而實智開，此正合希臘人視哲學爲愛

智慧愛學問之古義，亦合一切聖教之實義。熊先生非無空靈造極之大智，而猶諄諄于下

學！惟能空靈而造極者始能切感于知識、思辨之重要；惟能切感于知識、思辨之重要者始能

運轉知識、思辨而不滯于知識、思辨而通化之以至于空靈。人多不能解其意之切而當下心領

神會，以爲何以如熊先生之高明而猶賓賓于瑣碎之糟粕！不自知其空疏而無似，遂轉而枵腹

自大，襲取古人話頭以自文，動輒言吾雖不識一字亦堂堂正正做一個人。此誠然也，然象山

說之有衷氣，汝說之只成一遁辭。不識一字固可堂堂正正做一個人，非謂堂堂正正做一個

人，便可不須識字也，亦非謂盡不識字者皆可堂堂正正做一個人也。又或以爲思辨只是空理

論，不必有實證，遂妄託證會以自高。殊不知思理混亂，基本訓練且不足，而可妄言證會

乎？汝焉知思辨明徹者之必無證會乎？又或以爲知識只是粗迹，未可語于性德之冥契，如是，

遂日夜閉目合睛，妄託冥契以蹈空。殊不知學知不够，雖即于性德亦不知其爲何物，而可妄

言冥契乎？汝焉知學知周至者定無性德之冥契乎？

熊先生語是警戒語，策勉語，非主張語。彼深感一般學子淺陋浮泛之可厭，既不足以成

事，又不足以成學，此是民族之衰象。生命強力不足，不能堪忍煩瑣與深入，如是，遂落于

非昏沈即掉舉。船山亦云害莫大于浮淺。凡不能辨解問題以求解答者,輒起反動以毀之或漫之,於學美其名曰空靈,實只是掉舉;於事美其名曰革命,實只是暴亂。即暴亂,皆強力不足,不足以勝任問題之辨解與解答者也。熊先生實深感之,此亦孔子釋迦之感也。此是真明之策勉,非徒語下以輕估人也。人不能悚然敬謹聽受,反以為我已過于此境矣,何尚以童蒙視我耶?人之是否有真,是否浮泛,識者自能辨之。不知敬領心受,而徒以圓融話頭混漫之,此亦「不知類」之謂也。教不可以已,學不可以已。雖即上聖,若聞其語,亦只有蕭然心領,而況晚輩後生不知學為何物者乎?古今哲人,辨力之強,建構力之大,莫過于康德。此則有真感,真明,與真智者也。彼若無周至之學知,焉能取一切有關之概念而辨明之乎?彼若無透徹之思辨,焉能取一切辯證(佛所不答者)而批判之乎?彼若無真感,真明,與真智,又焉能切言實踐理性之優越性乎?天臺判教雖屬佛教內者,若無學知與思辨,焉能判之以八教而罄無不盡者乎?若無真感,真明,與真智,又焉能「位居五品」(圓教五品不是小事易事),得「東土小釋迦」之稱號乎?處于今日,義理之繁,時世之艱,為曠古以來所未有,若無學知與明辨,焉能開愛智慧愛學問之真學(即真教)而為時代作砥柱以消解魔難乎?吾不敢自謂能有真感,真明,與真智,惟賴古德近師之教語以自詛勉耳。判教非易事,熊先生之辨解,由于其所處之時之限制,不必能盡諦當,然要而言之,彼自有其真也。吾茲所述者,亦只承之而前進云爾。是為序。

# 圓善論 目錄

# 第一章　基本的義理

## 告子篇上疏解

### 一、杞柳之喻

告子曰：性猶杞柳也，義猶桮棬也。以人性為仁義，猶以杞柳為桮棬。

孟子曰：子能順杞柳之性而以為桮棬乎？將戕賊杞柳而後以為桮棬也？如將戕賊杞柳而以為桮棬，則亦將戕賊人〔性〕以為仁義與？率天下之人而禍仁義者必子之言夫！

案：所記此段對辯先標告子之主張，後記孟子之反駁，文意甚為顯豁。茲以語體文順通如下：

告子主張說：人之性好比是杞柳之木材一樣，「仁」義就好比是由杞柳之木材製成的桮捲器具一樣。以人性造成仁義就好比以杞柳木材造成桮捲器具一樣。

孟子駁斥說：如你所說，你能順杞柳之性（順杞柳之如其爲杞柳）就能以杞柳造成桮捲嗎？抑或將加人工戕賊杞柳而後始能造成桮捲呢？如果你須將杞柳予以斧斷（戕賊）始能以之造成桮捲，那麼依你之類比，你亦將扭曲矯揉（戕賊）人之性始能以之造成仁義乎？

「如誠如此，則仁義將不是由人性自然而發，而是由人工造作而成。」如是，則領導天下人以禍害仁義使之成爲不眞實的虛僞物者必就是你這幾句話了！

案，在此對辯中，告子以杞柳喻性，是把性看作材料，是中性義的性，並無所謂善惡，其或善或惡是後天造成的，因而其中亦無所謂仁義，仁義亦是後天造成的，因而仁義是外于人性的（此與告子下文主張仁內義外之不同，詳見下文辨明）。而孟子則主張仁義是內發于人性，不是後天造成的，如是，則孟子心目中的性必不是中性的材料義之性。這就顯出兩人所指目的性不同，並不是對于同一性而有相反的主張因而成爲兩相矛盾。因爲對于人本可有不同層面的看法。然則何種意義的性始可看成是中性的材料，又何種意義的性始能自發出仁義而可被說是定善，這不可不予以辨明。此則順下文層層論辯即可明白。

或有把此對辯中告子曰中之語不視爲告子之主張，而視爲是告子對于孟子之攻擊——攻

擊其「以人性爲仁義」，視「以人性爲仁義」是孟子之主張，且把「爲」字作「是」字解或作「當作」解，如是便攻擊說：你若把人性看成是仁義，就好像把杞柳看成是桮棬一樣，但杞柳不能就是桮棬，是故人性亦不能就是仁義。是故你把人性看成是仁義是完全錯了。這樣把告子那幾句話看擰了！這是完全把人性視爲材料，把仁義視作後天造成的。那幾句話就不可解。其實完全可解。孟子就是反對你把人性視爲材料，遂以爲孟子之答辯不可解。這是告子的主張，其中的「爲」字是「作成」義，孟子答辯中的「爲」字亦都作「作成」解。

## 二、湍水之喻

告子曰：性猶湍水也，決諸東方則東流，決諸西方則西流。人性之無分于善不善也，猶水之無分于東西也。

孟子曰：水信無分于東西，無分于上下乎？人性之善也，猶水之就下也。人無有不善，水無有不下。今夫水，搏而躍之，可使過顙；激而行之，可使在山，是豈水之性哉？其勢則然也。人之可使爲不善，其性亦猶是也。

案：在此對辯中，告子正式說出人之性原只是中性的，此爲材料義之性之所必函。順通如下：

告子又主張說：性好比是溮湍之水，你把它決之于東方，則它卽向東流，你把它決之于西方，則它卽向西流。人性亦如是，人性之無分于善不善就好像水之無分于東西。

孟子答辯說：卽依汝之例方便而言，水誠然無分于東西，但豈亦無分于上下乎？人性之向善（人性之善也），由其自然向善而斷其是善）就好像水之自然就下一樣。現在，對此水，你若拍擊之，使之飛濺起來，它可以濺過了你的額頭，你若把它壅激起來而使之上湧，它可以流到山上去，這豈是水之自然就下之性嗎？這乃是迫于勢（卽由外力而使之）而然的。人之可被致使爲不善（作不善之事），就其性而言，也好像水之過顙或在山一樣，是迫於勢而然的（由環境習染而然的），這不是其性本是如此的。

案：告子既視性爲材料，因而必視性爲中性（無分于善惡），這是必然相隨而來的。孟子既反對其材料說，亦反對其中性說，這亦是必然相隨而來的。然則究竟什麼樣的性可視之爲材料和中性？又什麼樣的性不可如此看？性猶湍水，性猶杞柳，是告子舉例以明之。孟子卽就其所舉之例而駁之。下文告子則就原則以明性爲材料之中性義。此原則卽是「生之謂性」。

三、「生之謂性」辯

告子曰：生之謂性。

孟子曰：生之謂性也猶白之謂白與？

〔曰〕：然。

〔曰〕：白羽之白也猶白雪之白，白雪之白猶白玉之白與？

〔曰〕：然。

〔曰〕然則犬之性猶牛之性，牛之性猶人之性與？

案：告子在此正式提出說性之原則，即「生之謂性」。我們必須知道這句話之來歷。依照古傳統，原只有「生」字，性字是後起的引申字，故古訓即是「性者生也」，以生字訓性字。到孟、荀時，這兩字還是時常通用的，雖然孟子並不這樣通用。但孟子說「形色天性也」，這個性字就是「生」。「生」即是出生之生，是指一個體之有其存在而言。廣之，凡一東西之存在皆可以「生」字表示，如道德經說「有物混成，先天地生」。「先天地生」，即先乎天地而存在。「生之謂性」意即：一個體存在時所本具之種種特性即被名曰性。此即「性者生也」之古訓所含有之意旨。西漢初年董仲舒尙能通曉此義。他說：「性之名非生與？如其生之自然之質謂之性」。這是「生之謂性」一語之諦解。我們可說這是吾人所依以了解性的一個原則。我們通過這原則可以把一個體所本具之「自然之質」（種種自然特性）呈現出來。這一原則是要落實于「自然之質」上的，即是說，它必須實指自然之質而抒發之。「生之謂性」之自然之質可直接被說爲是生就而本有的。但此所謂生就而本有是生物學

的本有，是以「生而有」之「生」來定的，與孟子所說「仁義禮智我固有之也，非由外鑠
我也」之「固有」不同。孟子所說之「固有」是固有于本心（見下文），是超越意義的固
有，非生物學的固有，亦非以「生而有」定，蓋孟子正反對「生之謂性」故。因此，「生之
謂性」一原則必限制出對于性之實之一種主張，因而遂有孟子之反駁而提出另一種主張，即
不由「生之謂性」說性而單由道德義理之當然以說人之義理之性，這樣便可在道德價值上把
人與牛馬區別開。

　人們看到告子「生之謂性」之性是固有的，而孟子亦說「仁義禮智我固有之也」這義理
之性亦是固有的，既都是固有的，你孟子何以獨反對「生之謂性」？有人想替孟子作一解
答。他說：依孟子，性是固有的，但固有的不必是性。此則無謂。因為何以只許你的固有是
性，不許我的固有是性？我們既都說固有的是性，你何獨單單說你的四端固有是性，我的食
色固有便不是性？所以這種代答實不成立。他說我之這樣代答是有根據的，因為依孟子，食
色固有不名曰性，但名曰命。（此依「耳之于聲也……性也，有命焉，君子不謂性也」作
解。）案此完全錯誤，不解孟子說「性也有命焉，君子不謂性也」之意。這樣的答辯既不解
孟子反對「生之謂性」所依據之立場，又不解兩「固有」之不同，因而亦不解兩固有所指之
「性之層次」之不同。孟子反對「生之謂性」並不一定反對食色等是性，因為他明說「耳之
于聲也等等性也」，有命焉，君子不謂性也」。雖「有命焉，君子不謂性」，卻亦並不否認其
是性，亦並非直說它是「命」。「有命焉」並不等于名之曰命。因此，其所以反對「生之謂

性」是只因爲若這樣說人之性並不足以把人之價值上異于牛馬者標舉出來，這明表示孟子另

有說人之超越的眞性之立場。

此而既明，則孟子之論辯卽可順通如下：

告子說：一個體于其存在時所本具之自然之質卽被名曰性；性者生也，如其生之自然之質謂之性。

孟子問曰：性者生也，如其生之自然之質謂之性，此是分析語，猶白者說爲白，是這個意思嗎？（案此「猶」非）。

告子答曰：是。（案此答非是）。

孟子又問曰：那麼白羽說爲是白的就好像白雪說爲是白的，白雪說爲是白的就好像白玉說爲是白的，是嗎？

告子答曰：當然是。（案此答是）。

孟子又問曰：此旣如此，那麼犬之生猶牛之生，牛之生猶人之生。旣如此，然則犬之性猶牛之性，牛之性猶人之性嗎？（案此類比非是）。

告子答曰：是。（案此答非是）。

案：問至此，告子無答。也許推至此，他覺得有點爽然若失，瞪目不知如何答。因爲他不能說犬之性就和牛之性一樣，牛之性就和人之性一樣。但從上面一步一步推下來又好像必至此

結論，他檢查不出上面的推論是有錯誤的。至于孟子這樣問難，其心目中自有所指。然由「生之謂性」推下來而至其心中之所想，這其間有兩步跳躍或滑轉。告子一時辨別不清，遂至語塞。其實告子若真了解「生之謂性」一語之意義，他是可以答辯的。他可以說「生之謂性」是說「性之實」之一原則。「性者生也」與「白之謂白」並不相同，後者是套套邏輯式的分析語，而前者不是。

「性者生也」並不等于「性是性」，或「生是生」，其語意是「生」等于個體存在，個體存在時所具有的「自然之質」曰性，而個體存在並不等於性。是則「性者生也」或「生之謂性」並不同於「白之謂白」（白說爲是白）。告子辨別不清而答曰「是」（即認爲生之謂性同于白之謂白），實則非是。這是孟子之誤解（想的太快），把「生之謂性」（性者生也）誤解爲像

「白之謂白」（白說爲是白，白者白也）一樣。這是第一步錯誤。至于白羽之白猶白雪之白，白雪之白猶白玉之白，這是無問題的，因爲白羽之白，白雪之白等都是主謂式的分析命題，也是套套邏輯之一種。但由此亦推不到犬之性猶牛之性，牛之性猶人之性。蓋「生之謂性」既是一原則，當然可以到處應用，用于人把人之自然之質說出來，用于犬把犬之自然之質說出來，用于牛把牛之自然之質說出來，然而這既不等于說「犬之生（個體存在）猶牛之生，牛之生猶人之生」，一切生皆是生，同是個體存在，因爲這並沒有說什麼，亦不等于說「犬之性猶牛之性，牛之性猶人之性」，因爲雖都是「生之謂性」，然「自然之質」之實卻各有不同。夫既如此，你何以能根據白羽之白猶白雪之白，白雪之白猶白玉之白，而推至犬

之性猶牛之性，牛之性猶人之性呢？這是孟子的第二步錯誤。告子若能這樣指出這兩步滑轉之非是，則他是可以有一答辯的。不過你雖可以有一答辯，然而不必能抹殺孟子心中所想之另一種性之實，而此另一種性之實並非「生之謂性」所能明。而孟子反對你的「生之謂性」之此處的論辯雖有不合邏輯處，然而其反對你的「生之謂性」之根本立場（不是此處的表面論辯），超越的洞見，卻仍然是對的，即是說，他眞有其反對你的「生之謂性」之原則而說性之極強有力的理由。這就是說，孟子之推論雖不合邏輯，然而其心中所想人之所以與牛犬異者仍然對，依其所想之異而斷「性者生也」之說之不足以表示出此「異」，這亦仍然成立。然則縱使告子依理可以如吾上所擬者而答辯，即答辯說：雖都是「性者生也」，仍可表示出犬之生之自然之質之實不同于牛者，而牛者亦不同于人者，以明孟子推論之非，雖可如此，然而孟子仍可據其所想之「異」以駁斥「生之謂性」一原則而謂其仍不足以表說出其心中所想之人之所以異于犬牛者之異。然則「生之謂性」一原則所表說的犬牛人之性之異是何種異，何以仍表示不出人之所以眞正異于犬牛者，又孟子所想之「異」是何種異，何以獨能表示出人之所以眞正異于犬牛者，此不可不首先予以決定也。

「生之謂性」一原則所表說的個體存在後生而有的「性之實」必只是種種自然之質，即總屬于氣性或才性的，這是屬于自然事實的。最低層的是生物本能（飲食男女）的動物性，稍高一點的是氣質或才能：這都屬于自然生就的實然，朱子常概括之以「知覺運動」。即使其中不只是軀殼感性之作用，知性與理性都可包括在內，而知性亦必只是自然的知解活動，

隨物而轉的識別活動，理性亦必只是自然的推比計較活動，諸心理學的作用亦可俱含在內。

這些都是「生之謂性」一原則所呈現的「自然之質」。因此，由此而明的性是劃類的，是一事實的。

因而所表示的犬之性不同于牛之性，而犬牛之性亦不同于人之性，這不同只是劃類的不同。

這類不同之性既是個事實概念，亦是個類概念。我們對于一個個體之存在，通過經驗所知者就只是這些。這種知識概念之性，依經驗事實之知識之觀點而觀之，總之是個知識概念。

一律平等的，並無價值上的差別。依孟子，人之知覺運動，飲食男女，固不同于犬牛，然若只是這樣去了解人之性，則人與犬牛並無價值上的差別，雖有事實上劃類之不同。在此識見上，依中國的傳統，人們便說：你若只是飲食男女，不管你怎樣講究，用上多少聰明才智，你總與禽獸無以異，甚至比禽獸還壞。這個判斷是個價值性的判斷，甚至是一句罵人的話。

因此，孟子「犬之性猶牛之性，牛之性猶人之性與?」之質問頓使告子爽然若失，這似乎使他亦憬悟到人與犬牛總有點不同，雖然他不知如何表達這不同。告子如若不服，說依「生之謂性」之原則仍可表示出犬與牛與人之不同，那麼我可以代孟子說那只是知識上劃類的不同，仍不足以說明這價值上的不同。不管告子如何想，若只是生之謂性，總不足以解答這困難。因此，孟子理解人之性，其著眼點必是由人之所以異于犬牛的價值上的差別來理解之。這決不能由「生之謂性」來理解。此中的意思，俱是隱含的，孟子並未正式說出。然孟子識見高，一語道破，在其一時道破的一語中必然含有這些意思。這是默許的，雖然詳細說出來並非容易。人可以一下子見到，但未必能詳細說出。卽使孟子本人亦未必能詳細說出，

說時亦常有跳躍滑轉處。這需要思考的訓練。「見到否」是智慧問題，「表而出之」表達得好不好是思想訓練問題。古今中外歷史上，早已有許多識見（方便說觀念亦可）提出來，然表說時卻有許多參差乖謬，還需要康德費大力來作批判工作。批判是思考過程上的事，於識見無所增損。思考訓練不足，雖有上智，不能表達。我們不能說象山不了解孟子，但他未必能如理地把「生之謂性」之論辯表達出來。並非此中有若何甚深高妙處，這只是一個思考表達的工夫。他本人亦未必能詳細表達出來。他勸學生，若工夫不夠，不要去強思這「生之謂性」之論辯，強思無益，徒增惑亂，久之自明。我看象山自己亦未能眞明，他本人亦未能詳細表達出來。他們對此缺乏亦不必定引以爲憾，因爲這于識見無所增損。缺憾總是缺憾，但並不是缺乏的。雖無什麼了不起，但于說法上亦不能不注意。這點，中國的傳統中總是不夠的。

佛家講四無碍智：辯無碍，辭無碍，義無碍，理無碍。此不可小視也。

我今處于今日，借鏡近時之思考方式，依據立言之各種分際（每一分際上之辭語有其一定之意義與歸結），把那「生之謂性」之論辯詳細表達出來，不能說是無助于理解。人若以爲「生之謂性」中並無你所說的那些意思，孟子之駁斥亦不含有你所說的那些意思，那些意思都是你的增加或比附，人們若這樣想，那只是裝着謙謹，強撐門面，實無諦解之陋風下之陋語。那些意思定然爲其所含，決無可疑。對于告子所說並未增加一點或減損一點，對于孟子所意含亦未增加一點或減損一點。那些意思皆是爲其所函。我已說過，人可一下子見到，但未必能詳細說出來。詳細說出來亦並非容易。可是你也不要因爲不容易，便以爲此中

有什麼甚深高妙處，便以爲我所說的都是原來所無的，都是我的增加與比附。辭語之義理之分際總是一定的，不管你說不說，也不管你能說不能說，也不管你說得多或少，對或不對。我們以下將逐步逼顯出孟子所說的「性」是人之所以異于禽獸之價值意義的性，不是「生之謂性」下劃類的性——類概念，知識概念的實然的自然之質。

## 四、仁義內在抑外在？

告子曰：食色性也。仁內也，非外也。義外也，非內也。

孟子曰：何以謂仁內義外也？

〔告子〕曰：彼長而我長之，非有長于我也。猶彼白而我白之，從其白于外也。故謂之外也。

〔孟子〕曰：〔異于〕白馬之白也無以異于白人之白也。不識長馬之長也無以異于長人之長與？且謂長者義乎？長之者義乎？

〔告子〕曰：吾弟則愛之，秦人之弟則不愛也，是以我爲悅者也，故謂之內。長楚人之長，亦長吾之長，是以長爲悅者也，故謂之外也。

〔孟子〕曰：耆秦人之炙無以異于耆吾炙矣，夫物則亦有然者也，然則耆炙亦有外與？

案此段論辯中第二論辯孟子曰「異于」云云，此開頭「異于」二字，朱注提及張氏以爲是衍

字，又提及李氏以爲或有闕文。趙歧注則「異於白」點句，下接「馬之白也無以異于白人之白也」。若如此，則行文語氣太不整齊，不成語法，而且「馬之白也無以異于白人之白也」語中之白字顯然是形容詞。但若不如此點句，則原文當讀爲「白馬之白也無以異于白人之白也」，隨上文「彼白而我白之」之「白之」來，如是此白馬白人之白爲動詞，與下問語中長馬長人之長之爲動詞同，如此方可相對應而形成孟子之質問。但依趙注之點句，則白爲形容詞，長爲動詞，與問語不相對應，語意不順，故不從。若視爲有闕文，則當如此補：〔長之之長〕異于〔白之之白〕。此雖可通，但不必要。因此，爲簡單起見，視爲衍字而刪之可也。蓋語意已甚明矣。

如是，此段論辯當順通如下：

告子說：食色是性。至於說到仁義，仁從內，是內發的，不是外定的，義從外，是外定的，不是內發的。

孟子說：你依何而說仁是內發的，義是外定的？

告子說：例如某一人是長者而我卽以長者視之，此「以長者視之」之「長之」乃依乎彼（繫乎彼）而定，不是依我而定的，卽，我之「長之」是從外而定，不是依我而定的，卽，我之「長之」乃依乎彼（繫乎彼），非依乎我（繫乎我）也。這恰如某一東西是白的，而我卽以白視之，而我之以白視之是依其客觀地是白而定。以此之故，義從外，由外定，不由內發。

孟子說：馬是白的而我卽以白馬視之，此並無異于人是白的而我卽以白人視之。此

並不錯。但我不知馬齒是長的而我卽以長者視之，此亦無異于「秦人是長者而我卽

以長者視之」嗎？【顯然對于老馬，我雖以老馬視之，有憐恤意，但却無尊敬，

而對于長者之以長者視之，却有尊敬意。此中並不能無異也。此顯然與對彼白馬白

人而白之不同。對彼白馬白人而白之是事實問題，而尊敬長者則是道德上的應當問

題。這道德上的應當就是義。既在這裏顯出義，那麼」我們可進一步問：你說此義

究竟是見之于「長者」呢？抑或是見之于「長之者」呢？【這顯然是見之于「長之

者」，蓋因爲「尊敬」之應當是發之於內心也。】

告子又說：我之所以主仁內義外，更可舉一例以明之。例如對于吾弟我愛之，可是

對于秦人之弟我却不愛。這「愛吾弟」之悅是依我之兄弟之情而成其爲悅（以我爲

悅者也），這是主觀地由我而發，故仁愛從內，不從外。但於義則不如此。例如

對楚人之長者我以長者視之，對于吾之本家之長者我亦以長者視之，這「皆以長者

視之」之悅（樂于以長者視之）是以客觀之長者而成其爲悅（以長者爲悅者也），這

說是以客觀之長者而定，故我皆理應以長者視之。因此之故，義從外不從內。

孟子說：你旣以同長說義外，那麼對于炙（不管是誰的炙）有同嗜，這嗜炙亦有外

嗎？【顯然嗜炙出于說口之嘗覺），由于內悅，不由外定。是故旣不能以同嗜說嗜

炙有外（以外定），當然亦不能以同長來表示義由外定。」

案這是以同嗜炙之不能定嗜炙由外表示亦不能以同長定義外。孟子此例亦只是依一般常情而論。其實嗜炙既是口味問題，亦不必有同嗜，此同嗜之同並無必然性。又這只是隨同長舉同嗜為例方便表明同長不必能表示敬長之義是外，其要點只在義隨客觀事實而定，故謂之外。客觀是什麼，我就應當說它是什麼。這種應當之義是由客觀事實而定，亦可以說由認知之知識而定，亦可以說是「義者宜也」之義，例如冬天宜于裘，夏天宜于葛，凡此皆無道德的意義。仁義本來是道德的事，但告子實在論的態度，講來講去，卻把道德意義的「義」講沒了。至于他把「仁」只說成情感上的事，雖說是內，亦不是道德意義的「仁」。孟子的主要目的是在表明道德意義的仁與義皆是內發，皆是道德理性底事，即使含有情在內，此情也是以理言，不以感性之情言。此內發之仁義即內發于人之性，是性之自發，不是後天人為造作成的。此性是定然的善，當然不是「食色性也」之性，亦不是「生之謂性」之性。由此性以別犬牛，這是價值上的異，不是知識上對于客觀事實劃類之異。

告子說性猶杞柳（材料說），性猶湍水（中性說），食色性也（飲食男女之動物性，生物之本能），綜結而謂「生之謂性」（個體存在之自然之質），凡此皆表示人性就是人之自然，生而有的自然之質，皆表示不出人之「能決定義理之當然」之性，故必主義外，即使說仁內，亦非真內，又必主性中無仁義，仁義由後天而造成。然則孟子所以反對「生之謂性」而定說「性善」，又定主仁義內在（內發于性），不是以外在的對象而定，又不是由後天人

為而造成，其說性之層面不亦甚顯然乎？

## 五、仁義內在

孟季子問公都子曰：何以謂義內也？〔公都子〕曰：行吾敬，故謂之內也。〔孟季子復問〕曰：鄉人長于伯兄一歲，則誰敬？〔公都子答〕曰：敬兄。〔孟季子又問〕曰：酌則誰先？〔公都子答〕曰：先酌鄉人。〔孟季子〕曰：所敬在此，所長在彼，果在外，非由內也。公都子不能答，以告孟子。孟子曰：敬叔父乎？敬弟乎？彼將曰：敬叔父。曰：弟為尸，則誰敬？彼將曰：敬弟。子曰：惡在其敬叔父也？彼將曰：在位故也。子亦曰：在位故也。庸敬在兄，斯須之敬在鄉人。李子聞之曰：敬叔父則敬，敬弟則敬，果則外，非由內也。公都子曰：冬日則飲湯，夏日則飲水，然則飲食亦在外也？

案此曰來日去。恐人糊塗，茲依說話之分際順通如下：

孟季子問公都子曰：告子主張義外，孟子何以主張義內也？

公都子曰：對于長者行吾內心所發之敬，故敬長之義被說為是內也。

孟季子復問曰：鄉人長于伯兄一歲，則誰敬？敬鄉人乎？敬伯兄乎？

公都子答曰：當敬伯兄。

孟季子復隨而問曰：那麼斟酒的時候，當先替誰斟酒呢？給鄉人乎？給伯兄乎？

公都子即答曰：當然當該先給鄉人斟酒。〔蓋因鄉人是客，伯兄是己之兄，有親疏之分。〕

孟季子於此又提出意見曰：斟酒之敬施於鄉人，而平素「長之」之敬則施于伯兄，如此隨外而轉，則敬之義果然是外定的，不自內而定也。告子之說是也。

孟季子言至此，公都子不能答，遂以其意告孟子。

孟子聞之，遂曰：你何至不能答？你何不問他「你是敬叔父乎？敬弟乎？」你這樣一問，彼必將答曰：「當然是敬叔父。」那麼你再問他。「當弟居尸位時，你敬誰？敬叔父乎？敬弟乎？」這時他必將答曰：「當然是敬弟。」他既這樣回答，那麼你便可再問他：「你何以又敬弟呢？」他既如此答，那麼你也可以再問他，「你又何以不敬叔父了？」你如此問他，他必說：「我此時之敬弟是因為弟在尸位故也。」他先前斟酒之敬何以先給鄉人之故而說「這是因為鄉人在客位之故」。（案此義公都子當已明）。你們須知平素常敬敬于兄，特殊情況下暫時之敬敬于鄉人。〔你與他先前斟酒之敬何以先給鄉人之問而說〕

孟季子既都明此理，然則孟季子焉能因處境不同便謂敬之義是外？而你又何以見其如此說便不能作答？正因處境不同，敬之施全由內心之裁決而然，客觀外物上豈有一義擺在那裏耶？如義是外，何待主觀之裁決乎？孟季子由處境不同便認為是隨外

而轉，因而便以爲是義外，亦可謂不思之甚矣。」

孟季子聽見孟子這番言論，仍未豁然，仍然堅持處境不同是隨外而轉，因此便認爲是義外，如是，便仍說：平素之敬敬叔父是敬，弟在尸位敬弟亦是敬，然則敬之義果隨外而轉，乃在外，非由內也。

案他這樣頑固不化，蓋因爲他視叔父爲一客觀倫常關係中之存在，他想：我因爲他是叔父位而敬他，是故敬之義是隨外在的倫常之位而轉也；又因爲弟在尸位是一客觀的禮制，他想：我因爲他居尸位而敬他，是故敬之義亦是隨外在的（客觀的）禮制而轉也。故總以爲是義外。殊不知即使是倫常，亦本諸人類的道德心靈，而如此規定親親之殺，而每一人亦即由此同一心靈而發尊敬之義。倫常之親疏豈是如白物之白之爲外耶？這是人道價值層之事。孟季子（告子亦在內）順慣例而不知反，遂只視之爲客觀事實之外，猶如白之爲客觀事實之爲外，此皆心靈窒塞之過。倫常如此，禮制亦然。心靈不能洞見於價值層之事之何由而立，如白之知識由白物而定，永不能瞭然于義內，遂終于視義是外，即視敬之義由客觀事實而定，由「義者宜也」（如宜于裘宜於葛）作解：凡此皆非道德意義的「義」。孟子所告於公都子者，公都子亦知之，但此中之函義他不能豁然明白，如是，他見孟季子仍然堅持敬叔父與敬弟之隨境而轉爲義外，而不知依孟子意以解之，而卻作以下之答辯：

冬日則飲湯，夏日則飲水，然則飲食亦在外也？

案公都子如此答可謂不倫不類。言至此，可謂一團亂絲，糾纏不清，完全迷失。冬日飲湯，夏日飲水，正如冬日宜于裘，夏日宜于葛。孟季子與告子正由此說義外，何竟陷于其中而又發「然則飲食亦在外也」之問而期圖明飲食爲內？冬日飲湯，夏日飲水，表面看，似與前孟子所說「嗜秦人之炙無以異于嗜吾炙，然則嗜炙亦有外與」相同，其實完全不同。嗜炙發之于嘗覺之悅，故可方便由之以明悅由內發，而冬夏之異飲則隨時而轉，與嗜炙之同嗜完全不同，何可相類？公都子此答甚無謂，可以不理。只應依敬叔父敬弟中孟子之所暗示者，如吾上文之解說，而扭轉之其可矣。

由上論辯，可知「仁義內在」並非易明。一般人義理分際不明，狃于混雜，大體皆流入于告子之主張。一如西方論道德，康德前皆是他律，至康德始主自律。在中國，自孟子首主仁義內在以斥告子之義外，此後唯象山陽明能繼之而不違，並能明白而中肯地道出其所以然。其餘如伊川與朱子便已迷失而歧出，其餘雖不違，亦未能如象山陽明之深切著明乎此也。可是如不真明白「仁義內在」，便亦不能真確立「性善」。可見「性善」之義亦非容易辨明也。（性善終須確立，但辨明並非容易。以下公都子列出種種之說，實皆「生之謂性」一原則下之諸說，皆不足以確立性善。）

# 六、性善之確立

公都子曰：

告子曰：性無善無不善也。

或曰：性可以為善，可以為不善。是故文武興則民好善，幽屬興則民好暴。

或曰：有性善，有性不善。是故以堯為君而有象，以瞽瞍為父而有舜，以紂為兄之子，且以為君，而有微子啟、王子比干。

今曰性善，然則彼皆非與？

案：此文是公都子引當時之三說以質問孟子何以必言性善。告子說是由材料義而引至中性善，性無所謂善或不善。至于「性可以為善，可以為不善」是表示性可以傾向于善，亦可以傾向于不善，視環境或風向之影響而定。「有性善，有性不善」則是說：有的人其性天生是善的，有的人其性天生是不善的。天生是善的者不因好的風向（如堯與舜為君）而為善。公都子列舉此三說，都表示人性不能定說是善。今子定說「性善」，然則「彼皆非與」？

案此三說皆「生之謂性」原則下之說。中性說直接函蘊着「可以為善，可以為不善」。「天生有善有不善」則是後來所謂「性分三品」說，與中性說不直接相隸屬，但亦同屬「生

之謂性」，不相衝突。蓋一個體存在之「自然之質」本有種種姿態也。荀子「性惡」亦是其

中之一說。自然之質如生物本能男女之欲，本無所謂善惡，即可流于惡，此即

荀子所謂性惡。故性惡亦與中性說及可以為善可以為惡說，相通也。即使後來揚雄之善惡混

說亦與此相通也。故此諸說皆賅括在「生之謂性」一原則下。「生之謂性」所抒發之性之實

皆屬于動物性，上升為氣質之性，再上升為才性……綜括之，皆屬于氣也。以上諸說皆就善惡

言。若升至才性，雖大體亦可分三品（如上智與下愚以及中等之資），然多姿多采，實可無

量品。此是由「性者生也」了解性之老傳統，亦是一般人所易接觸到的性。在「生之謂性」

之原則下，亦可說有天才，亦可說有白痴。孔子說「上智下愚不移」，亦觀察到生之自然之

質如此。故由「生之謂性」一原則所了解之性決不能建立起道德原則，亦決不能確立人之道

德性以于價值上有別于犬牛。故生之謂性之「生」字定是實指個體存在時所本具的種種自然

之質說。故由「性者生也」來了解性便有此種種說。而此種種說皆非道德意義的定善之性。

故知孟子定說性善決不與「性者生也」為同一層次。若真想了解人之價值上異于犬牛，而不

只是事實上類不同之異，則決不能由「性者生也」來說性。因此，彼等諸說，就此「價值上

異于犬牛」之異一問題而言，皆非。（因其不能說明「人價值上異于犬牛」而非）。而孟子

言性之層面，則就人之內在的道德性而言，因此，「性善」這一斷定乃為定是。孟子以下之

答語，「若決江河，沛然莫之能禦」，即在顯發此「內在的道德性」。此是孟子說性之洞見。

也。

然則孟子何以能超越「性者生也」之古訓而不從俗以說性？其所以如此亦有所憑藉以啟發之者否？曰：有。其所憑藉以發此洞見者唯在孔子之「仁」。此是由孔子之教而開者。因此，我們可知，人性問題至孟子而起突變，可說是一種創闢性的突變，此真可說是「別開生面」也。此別開生面不是平面地另開一端，而是由感性層、實然層，進至超越的當然層也。

公都子以為當時論性者有種種說，皆不言性善，何獨你孟子單言性善？難道彼等諸說皆不對嗎？如是孟子乃正式直接作正面之申說以明性善。

孟子曰：乃若其情則可以為善矣，乃所謂善也。若夫為不善，非才之罪也。惻隱之心人皆有之，羞惡之心人皆有之，恭敬之心人皆有之，是非之心人皆有之。惻隱之心仁也，羞惡之心義也，恭敬之心禮也，是非之心智也。仁義禮智非由外鑠我也，我固有之也，弗思耳矣。故曰求則得之，舍則失之，或相倍蓰而無算者，不能盡其才者也。詩云：天生蒸民有物有則，民之秉夷好是懿德。孔子曰：為此詩者其知道乎？故有物必有則，民之秉夷也，故好是懿德。

案此段話是孟子確認性善之正說。此一正說是先就人之為人之實情，也可以說，就一切理性存有之為理性存有之實情，而言其「可以為善」，意即實有其足可為善之能力（良能之才）以為善，猶如烘雲托月，虛籠地把性善之義烘托出來，然後再落實于仁義禮智之心，由之以

明人之為善之能之發源，並藉以直明人性之定善。這與後文「雖存乎人者豈無仁義之心哉」

一段同一說法。故此段文中「乃若其情」之情字與「非才之罪」以及「不能盡其才者也」之

才字皆不應離開仁義之心而歧出，把它們當作一獨立概念看。此與下面一段文中「以為未嘗

有才焉者，是豈人之情也哉」中之才字與情字同。「人之情」即是人之為人之實情，情者實

也，非情感之情。才字即表示人之足夠為善之能力，即孟子所謂「良能」，由仁義之心而發

者也，非是一般之才能。故情字與才字皆落實于仁義之心上說。就本段文說，「乃若其情」，

「乃若」為發語詞，「其」指人說，「情」是實情之情，「其情」就是人之為人之實情。先

這樣虛籠地一說，故有情字才字之引出，決不可視作一獨立概念也。「人之實」是就其「可

即良能也，才即良能之才。先這樣虛籠地一說就可把「性善」之義烘托出來。「性」就是本

以為善」說；可以為善即表示人有其足可為善之充分力量，而才即呼應此力量，故此力量

有之性能，但性善之性卻不是「生之謂性」之性，故其為本有或固有亦不是以「生而有」來

仁義禮智之心，這是超越的，普遍的道德意義之心，以此意義之心說性，故性是純義理之性，

決不是「生之謂性」之自然之質之實然層上的性，故此性之善是定然的善，決不是實然層上

規定，乃是就人之為人之實而純義理地或超越地來規定。性善之性字既如此，故落實了就是

的自然之質之有諸般顏色也。性善之性既由仁義之心來說，故才字亦即是那由仁義禮智之心

而發的「能為善」之良能也。這種良能之才決不是「生之謂性」下才性之才。才性之才是屬

于氣的，不是人之普遍定有的，但良能之才卻是人之普遍定有的。由于人之為人之實普遍而

定然地有此良能之才，是故人既皆有仁義之心，故亦即人人皆有能為仁義之行之良能。這

是人之為人之實，理性存有之為理性的存有。及其不

能為此仁義之行，那必是由于放失其仁義之心而然，否則不得為人，不得為理性的存有。

本身有什麼不足處，即是說，你本有此充分之良能，並非此良能本身之過，意即並非其良能

體現出來而已，故云：「或相倍蓰而無算者不能盡其才者也。」只是你未能將此良能充分。

以上是此段話之主要義理。人見有情，才之異字，遂因而離析其心思，故多講不通，惟

象山知「情性心才都只是一般物事，言偶不同耳。」此雖說的疏濶，然順之而解卻無許多不

通處。主要義理既明，此段話便可疏通如下：

孟子說：就人之為人之實情而言，人實可以為善矣（意即他實有能為善之足夠力量

以為善，此力量即名曰才，即良能之才），這就是吾所謂性善了。至若彼作不善之

事，這並非其原初良能之才有什麼不足處（非才之罪）。蓋惻隱之心人皆有之，羞

惡之心人皆有之，恭敬之心人皆有之，是非之心人皆有之。惻隱之心仁也（惻隱之

心同時是心之一動相——惻然有所覺之相同時亦即是所謂「仁」也）；羞惡之心義

也（羞惡之心人皆有之，好善惡惡之相同時亦即是所謂「義」也）；恭

敬之心禮也（恭敬之心同時是心之一動相——恭敬辭讓之相同時亦即是所謂「禮」

也）；是非之心智也（是非之心同時是心之一動相——明斷不謬之相同時亦即是所

謂「智」也）。仁義禮智並非是被銷煉成而外賦給于我者，乃是我所固有者。人

之不明乎此，只是由于「弗思」（不能反思）而已。既是我所固有，是故我說：你若

求它，你就得到它；你若舍之而不求，你就失掉它。就「失之」者而言，若與「得

之」者相比較，則或有相差一倍者（此尚失之不遠），或有相差五倍者（此則失

之加遠），或甚至有相差不可以道里計者。此何故也？蓋皆由于你舍之而不求而

不能充分體現你原初的良能之才之故也。詩大雅蒸民篇云：天生蒸民，有物有則，民

之秉夷好是懿德。言天生萬民，有其事必有其則。萬民所秉持之常性自會好是

美德。（事之定則從內出，不由外至，蓋此定則是民之行事之則，不是外在的自然

物之則也。）民之行事之則即是美德之所在。好美德發自人所固具之則，人之常性

所好之美德即是其自己仁義之心之所自發之定則而見之于行事者，故孟子可由此詩

證性善也。）孔子當初即曰：為此詩者其知道乎！（蓋孔孟所謂道即是義理之當然

層上的道德定則也。）故我可肯定說：有此事必有此事之定則。此仁義之心即是

民所秉持之常性，故它必好是美德也。（此亦反顯好善惡惡之心或羞惡之義心即是

人之性，由此確立性善。此當然非「生之謂性」所能至。這一超越的當然層上之主

體非由道德實踐反顯不能見。「性者生也」之實然層上之自然之質之平鋪焉能接觸

至此？故順彼等諸說，不能定言性善也。）

案此段文關鍵唯在首兩句。我根據孟子後面一段文中「是豈人之情也哉」一語，決定此段文中「乃若其情」之「其情」就是指「人之情」言。「人之情」即是人之為人之實情。若依康德語調說，就是一切理性存有之為理性存有之實情。如是，則由「可以為善之充分力量以為善」即足以虛籠地烘托出「性善」之義。（吾原亦想就公都子之問而言，「其情」之其字文法上似當指「性」說，此雖勉強可通，但太膠著，總是謬悠而不順適，故終不取此說。「其」字仍泛指人說。孟子有「是豈人之情也哉」之明文擺在那裏，為什麼不據此以解「其情」呢？）依人之實情，人既「可以為善矣」（有足可為善之充分力量以為善），他當然能充分行善。此即表示他的性是定善。至若他有時「為不善」，這乃由于其他緣故而然（依孟子後文即是由于陷溺其心或放失其本心而然），並非其良能之才有什麼不足處（有什麼毛病）。這種「本有良能之才以為善而卻有時作惡事」之情形並不是「生之謂性」下說性可善可惡或有善有惡這平列的說法。平列的說法不能表示出性善，只能表示性為中性，或表示性有善有惡，此等只是氣性，本有種種顏色，不能表示性是定善。定善的性純自理性言。故自「人之為人之實」而言其「可以為善矣」，這「人之實」已被提升到理性層，不是那實然層的由氣而言的「自然人」。故由此「人之實」而言其有足可為善之充分能力以為善即足以虛籠地烘托出定善的性。他實有能夠行善之良能，良能由仁義之心發，故「人之實」已被提升足以虛籠地烘托出定善的性。這不只是空言，乃是已有純由義理言的仁義之心而發的良能以實之者。「可以為善矣」與「非才之罪也」這兩語相呼應，呼應出一個良能之才，因此，可

以虛籠地烘托出定善的性，而最後由仁義之心以實之。因此，陸象山云：「情性心才都只是一般物事，言偶不同耳。」隨虛實之分際而有不同耳。情實是虛籠地說，性是定位字，仁義之心是其內體之實，良能之才是其發用之實。由此內體與發用以實性，則性爲定善明矣。但須知雖有定善的性亦不表示人的行爲卽能到處是善也。惟可通過存養工夫必能至到處是善（依孟子是可以必能的，因仁義之心卽是動力故，此動力是實動力）雖人常不能至此，若能通血脈以得意，則亦可輕鬆地理解之。縱使有存養工夫，而若工夫不純熟，亦不能至此。此皆孟子所明示者，通上下文觀之卽可知也。孟子此段文開首兩句來得突兀，人不易把握。此旣須仔細留意，又須通血脈體會。象山云：「今之學者讀書只是解字，更不求血脈。」當然須解字，但必須通血脈以解之。輕重之間很難得當，故我詳辨如上。

## 七、心之所同然

孟子曰：「富歲子弟多賴，凶歲子弟多暴。非天之降才爾殊也。其所以陷溺其心者然也。今夫麰麥，播種而耰之，其地同，樹之時又同，浡然而生，至于日至之時皆熟矣。雖有不同，則地有肥磽，雨露之養、人事之不齊也。故凡同類者舉相似也。何獨至于人而疑之？聖人與我同類者。故龍子曰：『不知足而爲屨，我知其不爲蕢也。』屨之相似，天下之足同也。口之于味有同耆也。易牙先得我口之所耆者也。如使口之于味也，其性與人殊，若

犬馬之與我不同類也，則天下何耆皆從易牙之于味也？至于味，天下期于易牙，是天下之口相似也。惟耳亦然，至于聲，天下期于師曠，是天下之耳相似也。惟目亦然，至于子都，天下莫不知其姣也，不知子都之姣者無目者也。故曰：口之于味也有同者焉，耳之于聲也有同聽焉，目之于色也有同美焉。至于心，獨無所同然乎？心之所同然者何也？謂理也義也。聖人先得我心之所同然耳。故理義之悅我心猶芻豢之悅我口。

案：此段文先說原初之良能是一，人之因後天環境而有種種不同的惡劣表現，皆是由于陷溺其心，並非是其原初的良能卽有如此種種之不同。次說同類者皆相似：耳有同聽，口有同嗜，目有同美，以此類比心有所同然，其所同然者卽是理。茲順通此段文如下：

孟子說：在收成好的年月裏，年輕子弟們一般說來大體都是懈嬾之輩（賴卽嬾、懈也，從阮元說）；凶年收成不好，則年輕子弟們一般說來多暴戾無度。這並不是其天賦的良能（原初能爲善之才）卽有如此之差別，這乃是由于陷溺其心而然。現在，試以大麥爲例。大麥，當播下種子而以土覆之時，如果土壤同，栽種之之時又同，則蓬蓬浡浡自然會生長起來，一旦到了夏至之時，皆成熟矣。（案管子輕重篇「夏至而麥熟」，故此處之「日至」之時卽「夏至」之時。）若或有不同（卽有成

熟與不成熟之差），則是因爲土壤有肥沃與磽薄之異，以及雨露之滋潤（養）與人事方面如耕耘之工夫有不齊之故也。〔這些都是後天條件之不同，並非麥種有不同也。人之可以爲善之實或其能爲善之良能（才）亦如此。〕

由此例可知凡同類者盡皆相似也。何獨至于人而疑之？凡人皆同是一類，聖人亦與我爲同類。〔聖人所固有之性與我所固有之性是同一的。聖人能成其爲聖，我何獨不能？這差別不在性，不在仁義之心，不在能爲善之實或良能總是同一的，唯在能盡不能盡耳。〕

而盡不盡之差別唯在是否陷溺其心。其能爲善之實或良能是同一的。〕是故龍子說：「不知足之大小而織麻鞋，我知其所織者定是麻鞋，決不會是草器（蕢）。」是因爲人之足形同也（同何以故如此？蓋因麻鞋是照足作的。鞋之相似（同是鞋）是足）。

例此而推，於口、於耳、于目皆皆然。口之于味（嘗覺）有同嗜（同嗜美味）。易牙善烹調，他預先就能得到我之嘗覺之所好，故烹調出來的美味，人皆喜之。假使人之嘗覺之性與人殊（與旣成之人類不一樣），其殊就好像犬馬與我不同類那樣殊，則天下之人爲什麼皆喜歡（從）易牙所烹調之味呢？今說到味，天下之人皆期望于易牙，是蓋因爲天下人之嘗覺大體皆相似也。聽覺亦然，人之聽覺在聲音方面皆期望于師曠，這是因爲天下人之聽覺大體皆相似也。視覺亦然，人之視覺皆喜姣美之貌，例如子都，天下人莫不知其姣美也。不知子都之姣美者，乃是無

目者也。因此，嘗覺之于味有同嗜焉，聽覺之于聲有同聽焉，視覺之于色（形貌）有同美焉。

聽覺、嘗覺、視覺既如此，心亦如此，豈獨心便無所同然乎？（便沒有它普遍地所以爲或所同肯定的嗎？）心之所同肯定者是什麼呢？曰：其所同之普遍定者就是理。是故理義之足以使我心說（說我心），就好像牛羊犬豕之肉之足以使我口說（說我口）一樣。

案這是以足形、嘗覺、視覺、聽覺來類比心覺之普遍性。類比不是嚴格的推理，只是以此喩彼耳。足形是氣化事實上是如此，其相同是大體相同，即一般地言之皆大體如此，此種同（普遍性）不是嚴格的普遍性。嘗覺、視覺、聽覺是人之感性大體如此，其同嗜、同聽、同美之「同」亦不是嚴格的普遍性。但心之所同然者（卽理與義）之普遍性是嚴格的普遍性，而心之「同然之」之同然之普遍性，卽此心覺本身之同能作此肯定之肯定活動之普遍性，亦是嚴格的普遍性。此種心覺當然是超越的義理之心；而其所肯定的理義亦不由外至，而是自內出，卽此超越的義理之心之所自發者——此卽是康德所說的意志之自律性，亦卽是象山所說的「心卽理」，王陽明所說的「良知之天理」。惟有一點須注意，卽：康德並不以此「意志之自律」爲吾人之性；又康德由自律進而肯定「意志之自由」，以此自由爲說明自律之秘鑰，然而吾人于自由卻不能證明其實在性，只能視之爲主觀的假定，

（雖此假定有實踐的必然性），而不能視之為一客觀的肯斷，即不能客觀地肯斷意志實際上就是自由的。當然，他亦更不以此自由為吾人之性。其故盡在他只以理性說意志，而不以心說之，而于作為實踐理性的意志以外，又別說一感受性的良心，而此良心卻不是道德底客觀基礎，卻只是感受道德法則（感受義務）之影響于心這感受上的主觀條件。凡此皆異于孟子，象山，以及陽明。依孟子，說自律（立法性）即從「心」說，意志即是心之本質的作用。心之自律即是心之自由。心始有活動義，心之明覺活動（無動之動）即自證其實際上是自由的，這實際上是自由的即是其客觀上是自由的（這客觀以理定）。心之明覺活動亦含有「智的直覺」在內，故能自證其為自由。康德所說的「良心」之作用俱含在此明覺之活動中（知是知非之獨知），但不只是感受之主觀條件（感受亦並非是感觸性的感受），且亦是道德之客觀基礎。這即是把康德所說的「良心」提上來而與理性融於一。此一既主觀而又客觀的「心即理」之心即是吾人之性。這樣，便一切皆實了。康德把「自由」弄成虛的，則自律亦掛空（雖由道德一概念而可分析出，然亦只是理之當然，其實處靠自由，而自由既虛，則自律掛空），因此，說到實踐理性之動力，動力亦虛。孟子反之，故一切皆實，其故皆在以「心」說意志也。此心當然是超越的義理之心。若是經驗的習心（意念）當然不能有所同然，亦不必能悅理義。康德既虛擬一純粹的意志，絕對善的意志，自律的意志，自由的意志，然落到現實上，吾人的意志又只是意念，故常不合道德法則，又常不悅理義，道德法則對於它是命令，是強制，是綜和命題，故吾人的意志不是神聖的意志。因此，那虛擬的一

套便都成虛的，擺在那裏無實用。若一切皆實，則一切皆從「心即理即是吾人之性」說。吾人之心、之性、之意志既是自律，又是自由，必悅理義，理義是它所自發，它悅它所自發的；因此，若說它亦服從其所自發，這服從亦無服從相，法則命令之亦無命令相，更無強制相，法則是分析命題，吾人之立法自由之意志即是神聖的意志，問題端在如何體現之耳（即盡之耳）。說到體現，最後而根本的本質的動力即在此超越的義理之心之自己，其餘的都是外緣。心有活動義，故其自身即是力量。此動力便實。佛家由阿賴耶識進至如來藏心亦如此。惟朱子弄成偏曲，而康德亦見不到此等處，甚可惜也。

## 八、以牛山之木喻有所同然之仁義之心之普遍地本有

孟子曰：牛山之木嘗美矣。以其郊于大國也，斧斤伐之，可以為美乎？是其日夜之所息，雨露之所潤，非無萌蘗之生焉，牛羊又從而牧之，是以若彼濯濯也。人見其濯濯也，以為未嘗有材焉，此豈山之性也哉？雖存乎人者，豈無仁義之心哉？其所以放其良心者，亦猶斧斤之于木也。旦旦而伐之，可以為美乎？其日夜之所息，平旦之氣，其好惡與人相近也者，幾希？則其旦晝之所為，有梏亡之矣。梏之反覆，則其夜氣不足以存。夜氣不足以存，則其違禽獸不遠矣。人見其禽獸也，而以為未嘗有才焉者，是豈人之情也哉？故苟得其養，無物不長；苟失其養，無物不消。孔子曰：「操則存，舍則亡，出入

「無時，莫知其鄉。」惟心之謂與？

案此段文重新呼應前第六中「乃若其情」一段文之實義，而鄭重宣示人皆本有仁義之心，但必須培養始得呈現，故最後卽歸于言培養之重要，且引孔子語以明之。茲順通如下：

孟子說：牛山之樹木原是很好的。但因牛山位于齊這一大國之都城之郊外，人常以斧斤去砍伐它的樹木，這樣砍伐下去，它的樹木能美好嗎？它的樹木本亦有其日夜之所生息，以及雨露之所滋潤，因此，其樹木並非不發一點芽或一點旁出之芽（非無萌蘖之生）。可是一旦發出一點芽，牧牛羊者又放牛羊去嚼吃它，故結果牛山乃成那樣光禿禿的，好像無所生長一樣。人見其光禿無物，遂以為牛山根本未嘗有豐茂之樹木，這豈是牛山之本性卽如此嗎？人之所以放失其良心亦由後天之砍伐卽就存乎人者而言，人豈本無仁義之心乎？人之所以放失其良心亦由後天之斷喪砍伐而然也。其經由後天之砍伐斷喪而致使其良心被放失亦猶斧斤之砍伐樹木而致使樹木不豐茂一樣。你若旦旦而伐之，你的良心能正常地得其美好的表現嗎？在此情形下，人于日夜間之所生息而于平旦清明之氣時由此所生息者而發的好善惡惡之情與一般正常人相近的地方又有多少呢？（言本來不多，亦猶牛山之木由日夜之所息雨露之所潤非無萌蘖之生）。但卽這偶發的一點與人相近的好善惡惡之情又因其白

天之所爲而把它桎梏死了（消滅了）。一而再地桎梏之，則其夜氣（令物生息之氣）不足以存。夜氣不足以存，良心不足以顯，則人亦去禽獸不遠矣。你若見其好似禽獸一樣，便以爲他根本未嘗有能爲善之良能（才），此豈人之爲人之實乎？是故凡物苟得其養，沒有不生長的；苟失其養，沒有不消亡的。孔子說：「操持之而不令其放失，則它就存在在這裏，不操持之而令其放失，則它就亡失而不存在在這裏，其或出（亡）或入（存）既無定時，故人亦捉摸不住，不知其究何在。」孔子之所說正是指心而言也——心就是如此的。

案此中第二段「其日夜之所息，平旦之氣、其好惡與人相近也者幾希？」此一整句須一氣讀。「幾希」是問語，言有多少呢？意即本不很多，只一點點，與孟子他處言「幾希」同，如言「人之所以異于禽獸者幾希」？人由其所息養的良心而偶發的一點與人相近的好善惡惡之情本來就不多，亦猶牛山之木並非不發一點芽，但即這偶發的一點好善惡惡之情，其白天之所爲又把它桎梏死了。焦循孟子正義改「幾希」爲「豈希」，如此，便不是不很多，而是很多，此則非是，決非此處之語氣，且亦與牛山之木「非無萌蘗之生」之喩不切應，故此改爲不通也。

又「梏亡」之梏即是「桎梏」之梏。蔣伯潛寫爲「牿」，認爲同于「牯」，即攪也，解爲「攪亂」，此亦不通。朱注「梏、械也」，仍寫爲「梏」，不寫爲「牿」。即使原是「牿」

字，既同于「挬」，則此「挬」字即是「梏」字，不會是「攪」也。因孟子原說「梏亡」，

又說「梏桔死者非正命也」。梏亡，梏死爲辭，非攪亂之意甚明。

潛解爲「嚮」，同于「向」，亦非。孔子語的意思是說：心既是操則存，舍則亡，則心表面

又孔子說「出入無**時**，莫知其鄉」，朱注解爲「出入無定時，亦無定處」，是也。蔣伯

看起來好像是飄忽的很，其或出而放失，或入而實存，皆無定準，而吾人亦不知其存在于何

處。此後兩語是指點語，亦是警戒語，不要認爲眞是如此渺茫也。其實心亦無所謂出，亦無

所謂入，亦無所謂有定所可處。關**鍵**全在有無操存之工夫。你若能操而存之，則它即亭亭當

當存在在這裏。你若不能操存而舍之，則它即亡失而不見。其實也無所謂亡失，只是隱而不

顯耳。是故程子云：「心豈有出入？亦以操舍而言耳。操之道，敬以直內而已。」此言是

也。出入是以操舍而言。操則入而存，舍則出而亡。若就心自身言，無論操則存而顯，舍則

亡而隱，皆總是自存地淵渟在那裏。操之則在，並不可定其在何處也。

孔子言操存（此語不見論語），孟子此處言培養。此待培養之心即是純以理言的仁義之

心，此處亦言「良心」，而此良心決不是康德所言的「良心」，乃是能自立法、自定方向之

實體性的「本心」也（下文即名之曰「本心」）。此實體性的本心即是吾人之實性——**義理**

之性。由此實體性的本心所發之知（知道德上之應當不應當之知）即名之曰「良知」（此非成

功知識之認知機能）。**良知知之**，吾人即能爲之，此「能爲之」之能，孟子即名之曰「良

能」（才），此是順良知之知而言之能，故此能是人人本有之能，是普遍的，一同的，一如

心之爲普遍的，一同的。實亦即是心之能顯發其自己之能。普遍一同是普遍一同到一切理性的存有（康德語），惟特就人而顯耳。凡有理性的即有此心。既以此心爲性，爲得既是性而可不顯乎？爲得既是心而可無動用之力乎？爲得既有良能而心可不顯發而吾人又可不隨此良心之覺而即發爲行動乎？故此實體性的本心即是神聖的心。現實的人不是神聖的，而此實體性的心卻必須是神聖的。及其一旦豁然呈現，人亦是神聖的人。

惟在如何能培養而操存之而使之不放失而呈現耳。此即孟子所說「與我同類」之聖人，「先得我心之所同然」之聖人。人雖有感性之雜，亦終可超化之而至乎聖人，非如康德所說以無限進程向之接近而永不能至也。康德不以自由的立法之意志爲吾人之性（一切理性的存有之性），而自由卻只是一個設準（一個有實踐必然性之主觀的假定）而不能客觀地被肯斷，不能智的直覺地被證明，因爲人無智的直覺故。此則自由，自律，道德法則，以及實踐理性之動力，皆被弄成是虛懸的。若依孟子，則一切皆實。

此則百尺竿頭進一步，此進一步是實踐地必然的，決無誇大處。不但孟子如此，孔子已如此矣。孔孟立敎皆是認爲此本心之實有是可以當機指點的；其所以可當機指點乃因其可當下呈現也。如當下不能呈現，還指點什麼呢？因可當下呈現，故又可操存而培養之，工夫有落實處，非如康德所言之工夫，只求人心如何能漸接近於道德法則也。

下面另舉一例說明操存培養之重要。

## 九、培養之重要

孟子曰：無惑乎王之不智也。雖有天下易生之物也，一日暴之，十日寒之，未有能生者也。吾見亦罕矣，吾退而寒之者至矣，吾如有萌焉何哉？今夫奕之為數小數也，不專心致志則不得也。奕秋通國之善奕者也。使奕誨二人奕，其一人專心致志，惟奕秋之為聽；一人雖聽之，一心以為鴻鵠將至，思援弓繳而射之，雖與之俱學，弗若之矣。為是其智弗若與？曰：非然也。

順通如下：

孟子說：你們不要怪齊王之不智！即使是天下最易生長之物，然若以陽光晒曝之只一日，而却以陰寒凍錮之以十日，則亦不能有其生長。吾得會見齊王之時少得很。吾會見他一次而退回來，而寒冷之者又來到他的面前。這樣，他雖如樹木有萌蘖之生（喻其心光偶有發露），吾亦無如之何。今試以奕道為例而明之。奕棋是小道，但若不專心致志以學之，你也得不到。大家皆知奕秋是通國之善奕者。假使他教兩人學奕，其中一人專心致志，只聽奕秋之所指導，而另一人則心思分散，心中只覺得空中有鴻鵠將至，想把弓拿來繫上箭去射鴻鵠，這樣，他雖與別人同時學奕，他

亦必比不過別人。他比不過別人，是因為他的聰明不及嗎？決不是的。只因其心思

分散而己。

案：不時常聽人之提撕，雖有一時之警覺（良心偶而一發見），亦終於是昏沈，行事不免七

顛八倒（不明智）。故人必須親師取友，精進不息，使其本心易于呈現。本心呈現，義理作

主，則人始有較高一層之價值，不徒以感性之愉悅為標準，亦不徒以利害之計較為標準。以

下卽盛言此義，眞所謂「沛然莫之能禦也」。然「源泉混混，不舍晝夜，有本者若是」。以

上確立「本心卽性」卽是本也。

## 十、生死以外較高級的好惡之可能

孟子曰：魚我所欲也，熊掌亦我所欲也，二者不可得兼，舍魚而取熊掌者也。生亦

我所欲也，義亦我所欲也，二者不可得兼，舍生而取義者也。生亦我所欲，所欲有

甚于生者，故不為苟得也。死亦我所惡，所惡有甚于死者，故患有所不辟也。

如使人之所欲莫甚于生，則凡可以得生者何不用也？使人之所惡莫甚于死者，則凡

可以辟患者何不為也？由是則生而有不用也，由是則可以辟患而有所不為也，是故

所欲有甚于生者，所惡有甚于死者。非獨賢者有是心也。人皆有之，賢者能勿喪

耳。

一簞食，一豆羹，得之則生，弗得則死，嘑爾而與之，行道之人弗受，蹴爾而與之，乞人不屑也。萬鍾則不辨禮義而受之，萬鍾于我何加焉？爲宮室之美，妻妾之奉，所識窮乏者得我與？鄉爲身死而不受，今爲宮室之美爲之！鄉爲身死而不受，今爲妻妾之奉爲之！鄉爲身死而不受，今爲所識窮乏者得我而爲之！是亦不可以已乎？此之謂失其本心。

案：此三段文義理精闢，語法語意皆極順適，幾與今之語體文無大差別。然爲一律，仍以語體文通之如下：

孟子說：魚是我所喜歡吃的，熊掌亦是我所喜歡吃的，如果此兩者不可得兼而食之時，則我是舍魚而取熊掌的。生存亦是我所渴望的，義也是我所渴望的，如果此兩者不可得兼而有之時，則我是舍生而取義的。生存固亦是我所渴望的，而因爲我所渴望的有更甚於生存者，是故我不作那苟且求生之事也。死固亦是我所厭惡的，而因爲我所厭惡的有甚于死者，是故于生存有危險的患難之事有時亦是我所不逃避的。

假使人之所渴望的沒有甚于生存者，則凡可以能使你保有生存者又有什麼不可以取而用之呢？假使人之所厭惡者沒有甚于死的，則凡可以能使你避開于生存有危險的

・39・

患難之事又有什麼不可為呢？由是則生而因為有時不可以用是以求生，由是可以辟患（避開于生存有危險的患難之事）而因為有時不可以作此事以辟患，是故人之所渴望的必有甚于生存者，人之所厭惡的必有甚于死者。此一心志，不獨賢者有之，人皆有之，惟賢者能操存而不喪失之而已。

一杅飯，一碗羹，你若得之則生，若不得則死，可是假若有人毫無禮貌地呼叫着「爾」而把它給你吃，則不但你不受，雖過路之人也是不接受的。假若他更無禮貌地拿腳踢你一下而輕蔑鄙視地把它給你吃，則不但你不理，雖乞人亦掉頭不肯一顧的。例如萬鍾之祿，如果不辨別禮上義上應該受而卽受之，雖妻人

孟子曰：「人能充無受爾汝之實，無所往而不為義也。」爾汝乃對人輕賤之稱。（案盡心篇下，「爾」而把它給你吃。）

此萬鍾之祿于我又有什麼益處呢？你是為什麼而接受之？你為宮室之美嗎？為妻妾之養嗎？為所識的窮乏之人感戴于我嗎？你以前雖卽餓死而不受無禮之食，而今却為宮室之美而受萬鍾之祿！你以前雖卽餓死而亦不受一杅飯一碗羹之無禮之賜，而今却為妻妾之養而受萬鍾之祿！你以前雖卽餓死而不受無禮之食，而今却想為妻妾之養而受萬鍾之祿！你之如此行為算得是什麼行為呢？此豈不可已乎？你這樣行為卽叫做是喪失你的本心。

今却為所識的窮乏之人感戴于我而受萬鍾之祿！你之如此行為算得是什麼行為呢？此豈不可

案：此明生命的維持（生存）不是所欲的東西之最高限，生命之死亡亦不是所惡的東西之最

高限。吾人固不能隨便輕生，但亦不能一切只爲求生。除生之好死之惡以外，還有義不義的問題。有時義是吾所好者，這就表示義之價值比生還高。好義惡不義之好惡即是好善惡惡之好惡，這是比好生惡死之好惡爲更高者。好生惡死是屬于感性的，是以幸福爲標準的。好善惡惡是屬于理性的，是以道德爲標準的。人皆有此好善惡惡之「仁義之心」的，不獨賢者有之，賢者能勿喪耳。

康德在實踐理性之批判中，開宗明義首先說第一定理云：

一切「預設欲望機能底一個對象（材料）以爲意志底決定之根據」的實踐原則皆是經驗的，而且它們亦不能供給實踐法則。

第二定理云：

一切材質的實踐原則，即如其爲材質而觀之，皆是同類者，而且它們皆處在自私或私人幸福之一般原則之下。

由此第二定理而來的系理云：

望機能。

一切材質的實踐規律皆把意志底決定原則置于較低級的欲望機能中，而如果真沒有意志之純粹地形式的法則適合于去決定意志，則我們決不能承認有任何較高級的欲望機能。

案好生惡死所好之生即是欲望機能所欲的一個對象，所惡之死即是欲望機能所惡的一個對象。而基于此好惡上的實踐原則皆是經驗的，皆不能供給實踐法則（道德法則）。一切經驗的，材質的實踐原則盡皆是同類的，皆在私人幸福原則下，皆依私人幸福原則而建立。因此，一切材質的實踐規律皆置意志底決定原則于較低級的欲望機能中。好善惡惡即是較高級的欲望機能。如果「所欲無甚于生者所惡無甚于死者」，則根本不能有較高級的欲望機能之可言。基于較高級的欲望機能上的法則即是純形式的法則，即是道德法則，不從對象上來建立。由此法則來決定意志以從事于行動便是德行。依孟子，好善惡惡之機能即是仁義之心。由此心而立實踐原則以成法則，則是意志之立法性，依康德便是意志之立法性，意志之自律性（康德從意志說，不從心說）。康德之所說盡皆含于孟子之所說中，而孟子之所說更能落實而無虛歉，虛實之辨見前第七第八兩段。

因孟子發于實慧，而康德則出于思辨也。

以上孟子所說，你必須注意「仁義之心」（舍生取義之心）人皆有之。此所本有之舍生取義之心即是人甚至一切理性存有之價值上異于犬馬者之實性。既然如此，此實性（此

仁義之心）必須隨時當下可以呈現，因此可以當機指點，而提醒你作操存之工夫。

案：此當順通如下：

## 十一、放失之心之恢復

孟子曰：仁人心也，義人路也。舍其路而弗由，放其心而不知求，哀哉！人有雞犬放，則知求之，有放心而不知求！學問之道無他，求其放心而已矣。

孟子說：仁就是人之超感性以上的能有通化作用之本心，義就是人之道德實踐所應由之大路。今若人舍其大路而弗由，放失其本心而不知求（意即不知尋覓之而使其常存於此），此誠可哀憐！平常人們若有雞犬跑出出，人們皆知去把它們找回來，今你放失你的本心，而你卻不知把你的已放失的本心收攝回來，此豈不可怪！是故人之為人之學問其道無他，惟只把你的已放失的本心求回來就是了。

案此處所謂「學問」即是「人之為人」之學問，不是得知經驗知識之學問，如今之所謂科學者。如依陸象山之口吻說，人之為人之學問，學即是學此，問即是問此：學即是學着如何求其放心，問即是詢問如何求其放心。蓋此學即是道德實踐之學也。

又，「仁人心也」，我意解為人之超感性以上的能有通化作用之本心。能通化即不為一

己之私所限。一切感性之欲望皆是有偏限而不能通的，即周濂溪所謂「物則不通」也。孟子

下文亦言「耳目之官不思而蔽于物，物交物則引之而已矣。」

此處分別說仁為人心，義為人路，亦只一時之方便耳。不可執死。

又，孟子說「求其放心」，求是尋求義，就雞犬言，是找回來，就本心言，是收攝回

來，即「操則存」之意。「放心」之放是放失的意思，即「舍則亡」之意。就雞犬言，是跑

出去；就本心言，是放失，亦即喪失。既不是我們現在所謂放下心，如說「你放心吧！」之

放，亦不是所謂「放大」之放。有人把「求其放心」瞎講為求你如何放大你的心，這也是今

之中國知識分子之可哀！

## 十二、指不若人為可厭、心不若人更可厭

孟子曰：今有無名之指屈而不信（申），非疾痛害事也。如有能信之者，則不遠秦

楚之路，為指之不若人也。指不若人，則知惡之。心不若人，則不知惡。此之謂不

知類也。

案：此以「指不若人」為可憎惡喻「心不若人」不自以為可憎惡為不知類。茲順通如下：

孟子說：今有人其無名之指屈而不能伸直，此一小病並非有什麼很痛苦處，亦非足以害什麼事。可是如果有人能把他這屈而不能伸的指伸直之，則此能伸直之之人雖在秦楚之遠方，他亦必不怕道路之遙遠而去求之為之伸直。其所以如此，乃是因為自己之指頭壞了，比人差（不若人），為可憎惡之故也。指頭壞了，比人差，則知惡之，而今自己之心腸壞了，比人差（心不若人），却不知惡，此之謂不知輕重之等也。

案「不知類」，依朱注解為「不知輕重之等」。此「類」字當非同類之類，乃類屬之輕重次第義。不知輕重之等卽不知先後本末之次第，不知何者是輕者，何者是重者，何者是類屬于本者，當先注意及之，何者是類屬于末者，當次注意及之。大學云：「物有本末，事有終始，知所先後，則近道矣。」

## 十三、愛桐梓而養之亦應愛己身而養之使其本心不放失

孟子曰：拱把之桐梓，人苟欲生之，皆知所以養之者。至於身而不知所以養之者，豈愛身不若桐梓哉？弗思甚也。

案：此又以知養樹木而不知養自身為無頭腦。順通如下：

孟子說：一拱一握大的桐樹和梓樹，假若人們想使它生長，皆知所以培養之之方（皆知如何去培養之）。可是獨于己之身却不知所以養之之道，這是什麼緣故呢？豈是你愛惜自己尚比不過你愛護桐梓嗎？此亦弗思（無頭腦）之甚矣。

案：此處所言之「身」即是虛籠地說的「己身」之身，而所謂「己身」即是「自己」之意也。不指身體言。當然四肢百體亦是屬于「己身」的；而屬于己身的不只四肢百體。此處是隱指自己之本心而言。下文言「體有貴賤，有小大」，以心為貴。身字兼攝身體（四肢百體）與心靈（仁義之心）兩方面而言，皆屬己身也。古人說「身」大體皆是此義，引申而為「我」義。如老子云：「人之大患在有身」，有身即是有我也。如說「人之大患在有身體」，則不成話。蓋如此，勢必把身體毀掉才好。身體固須養護使之長大，而仁義之心更須操存之使不放失。孟子舉養拱把之桐梓作喻，即意在使人培養其本心也。如單在養身體，正是孟子下文之所斥。

十四、兼所愛兼所養而所養有大小有貴賤因而亦
有善養與不善養

孟子曰：人之於身也，兼所愛。兼所愛，則兼所養也。無尺寸之膚不愛焉，則無尺寸之膚不養也。所以考其善不善者豈有他哉？于己取之而已矣。體有貴賤有小大。

案：此承上文當知養「己身」而言，順通如下：

無以小害大，無以賤害貴。養其小者為小人，養其大者為大人。今有場師，舍其梧檟，養其樲棘，則為賤場師焉。養其一指而失其肩背而不知也，則為狼疾人也。飲食之人，則人賤之矣，為其養小以失大也。飲食之人無有失也，則口腹豈適為尺寸之膚哉？

孟子說：人之于己身也，於其所有之一切無所不愛（兼所愛）。無一尺一寸之肌膚不愛焉，則無一尺一寸之肌膚不養也。既無所不愛，則亦無所不養（兼所養）。無所不養，則考其養之善或不善者豈有別法哉？亦只返求之（取之）於己看其所養是否顛倒惑顧小失大而已矣。須知己身所有之體（虛泛字亦即物事義）有是貴者，有是賤者，有是小者，有是大者。你不要為了小者而害了大者，亦不要為了賤者而害了貴者。你若只養你的小體，你便是小人（識小之人），你若能養你的大體，你便是大人（識大之人）。今設有治場圃者（場師），舍了其有用之梧檟（桐梓）兩種樹而不養，但養其無用之小棗樹（樲棘），則人們便說這場師是下劣的場師。一個人若只養其一指之小者而失了其肩背之大者而尚不自知，則人們便說此人是顛倒惑亂之人（狼藉人）。現在，我們可進一步說，一個只知飲食的人是人們所

賤視的。其所以為人所賤視是因為他只養其形軀之小者而失了其本心之大者。倘使飲食之人無有此失，則人之飲食之悅口果腹豈恰只為了一尺一寸之肌膚哉？必不然矣！

案：此段，說話之分際與層次不可不明。先說人之于己身也，兼其所有之一切而皆愛之，因而亦皆養之，即使是一尺一寸之肌膚亦無不愛護而滋養之，更何況大而貴重者？正因為己身所有之一切有其大小貴賤之差別，是故雖皆養之，亦有養之善不善之辨識。即就形軀之四肢百體言，亦有小大之別。一指是小，肩背是大。只養一指之小而失肩背之大，則為不善養其人為狼藉人（顛倒惑亂之人）。若進而以形軀與仁義之心相比，則形軀是小，仁義之心是大。若只知飲食以養小體，而失了其本心之大，則亦為不善養（無頭腦之人），人得而賤視之。倘使飲食之人無有此「以小失大」之錯失，則人之飲食之悅口果腹豈只是為了尺寸之膚之保存乎？必不然矣。人之形軀當然須要愛護而使之生長壯大。使之生長壯大為的是使之成活着以體現人之為人之價值。體現人之為人之價值，則不只是飲食以養尺寸之膚，且須飲食以仁義之心言。下文言「從其大體為大人，從其小體為小人」，即呼應此處所言形軀言，大者即隱指仁義之心之大者之體現。此處「以小失大」中之小者即隱指形軀言，大者即隱指仁義之心之大者之體現。此處「以小失大」中之小者即隱指形軀言，大者即隱指仁義之心之大者之體現。此處所言之「體有貴賤有小大」也。而下文以「耳目之官」為小體，以「心官」為大體，即呼應此處所言之「養其大者為大人，養其小者為小人」。

案此文中「狼疾人也」，趙注解狼疾爲狼藉，紛亂也。此解是，茲從之。狼疾人意即顛倒惑亂之人，與前段「弗思甚也」之語相呼應，「弗思」意即無頭腦。筵後杯盤狼藉指杯盤紛亂言。說某人聲名狼藉言其人不堪一提。朱注云：「狼善顧，疾則不能，以爲失肩背之喻」。此爲如字實解，引申而爲不能顧肩背之大，顧小失大，亦或然也。解爲「狼藉」，則爲諸聲會意字。

又文中「體有貴賤有小大」之「體」字在孟子是廣泛使用。己身所有之一切皆可以「體」說之。如四肢百體是有形之體，亦言形體，或形色。孟子言「形色天性也」意即四肢百體之有形之體皆是天生的。性者生也，此處作「生」字用，不作「性」字用。否則難解。佛家言色法，與心法相對而言，即從「形色」之色字來，即是有形體的東西，有形有狀者即耳目所及感官所及的東西。「物色」之色亦是從形色而來，即因着形色而鑒別人與物也。食色之色固直接指男女之情愛而言，然亦因形相姿態之美而引起情愛之欲也。顏色之色亦因相應于視覺而悅目而然也。潤色之色是修飾文字而使之有文氣音節可讀，因而可說文字之美，是形色之色的使用。音色之色是視聽合一之會意的使用。皆從形狀之適目而展轉引申者也。

色字之原初的意思即是有形有狀的具體的東西。至于心字，尤其是仁義之心或本心或良心，則是無形之體，亦是己身所有者（惟此有不以生而有作解，而以義理本有作解），孟子名之曰大體，亦是最貴重之體，蓋因其不拘限于耳目之官也。依佛家，則名之曰「非色界者」。故此段中之「體」字是虛泛字，實亦即物事義。

# 十五、從大體為大人從小體為小人

公都子問曰：鈞是人也，或為大人，或為小人，何也？

孟子曰：從其大體為大人，從其小體為小人。

曰：鈞是人也，或從其大體，或從其小體，何也？

曰：耳目之官不思而蔽於物，物交物則引之而已矣。心之官則思，思則得之，不思則不得也。此天之所與我者。先立乎其大者，則其小者不能奪也。此為大人而已矣。

案此段是直接承上段「體有貴賤有小大，無以小害大，無以賤害貴」而來。順通如下：

公都子問曰：同樣是人，何以有是大人，有是小人？

孟子答曰：依從其大體以大體為主便是大人，依從其小體以小體為主便是小人。

公都子又問曰：同樣是人，何以有能依從其大體者，有不能依從其大體而只依從其小體者？

孟子又答曰：耳目之官不思而蔽于外物。不思而為外物所蔽之耳目之官亦物也。如是外物與耳目之官之為物兩相交接，則後者即為前者所牽引，即所謂逐物也。至于心

案此中「思則得之，不思則不得也」，此語中之「之」字卽指心官言。心官，孟子此處卽隱指仁義之心言。心官與耳目之官相對而言，「思」是其本質的作用，故通過此「思」字，它可以與耳目之官區以別。「思」能使你超拔乎耳目之官之拘蔽之外，它是能開擴廣大你的生命者。故若你能思，則你便得到你的心官（你的仁義之本心）而實有之，卽你的心官（仁義之本心）便可存在在這裏而不放失；你若不思而只隨物欲轉，一若純任耳目之官而逐物，則你便得不到你的心官（仁義之本心）而實有之，卽你的心官（仁義之本心）便不能存在在這裏而亡失。此處以思不思定心之存亡，前第八中以操存與否定心之存亡。操存是工夫語，思是心官所發之明。操存底可能之內在的動力，卽其最內在的根據，卽是「思」也。「先立乎其大者，則其小者不能奪也」，此中之「立」亦是由思而立。心之官既卽指仁義之心言，則「思」字亦是扣緊仁義之心而說的，卽前第六「乃若其

之官則能思而不蔽于物，故心以思為職司。官者有所司也。心官之所司者卽思也。是故你若能思，你卽得到你的心官而有之，意卽你的心官存在在這裏而不放失。你若不思，則你便得不到你的心官而有之，意卽你的心官便不存在在這裏而亡失。此心之官乃是天所賦與于我者（意卽義理上天定本有之意，亦卽「人皆有之」之意）。假若你能先通過此「思」而確立此大者，則你的耳目之官之小者便不能移奪之，如此，你便卽是大人了。

情」文中「弗思耳矣」及第十三「拱把之桐梓」文中「弗思甚也」之思字之落實說卽歸其正位說。嚴格言之，惻隱、羞惡、恭敬、是非之心中皆有思明之作用（卽誠明之作用）在其中。此思卽他處孟子言「思誠」之思，亦洪範「思曰睿，睿作聖」之思。依康德詞語說，是實踐理性中之思，非知解理性中之思。因此，邏輯意義的思，正宗儒學傳統中並未提練成。前賢所言的「思」大皆是屬于實踐理性的，只就仁義禮智之心而盛發其道德實踐中的無邊妙義。此實踐意義的思，儒家，甚至道家和佛家，是已提練至充其極的。道家從道心玄智說，佛家從般若智說（不是思行之思），儒家從仁智說。後來周濂溪言工夫盛發其義。

又「此天之所與我者」語中之「此」字是直指「心之官」而說。朱註解爲「此三者」，指心之官與耳目之官三者而說，此解非是。孟子只言「仁義禮智我固有之」，又言「此心人皆有之」，不言五官我固有之，言之無義。故此處之「此」字只指心官說，不包括耳目之官在內。於五官（不止耳目之官）言「天之所與我者」則無意義。蓋五官感覺（取聲色臭味觸）之有無成問題，而人常放失其本心而不知其本。「天之所與我者」卽本有之。此有對而發，且甚至疑其究竟有沒有，故其有亦成問題，故孟子特鄭重言其本有。「天之所與我者」卽本有之。此有對而發始有意義。不但中國哲學如此，卽西方哲學亦然。西方哲學如笛卡爾，來布尼茲等言內在而固有的理念，而陸克駁之，以爲一切皆來自經驗；康德言先驗的形式，先驗的概念（範疇），以駁斥經驗主義，而經驗主義則反之。但從無人說五官感覺是固有的，是先天的，是「天之所與我者」，是「我固有之也，非由外鑠我也」。若如此說，便成笑話。於才能，常

有說天賦才能，當然亦可說天賦我以耳目口鼻，但這只是生成義或生就義，乃是「生之謂性」下的詞語，沒有人在此發生有無的問題。既是生就的，還有什麼問題？有就一定有，沒有就一定沒有。孟子並不依此義而言「我固有之」、「人皆有之」，以及「天之所與我者」。孟子言此不是「生之謂性」下的詞語，是不知其有而且疑其究竟有沒有於其有成問題後的駁斥語也。故鄭重言之，有意義也。不但當時如此言有意義，卽在今日言之仍有意義，而且更有意義，蓋今人更不易了解「仁義之心固有」之義也，更不易相信人有此本心也。而且愈自以為有知識有定見者愈不易了解：信耶教者不易了解也，經驗主義者不易了解也，功利主義者、快樂主義者不易了解也，今之科技專家以及許多某某學者尤最最不了解也。此等之不了解亦如一般人之不了解康德所言之自律道德也。朱子於「此」字解為指三者言，於義疏矣。而一般解者亦大體從之，亦示一般人之無義理訓練也。

孟子此段文提出大人小人之分別。大人之所以成為大人只有依據純以義理言的仁義之心之呈現始可能。自此以往，勝義無邊。全部康德的道德哲學不能超出孟子的智慧之外，而且孟子之智慧必能使康德哲學百尺竿頭進一步。

## 十六、天爵與人爵——良貴與非良貴

孟子曰：有天爵者，有人爵者。仁義忠信，樂善不倦，此天爵也。公卿大夫，此人

爵也。古之人修其天爵而人爵從之，今之人修其天爵以要人爵，既得人爵而棄其天

爵，則惑之甚者也，終亦必亡而已矣。

案：此提出天爵人爵間的本末關係，其輕重貴賤可得而知矣。茲順通如下：

孟子說：有是屬于天爵的，有是屬于人爵的。能表現仁義忠信之德，樂于行善而不

倦怠，這便是天爵。天子所封賜的公位，卿位，以及大夫之位，這便是人爵。古之

人修其天爵而人爵自然隨之而來。今之人卻是修其天爵藉以要求人爵，既經得到了

人爵便棄其天爵。此則是迷惑背理之甚者。其結果是：其所已得之人爵終亦必喪失

而不能保。

案爵是政治上的一種貴位，如公位、卿位、或大夫位，本就是「人爵」。人爵者由人（天

子）所封賜因而得有貴位之謂也。既得有貴位，故爲社會上所尊重。說到因貴而受尊重，孟

子的創關心靈于此便想到。人之貴而受尊重豈只由天子所封賜而然者耶？豈無由其他途

徑而自貴者耶？人豈只貴于人而無貴於己者乎？孟子遂類比人爵之貴而想到一種天爵之貴。

何謂天爵之貴？能體現仁義忠信之德，樂于行善而不倦怠，便自然受人尊重，這就是你的

自貴，而非貴于人者。此「因着德行而自貴而非貴于人」的貴便是「天爵」。天爵之「天」

字是虛位字，既非指自然言，亦非指上天言，乃落實于德行，指德行。體現內在的仁義忠信之德便是德行。體現內在的仁義忠信之德是性分之不容已，因此，其體現之也不是為什麼而體現之（如為要求人爵而體現之），乃是定然要如此的。因此，天爵即是天貴，天貴即是定然地（無條件地）體現仁義忠信之德而必然有的貴。因此，天貴亦可說為是定然的貴，不是待他而然的（有條件的）貴。人爵即是待他而然的貴。此一開關乃于政治的標準外另立一道德的標準，不是泛政治地一切由政治來決定。此義固是由孟子正式提出，然中國文化中自古已隱含此義。例如朝廷尊爵，鄉黨尊齒，士庶尊賢，亦不只政治一標準，又如天子不臣師，不臣尸，亦不只政治一標準。惟自性分之不容已以立天爵之貴則自孟子始。此是道德心靈之所開關，立一最高之價值標準者。

繼此天爵之觀念，孟子遂說：

欲貴者人之同心也。人人有貴于己者，弗思耳！人之所貴者非良貴也。趙孟之所貴，趙孟能賤之。詩云：「既醉以酒，既飽以德」，言飽乎仁義也，所以不願人之膏粱之味也。令聞廣譽施于身，所以不願人之文繡也。

案此可順通如下：

孟子說：想望有貴位為人所尊重這乃是人心之所同願的。可是人人皆有貴于己而不貴于他人者。人之不知其有貴于己者只是因為他不反身想一想而已。貴于己者是良貴（本有的不可移易之貴）。他人之所使你成為貴者（貴於人者）非良貴也。趙孟所使之成為貴的人趙孟亦能使他成為賤者。大雅詩有云：「既醉我以酒，又飽我以德。」所謂「飽我以德」是說飽我以仁義也。（以仁義充滿我的生命）。既以仁義充滿我的生命為可貴，是以不願人徒以膏粱之味來滿足我的口腹也。這亦猶如人以有值得被人稱贊之令聞和廣譽為真美，是以不願人以華美之服來裝飾其自己。

案貴于己是良貴，這就是天爵。人爵是貴于人，非良貴。良貴即是康德所說的尊嚴，是一內在而固有的絕對價值，超乎一切相對價格之上者，亦無與之等價者。凡是有一相對價格的東西即可為某種其他與之的等價的東西所代替。良貴無可代替者。因此良貴就是人之尊嚴。

天爵良貴之觀念既確立，我們可看看孟子所說的「古之人修其天爵而人爵從之」這句話。這句話是句警戒勸勉語，不是一個嚴格的有必然性的分析命題。若視之為一分析命題，則人們馬上可提出疑問說：修其天爵，不一定能有人爵。因此，若依康德說法說，天爵人爵間的關係是一個綜和關係，非分析關係。但孟子提出「古之人」云云，以「古之人」如何如何敦戒而勸勉人，顯然其說這句話不是把天爵人爵的關係看成是一個客觀的問題，因而他亦不是就此客觀問題而作客觀的肯斷說：修其天爵，人爵即必然地隨之而來。若這樣說，這當

然是有問題的。孟子未正式提出此問題而予以鄭重思量。他只說古之人純樸無雜，只眶勉修

其天爵，而人爵不求而自然可從之（當然亦可不從之，孟子不討論這個問題，他以

爲這不是須要討論的問題，從之可，即使不從亦無所謂，重要的只是誠心以修天爵），而今

之人則卻不然，他之修天爵只是爲的要求人爵，既得到了人爵，天爵就根本不理了，這根本

是虛僞。孟子只在點示人人皆有良貴，勉人誠心體現之以成德。但既說到天爵人爵（貴于己

貴于人），這當然是屬于康德所說的「德福之間的配稱關係之問題」。孟子固然重視良貴

（德），但他亦並不否認人有幸福之欲。人爵是屬于幸福者。「廣土眾民，君子欲之，所樂

不存焉。中天下而立，定四海之民，君子樂之，所性不存焉。」所欲所樂都屬于福，惟「所

性」屬于德。「君子有三樂，而王天下不與存焉。父母俱存，兄弟無故，一樂也。仰不愧于

天，俯不怍于人，二樂也。得天下英才而教育之，三樂也。君子有三樂，而王天下不與存

焉。」「王天下」當然屬于福，雖不存于此三樂中，可是此三樂亦不就是屬于德者，仍是屬于

福者。不過這三樂之福是更有價值者，比「王天下」還可貴。「王天下」只是滿足人之權力

欲或功業欲。不管這其間有若何之差別，總都屬于幸福者，孟子並不抹殺。不過有所欲所樂

之別，而所欲所樂亦有種種等級也。孟子只以「所性」爲本，而所欲所樂是末，即使肯定其

價值，亦必須以「所性」爲根據。至于這兩者間在現實人生如何不一致：有德者不必有福，

有福者亦不必有德；又如何能理想地圓滿地保證其間之恰當的配稱關係以實現最高的公道，

以慰勉人之道德實踐于不墜…凡此等問題皆非孟子所欲問者。你也許可以見到孟子，甚至全

部儒者，在此顯出更有陽剛氣（挺拔氣）。但是就全部人生之極致說，德福之間必須有一種諧和，因為吾人固不能抹殺良貴，但亦不能抹殺幸福，正猶如既不能去掉「自由」，亦不能去掉「自然」（形色是天然有的，不能廢除）。既然如此，兩者之間必須有一種圓融之一致（恰當的配稱關係）。人生不能永遠處于缺陷悲壯之中，如在現實過程之中者。因此，孟子雖不討論此等問題，吾人處于今日卻可把此問題當作實踐理性上的一個客觀問題而正視之，看看依儒家之智慧，甚至依儒釋道三敎之智慧，當如何處理此問題。

\* \* \* \*

以上是告子篇上之全文，一氣呵成，很有系統性。此下將摘錄其他重要之文段而予以疏解，要皆依據以上之義理為基本而展轉引生者。最後將正式依儒家之智慧，甚至儒釋道三敎之智慧之極致來處理此德福一致之問題。

第一章　附錄：康德論人性中之基本惡

# 第一章附錄：

## 康德：論惡原則與同善原則之皆內處

### 或

## 論人性中之根惡（基本惡）

（此爲「單在理性範圍內之宗教」一書中之首部）

### 開端綜論

「世界存在于邪惡之中」這一怨訴之辭其古老一如歷史那樣古老，甚至一如那更古老者，一如一切詩篇中之最古老的詩篇，僧侶行業之宗教那樣古老。縱然如此，可是世人皆欲使世界開始于一善的狀態：開始于一黃金的時代，或開始于一伊甸樂園中的生活，或開始于與天堂眾生共處的那更快樂的生活。但是世人皆提示說：此快樂的狀態就像一個夢一樣已消逝了，「因而他們又墮落于罪惡（道德的罪惡，此道德的罪惡永遠被伴以物理的或自然的罪惡），當其以加速的步伐急促進至于更壞而又更壞時。〔原注〕詩歌，那樣古老；實在說來，

〔此句，格林譯爲：世人又提示說：又擬想說：墮落于罪惡之墮落（所謂罪惡卽道德的罪

· 61 ·

惡，物理的或自然罪惡永遠與之携手並行的那道德的罪惡）即刻以加速的下降催促人類從壞到更壞。」這樣，我們現在正生活于末世（但此所謂「現在」其爲古老一如歷史那樣古老，即所謂終古如是的「現在」），世界末日與毀滅快要近了，就在眼前；而在印度底某部分人中，世界底審判者與毀滅者（此名曰露陀羅 Rudra 或不然又名曰濕婆 Siva）總當作上帝而被崇拜，此所崇拜之作爲毀滅者之上帝正當令，祂支配着世界，祂已厭倦了祂的職責（祂的最高威者），即毘濕努 Vishnu，好久以來即已放棄了祂的職責，至于世界底支持者（保存權），而此職責是祂由「世界底創造者」即「梵天」而得來的。（案梵天世界底創造者，毘濕努世界底支持者，濕婆世界底審判者與毀滅者，名曰三位一體。）

【原注】：關於加速墮落句，康德引 Horatius 之詩句以明之。詩曰：

我們的父輩已比他們的祖先
更深深地熟練于作惡，
生下我們這一代更爲邪惡，
我們當然亦照常生出下一代
仍然要更爲墮落。

〔案阿保特譯只錄拉丁文。兹依格林（Greene）與胡生（Hudson）兩人合譯者附有馬丁之英譯而譯。吾參考此合譯者時只提格林是爲簡單故。〕

較後起但很少流行的意見便是那反面的有英雄氣的意見（樂觀的信念），此較有英氣的意見或許只在哲學家間有其流行，而在我們的時代，主要地是在指導青年之教師間有其流行。

此意見是說：世界經常地是確在在相反的方向上前進，即是說，世界是經常地從較壞前進到較好（雖然幾乎感不到）；至少向較好前進之天賦才能是存在于人之本性中的。但是，此種意見或信念確然並不是基于經驗上的，如果那所謂較好或較壞所意謂的是道德的善或惡（不是文明），因為一切時代底歷史事實很有力地反對此見，但是此見大約是從森尼加（Seneca）到盧騷（Rousseau）以來的諸道德主義者之一善意的假設，假設之以便催促人去對于那或許存于我們生命內的善之種子作不厭倦的培養，如果一個人可依恃這樣一種人之生命中的自然基礎時。茲復有一種考慮，即：因為我們必須假定人是自然地（即是說，如人經常地所生而是者）在身體方面是健全的，這樣假定之，大自然本身就可幫助我們去發展那在我們生命內的向善靈魂方面也是健全的，所以人們亦可想沒有理由為什麼我們必不可假定人是自然地在的道德才能。森尼加說：「我們以可醫治的不舒適而病，而如果我們想請醫生來醫治，則大自然就可有助于我們，因為我們生而是健康的。」（案此語阿保特譯原爲拉丁文，茲依格林譯爲英文而譯。）

〔以上是兩種相反的意見：一是說世界是邪惡的，一是說世界經常是向善前進的。〕但是因爲雙方「在其看取經驗中」〔譯註〕很可有錯誤，是故以下的問題便發生，即：一中道是否不至少是可能的，那就是說：人作爲一種類看，很可既非是善亦非是惡，或在一切事件上他很可爲如此之一人正如其可爲如彼之一人，即他一方面是善的，一方面是惡的。豈不可如此嗎？但是，我們說一人爲惡不是因爲他作了一些惡的行爲（即違犯法則的行爲），而是因

爲他所作的這些惡行爲是這樣一類行爲，卽我們可以從它們那裏推斷出存在于他心中的那些惡格言。現在，雖然我們能在經驗中觀察到行爲違犯法則，而且甚至（至少在我們自己處）亦能觀察到惡行爲之爲惡（爲違犯法則）是有意地（自覺地）被作成的；但是我們尚不能在經驗中觀察到那些惡格言之自身，甚至不能觀察到那些總是存在于我們自己心中的惡格言之自身；結果，「這些惡行爲之作者是一惡人」這一判斷不能確定不移地基于經驗上。因此，要想去說一個人爲惡人，以下的情形必定是可能的，卽：先驗地從某些行爲，或從一簡單的有意作成的惡行爲，去推斷到一惡的格言以爲其基礎，並且又從此一惡的格言推斷到那存在于「一切特殊的道德地惡的格言之執行者」心中的那一般的根源（此一般的根源其自身復又是一格言），這必定是可能的。

【譯者注】：「在其看取經驗中」一片語是依格林譯而譯。阿保特譯爲「在設想的經驗中」，不很通。案康德原文是 man sich in beider angeblichen Erfahrung，此可譯爲「人們雙方在其所稱述的經驗中」，或「在其稱述經驗中」。

「自然」（本性）這一個詞語，如果如通常那樣，意謂「源自自由」的行動之反面，那麼此詞語必應是直接地與道德的善或惡之謂詞相矛盾的。這樣意義的「自然」（本性）之詞語，我恐怕人們覺得有任何困難，是故以下所說必須被注意，卽：所謂人之自然（本性），我們在此只意謂在客觀的道德法則下人之自由一般之使用之主觀根據，此主觀根據乃是先于

那落在感取下的每一動作而即存在着者，不管此主觀根據處于什麼樣的自由之使用處（意即不管此主觀根據之性格是什麼，是善的抑或是惡的）。但是，此主觀根據必須其自身復又總是一屬于自由之動作者（非然者，人之有選擇作用的意志之使用或妄用在關涉于道德法則中必不能被歸咎于此人，而存于此人中的善或惡亦不能被說為是道德的）。結果，惡之根源不能存在于那「通過性好而決定有選擇作用的意志」的任何對象中，或存在于任何自然的衝動中，但只存在于一個規律。此規律乃是有選擇作用的意志在其自由底使用上為其自己而作成者，那就是說，惡之根源存在于一個格言。現在，關于此格言，我們不能再繼續去追問此格言之所以被採用而不是此格言之反面被採用之主觀根據是什麼。因為如果此根據現在終極地說來，不復再是一格言，但只是一純然的自然衝動，則自由之使用必被歸化到那經由自然原因而成的決定，而此是與自由之概念相矛盾的。如果，當我們說「人自然地（本性上）是善的」，或說「人自然地（本性上）是惡的」時，此所說者只意謂：人含有善的格言之採用或惡的格言（違法的格言）之採用之基本根源或終極根據（對于我們是不可測度或極難透視的基本根源〔原注〕），而人之有此根源，一般地說來，乃由于其是一人，而結果，這樣，他便因其有此根源，他表示了其族類之性格。

〔原注〕：關于不可測度之基本根源，康德有注云：

說「道德格言之採用之基本的主觀根源是不可測度的」，此甚至或可由以下所說之義而被看出，即：由于此採用是自由的，是故其根源（例如我為什麼已採用一惡的格言而不採用

一善的格言之理由）必不可在自然衝動中被尋求，而由于此一格言復又有其根據，而格言又是有自由選擇作用的意志（即自由決意）之唯一有決定作用的原則，即那能被舉出或應當被舉出的唯一有決定作用的原則，由于是如此云云，是故我們總是被驅迫在主觀的有決定作用的原則之系列中無窮地向後返，返而又返而終不能達到那基本的根源。（案此等于佛家說「無始以來法爾本有」。康德下文即名之曰「生而有」，或「內在而固有」。）

如是，我們將對于這些性格之一（或善或惡者，即使人有別于其他可能的理性存有者）而說它是內在而固有的。但是在這樣說時，我們也必須要記住：大自然並不因這性格而受責（如若這性格是惡的），亦不因這性格而受信賴或有光榮（如若這性格是善的），但只是人自身就是此性格之造成者。但是因為我們的格言之採用之基本根源（此基本根源其自身必須復又是處於有自由選擇作用的意志中）不能是一經驗之事實，是故人之生命中的善性格或惡性格（在關涉于道德法則中作為此格言或彼格言之採用之基本根源的那善性格或惡性格）是內在而固有的，其為內在而固有是只依以下的意義而為內在而固有的，即：它在「自由之任何使用」以前就表現有力量或被置定為根據（在最早的兒童期就有力量或已為根據，再往後返，返到生時，如同生而如此），這樣，它被思議為是在人之生時即現存于人者，可是其生時之「生」卻並不是它的原因。

【譯者案】人之生命中的那作為「採用格言」之基本根源或終極根據的善性格（性向）或惡性

格（性向）早已在人之生時即現存于人，但這並不表示說這生時之生是這善性格或惡性格之原因。善或惡的性格（性向）之所以為善或惡，卽那使其成為善或惡的原因或理由，是源于人之採用此格言或彼格言，而此卻是存于人之有自由選擇作用的意志中，或存于自由之使用中。案「有自由選擇作用的意志」是譯的德文 Willkür 一詞，此亦可譯為「自由決意」，此是人的現實意志之作用，故有善有惡，此相當于王陽明所謂「意」，「意念」之意，「心之所發為意」之意，此是一個表示「意志之受感性影響的現實作用」的字，故英譯亦譯為 "Volition"，此是一個作用字，與設定其為「自由」，在德文是 "Wille"。凡說純粹的意志，善的意志，或自由的意志，皆是指的這個實體字，此則不可有善有惡，只能是純善，此當然是理想地說者，此或可相當於劉蕺山所謂「意根最微」之意，「獨體」之意，「意」由意志之自律入，單明意志之立法性，卽絕對由自決。兩個「意」字旣不同，則這裏說「有自由選擇作用的意志」，或說「自由決意」，這自由亦與作為一設準的那「自由」由意志之自發，而此處所謂「自由決意」之自由則只表示人的行為作為一設準的那作為或格言之採用之或好或壞皆由自決。性，你可說此自由決意之自由卽是那作為一設準的自由之現實的投映，受感性故人須對之負責。影響下的投映 —— 投映于意志之現實的作用而成為或好或壞的自決。好的自決固是自己負責，壞的自決亦是自己負責。此卽所謂「自由之使用」。若無此自決處自由之使用，人便不責，因此，人之決意之採用此格言或彼格言就是其善惡性格（性向）之所以為如此者之可被咎責。簡單地說，人自身就是其善惡性格（性向）之所以為如此者之原因 —— 造成者；生而如此者之「生」是「大自然」底事。故「現存于人之生時」的善性向或惡性向正如告子所謂「生之謂性」。這生而如此之「生」是虛籠地一說，只表示它是自然能歸之于大自然。 生而如此者之「生」是「大自然」底事。故「現存于人之生時」的善性向的；而其所以為善或惡之詳細規定或落實決定卻是存于格言之採用。就格言之採用、自由之

使用而言，此性向便是其主觀根據，即人之採用此或彼格言之主觀根據或基本根源，即你本有採用此或彼格言之基本性向或性能，採用善格言為善性向，採用惡格言為惡性向，而格言之為善或惡則依其合不合道德法則而定。說「生而有」即指此善惡性向而言。由於是生而有，是故亦得說為是內在而固有。嚴格言之，當該說：人本生而就有種種差異之性向或性能。這些差異之性向或性能，若在道德方面表現，便落實為道德地善的性向或性的。而其為善或惡則存於格言之採用或自由之使用，此則無道德地善惡可言。但亦有程度之等差，此如好不好藝術，好不好數學等之性向，此則依其他標準而定。此等生而有的，內在而固有的種種性向，善惡性向亦在內，若依中國傳統言，便是所謂氣性或才性。告子「生之謂性」亦是指氣性或才性而言。康德在此說「人本性上（生而）是善或惡的」亦指氣性才性而言。（在道德上說才性好像不很通，其實亦可以說，聖人亦須有才，此時才即是其根器，即其表現道德法則之上上根器，此與孟子所說的「良能」不同。）

此等氣性或才性被說為是「內在而固有的」(Innate)，此內在而固有是基于「生而」而說的，與孟子既說仁義內在，又說「仁義禮智我固有之也，非由外鑠我也」，不同。孟子說仁義內在是內在于本心，由本心而自發，相當于康德所謂「意志之立法性」，後來陸王即名之曰「心即理」。由此「仁義內在」自然推出「仁義禮智之心或德是我所固有，非由外鑠」。只要是理性的存有，有道德的心或意志，他即有這些仁義禮智之明德。此與以「生而有」說的「固有」不同。「生而有」是說我的自然生命本有這些氣性或才性即氣質，此是依「生之謂性」之原則來說人之所以為人之性的，因為這並不能表明人之價值上異于牛馬者。孟子說性是就道德的本心說性，此是以理言的性，宋儒名之曰「義理之性」，並不是以「生而有」言的自然之質，此在宋儒名之曰「氣質之性」，即以氣言的性。孟子所說的這個以理言的「本心即性」之性儘管它在現實的個體——

理性的存有中隨時有呈現，好像是「生而有」的，但這只是就近指點以示這以理言的性可隨

時呈現，既不限于此個體，亦不依此個體之生（存在）之生而有而說它是內在而固有的，因

為生而有的自然之質是偶然的，很可能有現實的個體生下來不具備這種性能，亦不能發這種

性德。生而有的「生之謂性」之性名曰氣性或才性（善惡性向亦在內）。氣性或才性雖是後

來的詞語，孟子尚無此詞語，但「生之謂性」之性，孟子並不否定其有，亦不以此性混同以

理言的性。

依孟子之教說，義理之性之定然的善亦有需于生而有的氣性或才性，否則義理之性不能

有具體而現實的表現。但須知氣性或才性之不定爲善，義理之性可使之成爲善，而亦有

「能轉化之使之成爲善」之力量。義理之性本身就是一種動力，由此說的動力是超越的動力。

是客觀的根據。此既與由氣性或才性處而說的那作爲格言的採用之基本根源或主觀根據者不

同，亦與康德所說的「道德法則是動力」不同，蓋以道德法則爲動力虛而無實，康德並無

「心即理」一義故。雖「意志之立法性」即是「心即理」，但康德並不就意志說心，其所說

之良心亦並不就是理，是故彼終無「心即理」一義，而只以道德法則爲動力，並不以「意志

之立法性」爲動力，蓋自由只是一設準故，道法法則是事實（理性之事實），自由不是一事實

故。是故心即理之義理之性是動力是孟子教說之最緊切者。惟于氣性或才性之或善或惡以爲

人之採用格言之主觀根據並亦正由于人之採用善或惡之格言故逐使那氣性或才性成爲善的或

惡的，此層意思，孟子以及主「生之謂性」者皆未曾道及，此見康德思想理之精密與緊切。但

如果生而有的氣性或才性之或好或壞是事實，則康德之所說乃是應有者。若在孟子或在明言

「生之謂性」者，則必這樣說：善的氣性有等級，最善者是那易于採用善格言之氣性，惡的

是採用惡格言之氣性。善的氣性必是那易于採用善格言之氣性，惡的氣性必是那總

不能無違失，故工夫不可以已；惡的氣性亦有等級，最惡者如盜跖，如愚痴，如一闡提，如

魔鬼，卽使是最惡者亦可化，以彼總有善惡意識故，惟于善惡顚倒錯亂耳，故教不可以已。若氣性善惡之根源不源自格言之採用，自由之使用，而只看氣性之自然衝動，則人不可咎責，而只屬于定命論。故言氣性之善惡必掛鈎于格言之採用，自由之使用，此則必涉及「意志之作用」卽決意或起意，而此必終可化爲善，可化之超越根據在本心之不容已，言生之謂性者無此義，康德進至此而不盡。

以上疏通康德所說之大意，此下康德進而有注說以明之。

## 注 說

上述兩假設間的衝突基于一析取的命題：人本性上或是道德地善的或是道德地惡的。但是任何人皆可容易想到去問：此一析取是否是正確的，一個人是否不可以肯定說：人本性上既非道德地善的亦非道德地惡的，或：人同時是道德地善的又是道德地惡的，卽：在某些方面是善的，在另一些方面是惡的。看來經驗似乎甚至足可去確立這種中道說。

〔譯者案〕：「旣非道德地善亦非道德地惡」是告子之中性說，此函可善可惡。「人同時是道德地善又是道德地惡（在某方面是善在另一方面是惡）」，此是說人本性上是善的但非全善，本性上惡的但非全惡，此亦可許，但尚非有善有惡說，有善有惡函上中下三品說。人有善有惡與人同時一方面是善一方面是惡亦並不衝突。

但是以下的情形在道德學上一般地說來是重要的，即：盡可能不允許在行動方面或在人

類的品格方面有居間者存在；因爲若是這樣模稜兩可，則一切格準必冒喪失一切確定性與穩

固性之危險。那些屬於此嚴格想法的人通常被名曰嚴格主義者（此一名稱意在于譴責，但實

際上是贊許）；嚴格主義者底反對面可被名曰容中者（Latitudinarians）。此容中者或是中

立兩不相干之容中者，此可被名曰善惡無關者（Indifferentists），或是和解之容中者，此可

被名曰折中主義者或調和主義者（Syneretists）。[原註]

〔原註〕：關于容中，康德有注云：

如果善等于 a，則其矛盾面便是「不善」。此「不善」或只是「善之原則之不存在（缺

如）」之結果等于 0，或是「一積極的反對面者之原則」之結果等于 －a。在此後一情形

中，「不善」可被名曰積極的惡。（在關于痛苦與快樂中，就有此類容中之情形，這樣，我們

可說快樂等于 a，痛苦等于 －a，而苦樂皆不存在之狀態則是苦樂無關者，即等于 0）。現

在，如果道德法則眞不是有自由選擇作用的意志（自由決意）之一動力——一個在我們生命

之內的動力，則此時道德的善（即自由決意之與法則相諧和）自應等于 a，而不善卻必等于

0，而所謂等于 0 必只是一道德動力之不存在之結果，此結果即等于 "a×0"（阿保特譯誤

寫或誤排爲 "a＋0" 原文是 "a×0" 茲照改，蓋 a＋0＝a 而 a×0＝0。但是，道

德法則實可作爲一動力等于 a 而存在于我們生命之內；因此，「自由決意之與法則相諧和」

之不存在（等于 0）其爲可能是只當作「自由決意之決定」之一結果等于 －

a 看，即只當作「敵對于或違反于法則」之一結果等于 －a 看，它才是可能的，那就是說，

它只因着一惡的決意而始爲可能。因此，在一惡的性向與一善的性向（內在的善惡格言之原則）之間，並無中立者可言，而所謂惡的性向與善的性向——內在的善惡格言之原則，乃卽是行動之道德性所必由之以被決定者。一道德地無關的行動（adiapharon morale）必應只是一從自然法則而結成的行動，並因而亦是與道德法則不發生關係的行動（道德法則是自由之法則）；蓋因爲這樣，道德地無關的行動實不是一行爲（一道德地表意的行爲），而關於這樣的行動，命令、禁止、或甚至合法的特許皆不能有任何地位可言，或皆不是必要的。

對于適所討論之問題（卽能否有居間者之問題），嚴格主義者所給之答覆是基于以下之重要考慮的，卽有選擇作用的意志之自由（卽決意之自由）有這特徵，卽：它將不能因着任何動力而被決定至於行動，除只當人們把一動力用于其格言中（使此動力成爲其行爲之普遍規律）：此等于說，只當人們把一動力用于其格言中（使此動力成爲其行爲之普遍規律），那有選擇作用的意志之自由（決意之自由）始能爲此動力所決定，決定之而至于行動，只有依此路數，一個動力，不管它是什麼，始能與有選擇作用的意志（決意）之絕對自發性（自由）互相共存。但是在理性之判斷中，僅僅道德法則才是以其自身卽是一動力者，而且不管是誰，只要他使道德法則成爲其格言，他就是道德地善的。現在，如果法則在關于一涉及法則的行動中不能決定人的有選擇作用的意志（人的決意），則一反對面的動力，必須有影響于人的有選擇作用的意志（人的決意），而因爲依假設，此反對面的動力之有影響于人之決意只能因人取用之于其

格言中始能如此（取用反對面的動力結果就是逸出道德法則之外，而在取用之于其格言之情形中，他就是一惡人），因為是如此云云，是故隨之而來者便是：在關涉于道德法則中，人的性向決不會是不相干的，卽是說，人的性向總是或善或惡，兩者必居其一。

人亦不能一方面是善的同時另一方面又是惡的。因為如果他一方面是善的，則他便已取用道德法則于其格言中；旣這樣，則如果他眞同時在另一方面又是惡的，如是，則因為「遵守義務」之道德法則是一而又是普遍的，是故涉及道德法則的格言亦必應是普遍的，而同時它又只能是特殊的，此則是一矛盾。〔原註〕

〔原注〕：康德關于此段總起來作註云：

古代道德哲學家幾乎窮盡了一切關于德性所能說者，他們並未忽略去考慮上面所提到的兩問題。他們所表示的第一問題是：德性是否必須被學而得？（如必須被學而得，則人本性上對于德性是不相干的而且是邪惡的。）他們所表示的第二問題是：人是否不只是德性之一面而在德性一面外還有其他非德性而為邪惡之一面？（換言之，「一個人必定一方面是有德性的而另一方面又是邪惡的」這是否可能？）對此兩問題，他們俱以嚴格的決斷來否定地作答，（答之以否）而這樣作答是很正當的；因為他們默想德性在其自身為一理性之理念（如人所應當是者那樣一個理性之理念）。但是，如果我們要想對于現象中的人，（人之如其所顯現者），卽，人之如我們因着經驗所知于他者，這種道德的存有，去作一道德判斷，則我們便可肯定地答此兩問題（答之以是），因為人既被視為一現象，則他並不是因着純粹理性之天秤（在一神的法庭面前）而被估計，但只因着經驗的標準（在一人類性的法官

面前）而被估計。關此，我們將在後文進一步討論之。（案此所謂「後文」指此書第二部第一節說。此首部下文無涉及此者。）

〔譯者案〕：

如果就生而有的本性說善或惡，即依「生之謂性」之原則說善或惡，則嚴格主義是站不住的；在此，吾人只能以現象之觀點看人。康德在此有混擾。他本是論人之生而有的本性——自然之性，但他又跳出去從人之「當然」處說嚴格主義是對的，不能有居間者存在，這豈不是上下遊移而混擾嗎？如想說嚴格主義，則只能以智思物之觀點看人，視人之德性為一理性之理念，即純從人之「當然」而說者。但于開始，康德並未這樣分開，只在此注中說古人是如此，當然康德本人亦贊成。這樣分開可以，但不應當就生而有的本性這樣分開。因為既是論生而有的本性（自然之性），便不能于此說嚴格主義，但他于此又說嚴格主義是對的。嚴格主義所說的那不能有容中的或善或惡所純從理性上看人，這不能依生而有的自然之性之觀點說，但他又就此生而有的性說此嚴格主義。是故康德在此上下遊移，弄的十分混亂而模稜。因此，他說：若人一方面是善一方面是惡，這便導致于矛盾，這亦有問題。若從理性上說，這當然是矛盾，即他既是有德的，他便不能再是邪惡。但若如此，便不能就生而有的性說他或善或惡。若從生而有的性之立場說，則人一方面是善一方面是惡便不矛盾。這不能因涉及道德法則之格言是普遍的而又是特殊的來作辯——辯說其是矛盾。因為以生而有的性向作根據來說一個人的自由之使用，格言之採用，則很可以此人此時採用善格言是善的，移時又可以採用惡格言而是惡的，不能因格言有普遍性便導致于矛盾也。若如孟子欲說人性之定然的善，便必須先擯棄告子之依「生之謂性」之原則說性，此則便斷然分開而無許多纏夾。

康德在此注中提出兩觀點是對的。依理性之觀點看人，德性不能是後天被學得的，而人亦不能有容中性。但若依現象之觀點看人，說其生而有的性，則德性必須是後天學得的，此如告子說「性猶杞柳也，義猶桮棬也」。而在此觀點下說人一方面是善一方面是惡這也是對的，此如有善有惡或可善可惡。康德之言必如此疏導始可暢通。

當人們說「一個人有此一性向或另一性向為一內在而固有的（生而有的）自然之質」時，這並不是意謂此一性向或彼一性向不是為此人所習得，即不是意謂此人不是此一性向或彼一性向之造成者，但只意謂此一性向或彼一性向不是在時間中被習得（即意謂從幼年起此人早已存有此一性向或彼一性向）。性向，即格言之採用之基本的主觀根據，只能是一，而且普遍地應用于全部的自由之使用。〔評註〕。但是此性向其自身早已被「有自由選擇作用的意志」（決意）所接納，因為若非然者，它便不能被答責。現在，其被接納之主觀根據或原因不能再進一步為人所知（雖然我們不能不追問它）；因為若非然者，另一格言必須被引出，此另一格言即是「此性向已被納入之于其中」的那格言，而「其被納入于其中」復必須有其理由，〔即復又須引出一格言，而此性向復又被納入于其中，如此繼續後返無有已時，此則總歸難以透視，因而其被自由決意所接納這種接納之主觀根據不能再進一步為吾人所知。」既然不能再進一步為吾人所知，如是，則因為我們不能從時間中任何原初的（首始的）決意之活動推出此性向，或毋寧說推演出此性向之終極來源，是故我們名此性向曰決意之一特徵，它自然地（于人生時）繫屬于此決意（雖然事實上它是被見于自由中）。現在，當我們對于

一人而說「他本性上（生而）是善的或惡的」時，我們之有理由應用此語不是應用之于某個
人（在應用之于某個人之情形中，此一人可被認定爲本性上是善的，另一人可被認定爲本性
上是惡的），而是應用之于全族類，而其被應用于全族類是當以下一點已被展示于人類學的
研究中時，它始能被證明，即當這一點即：『那「使我們有理由把善或惡兩性格之一當作內
在而固有的（生而有的）而歸之于一人」的那些理由（證據）是這樣的，即：茲並無理由去
把任一人除之于善惡之外，因此，「把善或惡兩性格之一當作內在而固有的而歸之于一人」
這種歸屬是在族類上有效的』這一點已被展示于人類學的研究中時，它始能被證明。〔意即
「人本性上（生而）是善的或惡的」一語之被應用于全族類是只當如此云云時始能被證明。」

〔譯註〕：

「性向，卽格言之採用之基本的主觀根源（終極的主觀根據），只能是一，而且普遍地
應用于全部的自由之使用」。此中所謂「性向」卽是生而有的或善或惡的性向，「生之謂
性」下的性向。「只能是一」意卽不論是善或惡的性向，其爲格言之採用之主觀根據，這主
觀根據只能當作是獨一的。而且終極的看，不能當作系列中的某一格言之採用之根源看，因
爲若如此，則此步採用之根據還當有一個東西作其根據，但既是生而有的自己，則縱
使可如此追問，那所追問至的另一步採用之根據還是此生而有的性向之自己，因此，此生而
有的性向之作爲基本的主觀根源（終極的主觀根據）只能是一而不能分拆之而爲一系列由一
系列以推尋那最後者，因此，它本身就是終極的。因此，前文說它不可測度，難以透視，而

本段又說它為自由決意所接納，這接納之主觀根據或原因不能再進一步為吾人所知，因為還是它自己。此實等于佛家所謂「無始以來法爾本有」。因其是獨一而終極，故又是普遍地應用于全部的自由之使用者，即普遍地應用于人之全部自由決意，全部的格言之採用。善的性向之為主觀根據是為一切善的格言之採用之主觀根據，惡的性向亦然。一個有德的人總是到處作善的決意，而其善的決意之主觀根據就是他的善的性向。縱或一個人不是到處作善或惡的決意，而是有時作有時不作，但不管你作或不作，那作或不作底分別相對應的主觀根源總是一，即是他的惡的性向。一個邪惡的人他總是到處作惡的決意，而其惡的決意之主觀根據就是

·

總是這或善或惡的性向。

當吾人說在人之自由決意中善惡格言之採用（自由之使用）之分別對應的主觀根源是一，這雖足以表示「性向在關涉於道德法則中決不會不相干，總是或善或惡必居其一」，然而這卻並不足以表示人之生而有的本性並無告子所謂中性義即材料義。因為在關涉于格言之採用中，人之生而有的性向原只是一潛伏的傾向。決意有善惡，格言有善惡，相應的性向當然亦有善惡，但此善惡卻非是理性上之定然的善惡，人無生而有定然的善性向或定然的惡性向者，即使是上上根器如聖人亦不能於此說定然的善惡。因此，人之性向相應于決意之善惡而成爲善的性向或惡的性向必須是經由引導而爲人所習成者。因此，人對之須負責。因此，康德說人就是善惡性向之造成者，人之得有之是習得而有之，只是不在時間中之某時得有之，因此儼若無始以來法爾本有，即生而有，但並非因此生而有便與人爲不相干。既與人爲有關，它原初就是中性的，只是一材料，此亦並不可說。康德以「生而有」說內在而固有，好像是先天的，但此先天實只是生物學的先天（故須通過人類學的研究），並不是超越意義的先天，因此，又說它是可習得的（人所造成），只是不在某時被習得（被造成）。說不在某時被習得實是等于說在一無限定的時間長串中被習得，因此，儼若生而有，無始以

來法爾本有，其實父母、祖先、種族之長串歷史俱在內，故「生而有」亦可說即是遺傳，此種先天即是生物學的先天，故與習得不衝突也。因為它總與格言之採用掛鈎，就此而言，人是它的造成者。若不如此，它只是一潛伏的傾向，說不上道德地善或惡，就此而言，它是中性的。說人是它的造成者是把它提起來說，繫之于自由的決意中，說它是生而有是把它放下說，推之于長串歷史中。此如唯識家就菩薩之六種殊勝（即六根殊勝）而說其無始以來本有無漏種，此「本有」實亦即是生物學的先天，亦即等于經過一長串的熏習而成，雖不知其在何時熏習成也。即因此故，說它是「法爾本有」；亦因此故，可說它總由熏習而成，雖不知其在何時熏成。說熏習便須與「善」的決意，善格準之採用，自由之善的使用」掛鈎，此在佛家便是親近善知識，聽聞佛法等。說「法爾本有」即是說菩薩（不是每一眾生）生而有這善的性向（無漏種）。若只說「生而有」，不提起來落實于熏習（所謂繫之于決意），那便成定命菩薩，與修行無關，此固不合佛家一般大乘之義旨，亦不合唯識家之義旨。但須知此「法爾本有」之無漏種尚不是如來藏自性清淨心也。清淨心不可與六根殊勝言，亦不可以種子言。種子還是屬于善惡性向的事，故總屬于氣性才性，此並非是超越的根據。善惡性向是決意之主觀根據，縱使屬于氣性才性，其可化之超越根據在佛家是清淨心，在儒家是本心（良知），在康德是「道德法則即動力」（其為動力虛而不實）。一定要這樣兩面說始得。若只說「生而有」，亦不合康德說它不能是一「經驗之事實」（不能是一被顯露于經驗中之事實）。但是須知這「不是一經驗之事實」是只就其為「生而有」言，這不是超越意義的先驗，這是超越意義的先驗，如說道德法則、範疇、時空等之為先驗的，非經驗的，這是超越意義的先驗。但說屬于氣性的善惡性向之為非經驗的是只就「生而有」言，若落于長串的熏習說（雖不定其在何時熏成），它仍是可經驗的即仍是在經驗中被熏成，因無生而定然的善惡性向故。定然

的善只能就「本心卽性」之義理的性說，此則不可以「生而有」言，亦不可以或善或惡言。

定然的惡只是不依良知之天理行，如是，依良知之天理行便是定然之善：此是就體現或不體

現（違反或不違反）良知天理之行爲而說定然的善或定然的惡。至于能不能體現良知之天理

當然有需于氣性或才性，此則可以「生而有」言，但卻不可於此說定然的善性向或定然的惡

性向，；對此只可說：縱使是善性向亦可有時作惡事然而終可使之全作善事，縱使是惡性向亦

可漸轉化之而使之成爲善性向以作善事。是故不論善惡性向最終總可轉化之而使之成爲完全

善的性向，而「轉化之」之超越的根據則在「本心卽性」之義理之性自身卽是動力，此如孟

子以及陸王之所說，以及佛家言如來藏自性清淨心者之所說，而康德在此則說的不够。

\* \* \* \*

案以上爲康德「理性範圍內之宗敎」一書中首部開端綜論之譯文與疏導。此下康德分五

段作詳論：

I、人性中根源的向善之才能 (Anlage)

II、人性中之性癖於惡

III、人本性上是惡的——「無人可生而免於惡」(Horatius 語)

IV、人性中惡之起源

V、一般的注說：論根源的向善之能之恢復——復而至于其全力

## I、人性中根源的向善之才能 (Anlage)

我們可方便地在三項之分下視此向善之才能，這三項之分是就其目的（功能）而分者，分之爲三項以爲人之定性中之成素。（案：定性原文是 Bestimmung，「人之定性」阿保特譯爲「人爲之而存在的那目的」，此不甚達。格林譯爲「人之固定的性格與目的」，此較好。案在此譯爲「人之定性」卽可，如佛家所謂「定性眾生」之定性。）

三項之分如下：

(1) 才能之屬于「人之爲一有生命的存有之動物性」者；

(2) 才能之屬于「人之爲一有生命的而同時又是有理性的存有之人情性」者；

(3) 才能之屬于「人之爲一有理性的而同時又是負責的存有之人格性」者。（原註）

〔原注〕：關于此第三項，康德有注云：

此才能必不可被思量爲已含在「先前已有者」（先行存在者）之概念中，但它必須必然地被視爲一特殊的才能。因爲由于「一存有有理性」，這並不能隨之就說：此理性包含有這麼一種能力，卽它只因着「自由決意之格言之有資格爲普遍法則」之表象而卽可無條件地決定人之自由決意，因而得明其自身就是實踐的，這麼一種能力。此層意思並不能隨由于一有有理性之故而來，至少如我們所能見到者，人固有理性，但並不能因此就說：理性能單因着「人之自由決意之格言之合普遍法則」之表象而卽可無條件地決定人之自由決意。（案意卽如我們所能見到者，人固有理性，但至少如我們所能見到者，理性能並不能隨之而來。此層意思並不能隨由于「人之有理性」之故而即可被我們所見到，人固有理性，但此理性亦不必即能如此，此如下文所說。）理性既不見得能如此，因爲吾人有夾雜故，是故雖即有理性，其理性亦不必即能如此，是故那屬于人格性中之才能必須被視爲一特殊的才能，即人作爲一理性的而同時又是可答責是

的存有看，他必有一種特殊的才能以助成其人格性。但康德又說：此才能必不可被視爲已含在「先行存在者」或「先前已有者」之概念中，即不可被視爲是「自然者」，因爲它仍須與格言之採用，自由之使用掛鈎，因此，人始可咎責或始可爲負責者。若純爲先在者，自然者，則人便不可咎責，便可不負責其所爲。因此，此才能必須被視爲是習得的，只是不知于何時習得，因而可說是無始以來生而有，即人之本性中有此向善之才能。此如前開端綜論中之所說。）

世界上最有理性的「有限而可變滅的」存有仍可有需于「從性好之對象而來到他身上」的某種激發力，有需于此種激發力以便去決定其自由決意，而且亦可把最有理性的計算應用於這些激發力，即比照着這些激發力之最大的綜量，並亦比照着這些激發力所決定的「達到對象或目的」之手段，而把最有理性的計算應用于這些激發力；而這樣應用之卻亦不會懷疑到像道德法則這類事之可能性，所謂道德法則乃即是那絕對地發布其命令者，並且亦就是那宣布其自身就是一動力者，就是最高的動力者。假定此道德法則不在我們心中被給與，則我們必不能因着推比計算的理性而去把它如此這般地發見或造作出來，或去勸服吾人之自由決意去服從它；可是這道德法則卻就是這唯一「能使我們意識到我們的決意之獨立于那因着任何其他激發力而成的決定（我們的自由）」者，而且同時它亦是那唯一「能使我們意識到我們的行動之可咎責性」者。（案道德法則自身是動力，這是一層；屬于我們之爲有理性的可咎責的存有之人格性中的那才能又是另一層。）

1. 屬于人之動物性的才能（本能）可概括于「物理自然而純機械的自利」之通稱下，即是說，這類的才能不需要有理性。　這些才能可有三重：第一，一個人自己之自我保存之才能；第二，其族類之繁衍以及其子孫之保存之才能；第三，與他人交通即社交合羣性之才

能。好多邪惡可以接合于這些才能上，但是這些邪惡並不是由以這些才能自身爲根而來。這些邪惡可以叫做是本性之粗野之惡，而依其極端歧離〔這些才能之〕自然目的而言，這些邪惡遂變成野獸式的惡：饕餮無度，肉欲淫亂，以及粗暴無法（在對他人之關係中）。就其原初自然目的而言，即荀子所謂性惡。這些動物性的才能之自然目的本身並無所謂惡。〔案此它們也可以說是向善之能，雖然是低級的。〕

2.屬于人之人情性的才能可以概括于「物理自然而卻是較量的自利（此需要有理性）」之通稱下，即是說，這種才能是只依與他人相比較而估計一個人自己之爲幸運或不幸運之才能。由此才能，遂引出以下之傾向，即想「去得到一種依他人之意見而成的價格」之傾向，而這種傾向根本上就只是「均等性」之傾向，即：不允許任何一個人可有優越于我們自己之優越性，這種不允許與一種經常的恐懼相連繫，這恐懼即是「懼怕他人努力去得到優越于我們之優越性」之恐懼，由此恐懼，最後遂發生一種不義的欲望，妄想去爲我們自己得到優越于他人之優越性。基于嫉妒與敵對這孿生之雙支，可有最大的邪惡被接合于其上，這最大的邪惡即是「公開或秘密的敵視」──敵視那一切我們視之爲不屬于我們者之邪惡。但是，這最大的邪惡，恰當地說來，並不是自然地由大自然而發生，以大自然爲其根，它但只是這樣的，即：由于恐懼他人努力去得到一可恨的優越于吾人之優越性之故，此最大的邪惡實乃即是一種傾向──傾向于「去爲我們自己獲得這優越性以爲一防禦的措施」之傾向。它雖不由大自然而發生，然而大自然卻必會使用「這樣的競爭」之觀念，其使用之也，只是把它當作

文化上的一種動力或激勵而使用之；這樣的競爭，依其自身而言並不排拒互愛。因此，凡接合于此傾向上的那些邪惡可被名曰文化上的邪惡，而在它們的最高度的惡毒中（在此最高度的惡毒中，它們只是那走出人情人道以外的惡之極度之觀念），例如在嫉妒中，在忘恩負義中，在怨毒中，等等，它們即被名曰惡魔式的惡。

【譯者案】：

依與他人相比較而期望一種「均等性」這種自利之俗情原初只是在維持生存之資具之享用上之相爭勝，即你能有此，我亦要有此。孟子說「不恥不若人，何若人有？」這是指進德修業之上進心而言，這是屬于善的羞恥心。若不以不若人為恥，則你還有什麼能比得過人呢？你必落于頹墮，事事低于人。就維持生存之資具之享用言，這俗情雖屬于低級的，即屬于自利的，所謂幸運或不幸運，然原初亦並不算是壞，即這種相爭勝之競爭于文化或文明之促進是一種激勵。故康德把它列于人之人情性（即俗情性）中的向善之能。「人情性」是"Humanity"之譯語。這個字是很難翻的，我在他處亦譯為「人之為人之人」，這是可上可下的，在此是比較低級的，因為是屬于自私自利（self-love）的，故我在此即譯為「人情性」，此情即俗情也。屬于人之俗情性之能即是相爭勝之能。因為較量的自利需要有理性，故此相爭勝之能亦需要有理性來助成，非如人之動物性那樣純屬機械的。此原初並不算壞，即康德所謂「並不排拒互愛」。

你能這樣享用，我亦要這樣享用，不必真能如此。人不能到處都是一樣的。故此「均等性」之期望常是不能實現的。因此，在此期望中，常伴之以經常的恐懼，恐懼他人優過于我。盡我之力期望和人一樣這是可以的，我們在這裏也可以用上孟子那句話：「不

恥不若人，何若人有？」。但不允許有任何人優過于我，這樣的均等便不正常；怕他人之由
努力以得優越性，這種懼怕更不正常，這懼怕中就含有一種敵視、嫉妒、與仇恨。由這種仇
恨而發「我必優過你」之欲望，這欲望就是一不義的欲望，不正當的欲望。全部共黨底罪
惡皆源于此反動的不義的欲望，假借均等之名以行惡而不知其要求均等原發自一嫉妒仇恨心
也，早已失原初由「恥不若人」之羞恥心而發之公平競爭之義矣。羞恥心轉爲嫉妒仇恨心，
遂至一切毀之而不惜。康德名此曰「文化上的惡」，蓋公平競爭是文化進步之激勵，而此惡
則足以毀滅文化而有餘。毛魔之文化大革命（大毀滅）非無故也。彼以左派來掩飾，而世人
亦只以左目之，殊不知此根本不是左右之問題，而乃是善惡之問題也。而此種惡實是「魔道
之惡」，並非普通之惡也。而時下之中國知識分子竟見不及此，而爲其所惑，蓋亦虛浮淺薄
之甚矣。

3.屬于人之人格性的才能卽是「能夠尊敬道德法則」之能夠，此所謂「尊敬道德法則」
乃卽是一種「其自身爲足夠」的自由決意之動力，（或其自身卽爲自由決意之足夠的動力意
卽不假借于感性或對象或爲什麼之故，而卽足爲自由決意之動力，而其自身卽足爲自由決意
之動力的那能夠尊敬道德法則之能夠卽是屬于人之人格性的那才能。）「能夠純然的單只
尊敬我們心中的道德法則」之能夠必卽是道德情感，此道德情感（單只尊敬道德法則之動
情）並不能單以其自身卽可自行構成自然才能之一目的。現在，由于「其足構成自然才能之
力時，它始能構成自然才能之一目的，但只當它是吾人之自由決意之一動力」這一點只
有因着自由的決意之把它採納之于此決意之格言中始可能，是故這樣一種自由決意之性格卽

是善的性格，這善的性格，就像自由決意之每一其他性格一樣，乃是某種只能被獲得（被訓練成）的東西，但是雖然如此，可是這善的性格之可能性卻需要在我們本性內有一種才能之存在，在此才能上，絕無什麼是惡的東西可以被接合得上。單只道德法則之觀念，連同着與道德法則之觀念不可分離的尊敬，恰當地說來，並不能被名曰屬于人格性的才能；它是人格性之自身（全然理智地視之的人之理念）。但是，「我們把此尊敬（尊敬道德法則之尊敬）採納之于我們的格言中以為一動力」這一點似乎須有一主觀的根據，以附加于人格性上，既然如此，是故單只此根據似乎應受「屬于人格性的才能」之名。

【譯者案】：

此第三項「屬于人之人格性的才能」即是前開端綜論中格言之採用或自由之使用之基本根源或終極根據（不可測度或極難透視之主觀根據）。有此主觀根據，人始能够尊敬道德法則，故此第三項首句卽說「屬于人之人格性的才能」即是「能够尊敬道德法則」之能够，這只是簡單地一說，說「能够」即預設一使你能够的主觀根據，單只此根據始應受「屬于人格性的才能」之名。

又以上三項才能，康德原文是 Anlage，阿保特順之譯爲 capacity，吾譯之爲「才能」。才者原初能發之之意，才能者原初能發之本有之能也，此卽「生之謂性」下本有之性能或性向，故格林卽以「預有之性向」（predisposition）譯之，亦通。

\* \* \*

\* \* \*

如果我們依照此三種才能（性能）之可能性之條件來考量此三種才能（性能，預有之性

向），則我們見到第一種不需要有理性，第二種基于理性，此理性雖是實踐的，卻服役于其他動機；第三種須以理性為其根，此作為根之理性單以其自身即是實踐的，即是說，它是無條件地立法的。人性中的這三種才能（性能）不只是（消極地）善的（不抵阻道德法則者），且亦是向善的才能（促進對于道德法則之遵守者）。它們都是根源的，因為它們是繫屬于人性底可能性者。人可使用前兩種性能以違反前兩種性能之目的，但他不能滅絕那兩種性能。

所謂一存有之性能，我們可由兩方面來理解：既理解之為一存有之構成成分，亦可理解之為性能之結合之各種形態，此兩義之性能即是使一存有為一如此這般之存有者。如果這些性能對于這樣一個存有底可能性為本質地必要者，則它們便是根源的性能；如果一個存有即使沒有這些性能，其自身亦應是可能的，則這些性能便是偶然的。又須應知者，即：我們在這裏所說及的性能只是那樣的一些性能，即那「對于欲望機能並對於自由決意之運用有直接的關涉」的那些性能。

【譯者案】：

此三種才能雖總標為人性中向善之才能，然皆可好可壞，如屬于人之動物性的才能可使人造成野獸之惡；屬于人之俗情性的才能可使人造成魔道之惡，屬于人之人格性的才能可使吾人採用善的格言，亦可使吾人尊敬道德法則，亦可使吾人不尊敬道德法則，惟在此正文中，康德不如此論，只簡單地就向善而言，在開端綜論中，則向善向惡兼及之。因為三種才能皆有好壞兩面，故皆屬「生之謂性」下之才能，非孟子所謂「良

能」。良能是從義理的仁義之心言，是普遍而定然的，人皆有之。

## Ⅱ、人性中「性癖于惡」之性癖

【原註】

譯）。

根據，只要當這性好就人一般而言是偶然的時（只要當人類一般易陷入此性好時——依格林

所謂性癖，我理解爲一種性好（習慣性的渴望 concupiscentia）底可能性之主觀根源或

【譯者案】：

此一整句可變文順通如下：

所謂性癖，我理解爲是如此，即：設就人一般而言，偶有一種性好即習慣性的渴望，如是，則所謂性癖即是此性好——習慣性的渴望底可能性之主觀根源。

如依格林譯，則當如此順通，即：

所謂性癖，我理解爲是如此，即：設有一種性好——習慣性的渴望，此性好——習慣性的渴望是人類一般所易陷入之者，如是，則所謂性癖即是此性好——習慣性的渴望底可能性之主觀根據。

【原注】：關于對于性癖所說的這一說明之整句，康德有注云：

性癖，恰當地說來，只是「性向于一種享樂之渴望」之性向，這所謂一種享樂是這樣的，即當人們對于它已有經驗時，它即產生一種對于它之性好（性好于它）。這樣說來，一

切未文明化的人（野人）皆對于令人陶醉的東西有一種性癖；因爲雖然好多未文明化的野人並非有所熟知於此陶醉，因而他們對于那能產生此陶醉的東西亦不能有任何渴望，然而一個人只需讓他們去嘗試這樣的東西一次，這便〔在他們身上〕產生了對于這樣的東西的一種幾乎不可滅絕的渴望。又，在性癖與性好之間（性好預設有所知于對象），存有一種本能，這一種本能即是一種切感。——切感有需要去作那或去享樂那「一個人對之尚無觀念」的某事（此如動物生命中的機械的本能，或性欲的衝動）。在欲望機能中，性好以外，復仍有進一步的東西，此即是熱情（此並非欲情，因爲欲情屬于快樂或不快樂之感），熱情是那「排除了自我控制」的性好（不能自制的性好）。

性癖是因以下一點而有別于性能，即：雖然它可以是內在而固有的，然而它不需被看成是內在而固有的，但只可被看成是獲得的（如果它是善的），或被看成是爲個人所招引于其自己身上者（如果它是惡的）。但是，在這裏，我們所要說及的只是那「性癖于眞正的卽道德的惡」之性癖。這所謂眞正的卽道德的惡，由于其爲可能是只因着其格言，它始可被判決爲善或惡，時它才可能，而此自由決意之可被判決爲善或惡是只因着其格言，由於是如此云云，是故眞正的卽道德的惡必須卽存于「格言之違離道德法則」底可能性之主觀根據中，而如果此性癖可以被假定爲普遍地屬于人者（因而普遍地屬于人之族類之特徵者），則它將被名曰人之對于惡之自然性癖。我們又可進而說：自由決意之有能力或無能力去採用或不去採用道德法則于其格言中，這種有能或無能，發于自然性癖者，可被名曰善心。腸或惡心腸。

關於性癖于惡之性癖，我們可思議三層不同的級度：第一，那是人心之在遵循被採用的

格言中之軟弱無能，或說，那是人性之脆弱性；第二，性癖于去把非道德的動力和道德的動

力混雜在一起之性癖（甚至有時這是以善的意向並在善之格言下被作成），這是人性之不純

淨性；第三，性癖于去採用惡格言之性癖，這是人性或人心之邪惡性。

上說第一，人性之脆弱性甚至也被表示于使徒之苦訴中：「現在我已有意願，但如何去

實行，我卻找不到」。此即是說，我已把善者（道德法則）採用之于我的自由決意之格言

中，但此善者，依其理念而客觀地言之（in thesi），雖是一不可抗拒的動力，然而主觀地

說來（in hypothesi），當格言要被實行時，它卻是較弱者（與性好相比較爲較弱者）。

上說第二，人心之不純淨性乃存于以下所說之情形，即：雖然格言依其對象（目標即意

在于服從法則）而言是善的，而且或許在實踐上也是够有力的，然而此格言卻不是純道德

的，即是說，它並不如其所應當是者那樣單只包含法則以爲其足够的動力，但卻時常（或許

總是）在它以外有需于其他動力以助之，助之去決定自由決意——決定之至于義務所要求

者。換言之，那義務性的行動並不是純由義務而作成。

上說第三，人心之邪惡性，或如若你喜歡，也可以說人心之腐敗性，這邪惡性或腐敗墮

落性即是自由決意之性癖于這樣的格言，即它撇開那發自道德法則的動力而不顧而卻單偏愛

那「不是道德的」其他動力。這種邪惡性或腐敗墮落性亦可被名曰人心之愎執性（perver-

sity），因爲它在關涉于自由決意之動力中逆反道德秩序；而雖然合法地善的行動或可與之

相一致，然而道德意向（心靈之傾向）卻是從根上在這復執性中被敗壞了的，因此，在此復執性中，人即被指名為惡人。

茲且順便說一點，即：人之性癖于惡之性癖在這裏甚至亦被歸屬于人們中之最好的人（行為上最好的人）。如果「人們之性癖于惡之性癖是普遍的」這一點須被證明，則必須有此交待。或不然，則這裏所交待者乃指表述同一事，即：性癖于惡之性癖是和人性交織于一起的。

但是，一個有好德行的人（bene moratus）與一個道德地善的人（moraliter bonus）就他們的行為之契合于法則而言是並沒有什麼差異的，或至少不應當有什麼差異。但只有這一點不同，即：在前一種人處，其行為並不總是，或許從未，以法則為唯一而又究極的動力；而在後一種人處，則其行為總是不移地以法則為唯一而又究極的動力。對于前一種人，我們可說他服從法則是文貌地服從之（即是說，就法則所命令的行為而論，他是服從法則以為之的），但是對于後一種人，我們則說：他之遵守法則是精神地遵守之（依心靈之意向而言是有罪的）。凡不是由此誠信而為者皆是有罪的。因為如果在法則自身以外，其他動力（如渴望令人尊重，一般的自我愛重，或甚至於那符合于法則之行動，則這些動力之與法則相一致）亦是必要的，必要之以去決定自由決意，決定之以至於是善性的本能如噓寒問暖之同情心等）（引發行為之符合于法則）只是偶然的，因為它們同樣亦可驅策吾人至于法則之違犯。既然如此，則在此情形下，格言便是相反于法則者（格言之善是一個人之一切道德價值之尺度），而雖然人之行動盡皆是善的，然而

此人卻總是一壞人。（案此如鄉愿）。

要想去規定此性癖之概念，以下之說明則是必要的。每一種性癖，它或是物理自然的，即當作一物理自然者而繫屬于人之自由決意；或是道德的，即當作一道德性者而繫屬于人之自由決意。依性癖之第一種意義而言，茲並無所謂「性癖于道德的惡」之性癖，因為性癖于道德的惡之性癖必須由自由而發動；而一種（基于感性衝動的）物理自然的性癖之任何特殊的使用，或為善而使用或為惡而使用，這乃是一種矛盾。（案既是物理自然的性癖，便不能有任何自由之使用，有之便是自相矛盾，因此，就物理自然的性癖而言，並不能有性癖于道德的惡之可言。）因此，性癖于惡之性癖只能當作一道德地惡的者（是可以被咎責者）。另一方面，所謂性癖之概念，我們理解之為自由決意底決定之主觀根據，此主觀根據是先于任何行動而存在者，因而其自身並不是一行動。因此，在一純然的性癖于惡之純然的行動皆可與自由之概念相融洽，除非「行動」一詞可依兩不同的意義而被取用，此兩不同意義的行動皆可與自由之概念相融洽。現在，「行動」一詞，一般地說來，可有以下兩種應用，即：一方面，它可應用于這樣的「自由之使用」，即因着此自由之使用，最高而究極的格言被採用于一個人的自由決意中（所採用的格言或符合于法則或違反于法則），另一方面，它亦可同樣應用于這樣的「自由之使用」，即在此自由之使用中，諸行動自身（就其材料而言，即就自由決意之對象而言）是依照那究極的格言而被作成者。「性癖于惡」其為一

行動是依前一義而言的行動（即採用惡格言之行動，根源的行動 peccatum originarium，

此實只是一種存心，無形的行動），而同時它復又是每一後一義的行動（即依照究極格言而

行之行動，引生的行動 peccatum derivativum）之形式的根據，此後一義的行動依其材料而

言，是違犯法則者，並亦是被名曰「惡」者；而縱使此後一義的行動之罪過（由法則自身

外的其他動力而成者）可時常被避免（案由于掩飾或假仁假義而被避免），然而前一義的行

動之罪過卻仍自若。前一義的行動是智思的行動，它只因着理性，離開任何時間條件，而即

為可認知的；後一義的行動是感性的，經驗的，且是被給與于時間中的。前一義的行動，與

後一義的行動相比較，特別被名曰「純然的性癖」；而且它是內在而固有的，因為它不能被

根除（蓋因為它若能被根除，這必需要最高而究極的格言定須是善，然而由于此性癖自身之

故，究極的格言須被假定為是惡的），特別又因為這一點，即：雖然我們的究極格言之敗壞

是我們自己的行動，然而我們卻不能再把任何進一步的原因指派給它，即在把一原因指派給

我們的本性之任何基本屬性以外復又再把任何進一步的原因指派給這究極格言之敗壞。（案

此即開端綜論中所謂不可透視的終極根據）。適所說者可表明：在本節之開始，我們為什麼

尋求道德的惡之三種根源，簡單地只在那「因着自由之法則而影響我們的採用或遵守此格言

或彼格言之終極根據」者中尋求之，而並不在那「影響感性（視為接受性的感性）」者中尋

求之，之故。

## ▓ 人本性上是惡的——

## 「無人可生而免于惡」（Horatius 語）

依照上文所已說者，「人是惡的」這個命題只意謂：人意識到了道德法則，然而他卻又把那時而違離道德法則者採用于其格言中。「人本性上是惡的」等于說：惡之可以謂述人是把人當作一族類而謂述之；它並不表示說：惡這一種性質儼若可從人之族類之概念（「人一般」之概念）而推出（蓋若如此，則惡必應是必然的）；它但只表示說：藉賴着對于人通過經驗所知者，人不能不這樣被判斷，或表示說：惡這一性質可被預設為在每一人身上，甚至在最好的人身上是主觀地必然的者。

現在，此性癖于惡之性癖必須被視為是道德地惡的，因而它不能被視為是一自然之質，因而它必須即存于自由決意底諸格言中——諸違反法則的格言中；但是由于自由之故，這些違反法則的格言必須被視為其自身是偶然的，可是此一情形是與此惡之普遍性不一致的，除非一切格言之終極的主觀根據，不管怎樣，它總是與人情性交織于一起的，而且它好像是植根于人情性中者；因此，我們可名此性癖為一性癖于惡之自然的性癖；而縱然如此，但由于人必須總是要蒙受對于它之責備（要對於它負責），是故它甚至又可被名曰人性中之基本的惡，內在而固有的惡。（雖是如此，依但只可被視為是某物而可以歸咎于人由人負責者，因而它必須即存于自由決意底諸格言中——諸違反法則的格言中；但是由于自由之故，這些違反法則的格言必須被視為其自身是偶然的，可是此一情形是與此惡之普遍性不一致的，除非一切格言之終極的主觀根據，不管怎樣，它總是與人情性交織于一起的，而且它好像是植根于人情性中者；因此，我們可名此性癖為一性癖于惡之自然的性癖；而縱然如此，但由于人必須總是要蒙受對于它之責備（要對於它負責），是故它甚至又可被名曰人性中之基本的惡，內在而固有的惡。（雖是如此，依然是我們自己所招致于我們身上者）。

今說「茲必有這樣一種敗壞的性癖植根于人類身上」，這並不須在請求例證之大眾面前

正式被證明（所謂例證卽是人之行動之經驗所置于我們眼前者）。如果我們想從那種狀態，

卽「許多哲學家所依以卓越地期望去發見人性中之自然的善性」的狀態，卽從所謂「自然狀

態」，去汲取例證，則我們只須看看圖發（Tofoa），紐西蘭，以及航人島（Navigator

Islands）等處謀殺情景中無理殘忍之事例，以及西北美之廣大荒原中野人之層出不窮的殘忍

事例，卽可，從這些事例裏，無人能有絲毫好處可得〔註二〕；又如果我們把這些事例拿來和

該「自然狀態」之假設相比較，則我們見出野人生活之惡，其惡很足夠使我們放棄那種意見

（卽人性中自然善性這一自然狀態之意見）。另一方面，如果一個人認爲人性可在一文明的

狀態中較好地被知（在文明狀態中人性之特徵可以較圓滿地被發展），則我們只須傾聽一冗

長憂傷的連禱文卽知不然。這一冗長憂傷的連禱文卽是怨訴人性之連禱文——

它怨訴隱密的虛假。甚至最親密的友誼中之隱密的虛假，因此，有這麼一個格言，

卽「甚至最好的朋友，亦必須在其相互的交往中抑制其信任，卽不要輕易信任任何

人」，這一格言須被認爲是一個一般的格言；

它復怨訴一「性癖于去恨一個我們對之欠債的人」之性癖，對欠債而言，一個仁慈

者必須總是被預備好的（索意卽總是期望一仁慈者不索債，借錢卽是給錢，不要想

再要求還了）；

者）。

它復訴訴一誠懇的好意，此好意雖是誠懇的，然而它卻允許有這一註腳，卽「在我
們的最好朋友之不幸中存有某種東西並不是全然不悅于我們者」（案卽你之不幸不
必是我之不幸，休戚與共，管鮑之交，少的很）；
最後，它復訴訴好多隱藏在表面德行下的其他惡念，不要說那些不隱藏其惡念的人
們之惡，因為我們常是滿意于叫一個大家都認為是一惡人的人為一善人（案意卽
我們常是為偽善所欺，而不知其偽善背後之惡意，是故此種偽善之惡亦是可訴訴
者）。

這一冗長憂傷的怨訴之連禱文卽足以把文化與文明之惡（最令人痛心的惡）表示給一個人，
使之從人類之行為中掉轉其眼光（卽轉其在文明狀態中人性為較好之眼光），蓋恐怕其落于
另一種惡，卽「不信任任何人或厭惡人類」之惡。（案原始道家避人避世卽有此病）。但
是，如果一個人仍不滿意（卽不滿意于文化文明之惡之說），則他只須考慮那很奇怪地混合
兩者之狀況，卽考慮國族之外在狀況，旣文明而又野蠻之狀況卽可（蓋因為文明的國族間之
互相關係就是一粗野的自然狀態、永久的預備戰爭之狀態，而且這些國族也堅固地決
不下決心去離棄這種自然狀態之關係），這樣考慮已，他將知道這些偉大的社團被名曰「國
家」〔註二〕者所採用的原則之何所是，他將知道這些國家所採用之原則是直接地違反于她們
所向公眾宣布者，而且其所採用之原則也從未被擱置一邊而不用，這些原則，沒有哲學家尚

福年之爲空中樓閣，神學的千福年乃是那「期望全部人性之完整的道德改進」者。

能使之與道德相契合，說起來更可憐，那些哲學家更也不能提出任何與人性相融洽的較好的原則；這樣說來，所謂哲學的千年盛世，即那「期望一永久和平之狀態基於國族之聯合以爲一世界之共和國」之哲學的千年盛世，一般地說來，是被譏笑爲空中樓閣的，恰如神學的千

〔原注〇〕：關于西北美野人殘忍之事例，康德有注云：

此如亞塔皮士靠（Athapescow）印第安人與犬黎（Dog Rib）印第安人間的持久戰爭卽是如此，他們之間的戰爭除屠殺外別無目的可言。依這些野人看來，戰爭中的勇敢是他們的最高美德。甚至在一文明狀態中，勇敢也是讚美之對象，並且也是一特殊尊敬之根據（所謂特殊的尊敬卽是以「勇敢」爲唯一的功勞的那種職業所要求的尊敬），而此亦並非是全然無好的理由的。因爲人之能有某種東西他可視之爲比生命爲更有價值並且他可使之成爲他的目的（此卽榮譽，放棄一切自我之私利）這一點卽足證明其本性中的一種莊嚴。但是，經由征服者所用以誇讚其成就（屠殺，不饒恕的屠戮等等）的那種洋洋自得，我們可知那所謂莊嚴不過只是征服者自己的優越感以及其所能造成的破壞，其造成此破壞並無任何「他們可恰當地依之以得有滿足」的其他目的。

〔原注〓〕：關于國家，康德有注云：

如果我們把這些國家底歷史只看成是人之內部的自然（本性）之現象（人之內部的本性大部分被隱蔽而不爲吾人所覺察），則我們可知有一種機械式的自然之歷程指向于某些目

的，這些目的實並不是國家底目的，但只是自然底目的。只要任何國家有另一國家鄰近于

它，它能希望去征服此另一國家，它卽努力以征服來擴張或加大其自己，並因而力求去達到

一普天之下莫非王土的君主制，在此君主制裏，一切自由皆被熄滅，而且連帶道德，審美，

以及知識學問皆被熄滅（此是自由熄滅之後果）。但是此一龐然怪物（在此龐然怪物裏，一

切法律逐漸皆喪失其力量），在其已吞沒了其鄰國之後，最後它終于亦自行瓦解（案所謂魚

爛而亡），而且它因着反叛以及破裂，遂被分割成若干小邦國，這些小邦國並不努力去形成

一邦聯（一自由的諸聯合國族之共和國），捨此而不爲，它們每一個皆又爲其自己重新開始

那同樣的征服之把戲，這樣，戰爭（人類種族底災難）遂不可以已。實在說來，戰爭並不是

如此之不可醫治的惡就像一蓋天蓋地的君主制之死體那樣不可醫治（或甚至像一聯盟制以確

保專制主義將可續存于任何國家中這樣的聯盟制之死體之不可醫治），然而如一古人所見，

戰爭實造成更多的惡人，比其所消滅的惡人爲更多的惡人。

**【譯者案】** 此兩注實甚重要，望讀者鄭重思之。人性之惡如此其甚，文明云乎哉？後一注恰像

是說中國。專想專制與征服者其可不自省乎？

現在，此惡之根源，首先它不能，如通常之所爲，被置于人之感性以及由此感性而發的

自然性好中。因爲不只是感性與由此感性而發的自然性好和惡無直接的關涉（正相反，它們

卻可爲「道德品質之展現其力量」供給機緣，卽是說，爲德性供給機緣），而且我們亦不能

對它們的存在負責任（蓋由于它們已被注入于我們的生命中，我們生而有此感性與性好，是

故它們不能以我們爲其造成者）。雖然如此，然而我們卻須對于性癖于惡之性癖負責，蓋因

爲由于此性癖有關於主體（人）之道德性，而且結果亦是被發見于此主體之爲一自由活動着

的存有中，是故此性癖必須當作是此主體自己之過錯而可歸咎于此主體，由此主體負責，儘

管此性癖是如此之深地植根于自由決意以至于它必須被說爲是自然地被發現于人之生命中

者。其次，此惡之根源亦不能被置于那立道德法則的理性之敗壞中，儻若理性可廢止那存在

於其自身中的（其自己所有的）法則之威權而且不承認此法則之職責（不承認由此法則而發

生的職責）似的；惡之根源之所以不能被置于立法理性之敗壞中，蓋因爲這樣一個不可能

的。「去思議一個人自己既思議之爲一自由活動着的存有然而他卻又不受那專屬于這樣一個

存有的法則（道德法則）之約束」，這必等于「去思議一個無任何法則而運作着的原因（因

爲「決定」之依自然法則而成者已爲自由所排除故）」，而此必是一矛盾。〔案意卽既以自

由爲原因，則此原因便不會爲自然法則所決定，依自然法則而運作着的決定已被自由排除了，而

若其自身的原因又不成其爲一原因，原因而不成其爲一原因，這便是自相矛盾。〕因此，在指

運作着的原因便不成其爲一原因，這便是思議一無任何法則而運作着的原因，無任何法則而

派人生命中的道德的惡之根源之目的上，感性所含的太少（說感性是其根源，這說的太少），

因爲在捨棄那發自自由的動力時，感性只使人成爲一純然的動物；另一方面，一解除道德法

則的理性，一惡性的理性，彷彿一逕直惡的理性意志，這所包含的又太多（說惡的理性是道德

德的惡之根源，這說的又太多），因爲這樣說，「敵對于法則」之敵對其自身必被弄成是行

動之動力（蓋因自由決意不能無動力而被決定故），這樣，主體（人）必被致使成爲一惡魔

性的存有。 以上兩種說法皆不是可適用于人類者。

現在，雖然人性中性癖於惡之性癖之存在可藉賴著經驗，從人之決意與道德法則間的時。

間。此之現實敵對。而被證明，然而這種證明並不能把此性癖之恰當本性以及此敵對之根源告知我們。此性癖有關於「自由決意之關聯于道德法則」，而此決意由于是自由的，故其概念亦不是經驗的，而道德法則由于其自身即是動力，故其概念亦同樣是純理智的，不是經驗的，是故此性癖之本性必須從惡之概念而先驗地被認知（只要當自由之法則即「責成與負責」之法則涉及此惡時，或只要當惡之可能是只在自由之法則下即責成與負責之法則下始可能時）。以下所說是此義之發展：

人（甚至最惡的人）並不好像是在任何格言中皆是反叛式地廢棄道德法則者（放棄對于道德法則之遵守者）。正相反，此道德法則因著人之道德的本性或性能不可抗拒地把它自己加諸于人，而如果人沒有其他動力對反于道德法則，則人必也可把道德法則採用之于其究極格言中以爲其自由決意之充分的有決定作用的原則，即是說，人必會是道德地善的。但是，由于其物理自然的本性（此同時亦是不可咎責的）之故，人亦依靠于行動之感性的動力，並且亦把這些感性的動力採用之于其格言中（因著主觀的自私自利之原則而採用之于其格言中。）但是，如果人採用這些感性動力于其格言中，採用之以爲單以其自身即足夠去決定其決意而並不顧及道德法則（其心中所有的道德法則），則人必應是道德地惡的。現在，由于人自然地會採用那兩種動力于其格言中，並由于他會見到每一種動力（如若此每一動力眞是單獨存在的）即足夠去決定其決意，是故如果格言底區別只依靠于動力底區別（即只依靠于格言之

材質或內容之區別），即是說，只比照動力之為法則所供給抑或為感性之衝動所供給而有區別，那麼，他必同時既是道德地善的又是道德地惡的，而此（如我們在引論中所已見到者）是一矛盾。（案括弧中所謂引論即前開端綜論）。依此，一個人是否是善抑或是惡之區別並不存于其所採用于其格言中的動力之區別，但只存于動力之隸屬關係，即是說，存于在那兩種動力中他使那一種動力為另一動力之條件（即是說，不存于格言之材質，但只存于格言之隸屬形式）。

既然如此，則結果便是：一個人（甚至最好的人）其為惡是只因以下所說之情形而為惡，即：他在採用動力于其格言中時，他逆反了動力之道德次序；實在說來，他此時採用道德法則是把道德法則和自私之法則一同採用之；但是由于他又覺得那兩種動力不能一起停留在同等的地位，而是這一動力必須隸屬于那作為其最高條件的另一動力，是故此時他遂使「自私以及自私之諸性好」之動力成為遵守道德法則之條件，然而實應相反，即道德法則實應當被採用于自由決意之一般格言中以為唯一的動力，蓋由于道德法則是「約制自私以及自私之諸性好之滿足」之最高條件故。

兩種動力雖卽這樣因着一個人的格言而被弄成倒轉的，違反于道德的次序，然而人之行動仍可表面符合于法則，恰似這些行動已由真正的原出而發出。此由以下之情形可見，卽：只要當理性應用格言一般之統一性（此統一性是專屬于道德法則者）只為的想把一種「不屬于諸性好之動力」的統一性引介之于諸性好之動力中而應用之，其如此應用之是在幸福之名下而如此應用之，只要當理性是如此云云時，上說之情形（卽行動表面符合法則之情形）卽

可出現。（例如忠誠，如果它被採用爲一原則，它可以使我們免于說謊時憂慮于去維持

說謊之一貫，並使我們不被纏夾于說謊之狡猾如蛇之盤旋中而使我們說謊說得一往無阻。此

時即假忠誠之原則以維持說謊格言之動力之統一性——表面行動似忠信，而其實是偽善。）此

在此情形下，行動之經驗性格（表面可見者）是善的，而其智思的性格（不可見者）卻是惡

的。

現在，如若在人性中存有一「性癖于此」之性癖（即性癖于動力逆轉以顛倒道德秩序之

性癖），則在人類中即存有一自然的「性癖于惡」之自然性癖，而因爲此性癖自身終極地說

來，必須在一自由決意中被尋求，而因此之故，它又是可被答責的，是故它即是道德地惡

的。此惡是極端而基本的，因爲它敗壞了一切格言之根源；而同時又因爲它是一自然的性

癖，是故它不能因着人的力量而被滅絕，蓋因爲其被滅絕只能因着善的格言而作到，而當

「依據假設，一切格言之終極的主觀根源是敗壞了的」之時，善的格言又不能存在。縱然如

此，「去克服這基本的惡」這必須是可能的，因爲這基本的惡是在那「作爲一自由活動着的

存有」的人生命內被發現的。

依是，人性之邪惡性似不甚可被名曰「惡」，如果「惡」一詞依其嚴格的意義而被理

解，即把它當作一種性向（格言之主觀原則）——性向于去採用惡者（違反法則者曰惡者，

即當作如此惡者看的惡者）于一個人之格言中以爲一動力，這樣一種性向而被理解：如果，

「惡」是這樣被理解，則人性之邪惡性實不應被名曰惡（因爲那邪惡性是惡魔式的邪惡）；它

但只寧可被名曰「人心之愎執或邪執」（perversity of heart），此人心之愎執由于其結果之故，它亦可被名曰一邪惡的心（案愎執久了卽成一邪惡的心）。此邪惡的心可與那「一般言之是善的」那意志互相共存，而且它是由人性之脆弱性而發生（此人性之脆弱性是不够有强力去遵循其所採用之原則），並與人性之不純淨性結合于一起（所謂不純淨性卽是不能因着道德規律〔塞勒巴譯：不能因著道德性之估量〕而把行動之諸動力，甚至好意的行動之諸動力，互相區以別），而這樣，此邪惡的心最後便只注意于由此心而發之諸行動之合法性，而不注意于此諸行動之實應由法則而引生，卽是說，不注意于法則自身之爲唯一的動力。

現在，雖然這情形並不總是引起不合法的行爲，且亦並不總是于此外復引起一性癖于不合法的行爲卽性癖于惡行之性癖，然而把「惡行之缺如（不存在）」視爲卽是心靈（意向之符合于義務之法則（視爲卽是德）這一習慣（這一思想之模式）其自身必須被名曰「人心之一基本的邪執」（因爲在此情形中，格言中之動力是全然不被注意的，但只「遵守于法則底文貌」被注意。）

此種邪惡的心名曰內在而固有的罪過（innate guilt, reatus），所以如此名之，是因爲卽當自由之使用顯示其自己時，此邪惡的心卽可在人之生命中被覺察出來，而縱然如此，它卻必須發于自由，因而它可被咎責。它在其首兩級度中（卽脆弱性與不純淨性這兩級度中）可被看成是無意的罪（culpa），但在第三級度中（卽人心之邪惡這一級度中）則被視爲是有意的罪（dolus），而且它爲「人心之某種惡毒性或陰險奸狡性（malignancy, insidiousness:

「Tücke）」（dolus malus）所表述，人之此惡毒性的心就其自己所有的善的或惡的性向而欺騙其自己，而只要由此心而發的行動無惡的結果（依由此心而發的行動之格言而言，此諸行動實可有惡的結果），則此心關於其自己所有的性向便無什麼足以使其自己有不安處，而且正相反，它反堅持其自己所為在道德法則面前為正當者。因此，在行動中（行動即是「于其中法則不曾被商及或至少不曾是最重要的考慮者」的行動，即在如此之行動中），當人們只曾有好運去避免惡的結果之出現之時，許多人遂有了良心之安和（所謂許多人即是依其自己之意見覺得自己是很有良心的那些人）。這些覺得自己有良心而且更覺得自己于良心已無愧有了良心之安和的人或許甚至還想像其自己很有美勝處（merit），並不覺得他們自己有任何「他們所見到的旁人所曾捲入其中」的那違犯法則之罪；他們並不曾究問好運是否可為此不犯罪而被感謝，亦不曾究問假若他們不曾因着那「足以引人入惡而卻不可歸責于我們」的那無能，氣質，教育，時空之環境等而避開惡或免于惡，則那「如若他們願去發見之，他們必能發見之于他們最內部的本性中」的性向便是否一定不會引他們去作那同樣的惡。此種不誠實，即「我們由之以欺騙我們自己而且它足以阻礙我們生命內的真正道德原則（依格林譯：真正道德性向）之確立」的那不誠實，那時亦把它自己外部地擴張到他人〔而引起他人〕之虛偽與欺騙，此所引起的他人之虛偽與欺騙，如若它不須被名曰惡，至少亦得被名曰「無價值」，而且它亦有根于人性之基本惡，此人性之基本惡，由于它在關于對于一個人所形成的評估中敗壞了道德的判斷能力〔依格林譯：由于它使道德能力之去判斷一個人須被認

爲是什麼樣的人成爲不協調不合拍（out of tune）」，並既使咎責成爲完全內在地不確定者復又使之成爲完全外在地不確定者〔依格林譯：並使責之內在的歸屬與外在的歸屬這兩者皆成爲完全不確定的〕，是故它構成我們的本性中之腐敗的汙點〔依格林譯：是故它構成我們種族生命中的醜惡的汙點〕，此一汙點，只要我們不能滅絕它，它卽阻礙善之根源（善之種子）使之不得發展其自己，因爲要不然，善之根源（善之種子）必會得其正常之發展。

英國國會中一位議員在激烈的爭辯中曾呼叫說：「每一人有其價格，他以有其價格而售賣其自己」。＊〕如果此言是眞的（是否眞，一個人可以自己裁決），卽，如果茲並無所謂德，以此德，某種程度的誘惑（能打倒此德者）不能被發見出來，又如果善或惡的精靈是否將贏得我們站在它一邊這一問題是只依靠那呼價最高者以及供給最迅速的支付者而被裁決，則使徒所說以下之語亦可以普遍地對人有效，卽⋯

＊⋯譯者案：

此語依格林譯補。

兹無有不同，他們一起皆是罪人；

並無一人〔依照法則之精神〕而行善，

決無！決無一人而如此！〔原註〕

〔原注〕：關于使徒之語，康德有注云：

經由能作判斷的理性所宣布的這種定罪之恰當的證明，並不含在本節中，但已含在前節中；這裏所說只包含定罪之確立是因着經驗而確立，但是經驗決不能在「關涉于法則」的那自由決意之究極格言中發見此罪惡之根，由于它是一智思的云爲，是故它先于一切經驗而存在。依據究極格言之統一性，由于格言所涉及的法則是一之故，我們也可以見到：在對于人形成一純粹理智的判斷中，善與惡間「居中之排除」之原則必須被假定，但是，在依據感性性的行動（現實的行爲）而形成經驗的判斷中，則以下之原則可以被假定，即：在此兩極間，有一居中之情形，一方面有一消極的折中調和（善惡無關）之居中情形先于一切教養而存在，而另一方面，有一積極的折中調和（善惡無關）之居中情形，即一方面是善一方面是惡之居中情形。但是此後者即容中之情形只是作爲現象的人之道德性之估計，而在最後的判斷中，此後者是要服從于前者即容中之排除之情形的。

## Ⅳ、人性中惡之起源

一個起源（最初的起源）即是「一個結果之由其最初的原因而引生」之謂，即是說，它即是「一個結果之由如下所說的一個原因而引生，即，此一原因不再轉而又是與之爲同類的另一原因之一結果，即由這樣一個原因而引生」之謂。如此所說的一個起源可依以下兩義之任一義而被考慮，即它或者被考慮爲是一理性中的起源，或者被考慮爲是一時間中的起源。

依前一義而言，那須被考慮者只是「結果之存在」；依後一義而言，那須被考慮者是「結果之現實的生起」，這樣，這結果是當作一事件而被涉及其時間中的原因。當結果涉及一個原

因，此原因是因着自由之法則而與此結果相連繫，如道德的惡所涉及的原因卽是如此，當結果是如此云云時，則「自由決意之決定——決定而至于結果之產生」這種決定便不是被視為是在時間中與其有決定作用的原則相連繫，而且它亦不能是被推出的，就如由任何先行狀態裏被推出那樣而被推出。可是另一方面，當惡的行為，視之為世界中之一事件者，涉及其物理的（自然的）原因時，它卻必須是由先行狀態而被引生出。依由先行狀態而引生之方式去尋求自由行動之時間起源（就像尋求物理結果之時間起源那樣），這必是一矛盾。同樣，去尋求人之道德性格之時間起源（當這道德性格被視為是偶然的時），這亦必是一矛盾，蓋因為此道德性格指表出「自由之使用」之原則，而此自由之使用之原則（就像自由決意一般之有決定作用的原則一樣）必須逕直在理性之擬議（表象）中被尋求。

〔譯者案〕：此最後一句中以及本段前文中亦曾出現之「理性之擬議」，擬議，康德原文是 Vorstellung，此字通常譯為「表象」（representation），阿保特在此譯為 conception，其意是想法，實卽是「擬議」。如譯為「表象」，此表象是指理性之提薦活動說，不指現象性的東西，或呈現在眼前的東西，如純粹理性批判中所使用者。關此，我在純粹理性之批判之翻譯中有詳註，在康德的道德哲學之翻譯中亦隨時有注說。

但是，不管人性中道德的惡之起源是什麼（或如何被構成），關于此惡之通過我們的種族

之每一成員而成的流布與繼續以及在一切世代中的流布與繼續所能被取用的一切看法中之最

不適宜的看法便是去把此惡表象為是因着由我們的第一代祖先而成的遺傳而傳到我們身上來

者；因為我們對于道德的惡能說那「詩人對于善所說的」者：「種族與祖先，以及那些我們

自己不曾作之的事，我皆不能把它們算作是我們自己的事。」〔原註〕（...Genus et proavos,

et quae non fecimus ipsi, vix ea nostra puto...）

XIII, 140-141 依格林譯為英文而譯。〕〔案此見于 Ovid, Metamorphoses,

〔原注〕：關于不適宜的遺傳說中之遺傳，康德有注云：

大學中所謂較高級的三學院（醫學院、法學院、神學院）可各依其自己之特殊性而說明

此種惡之遺傳，卽或說明之為一遺傳的不治之病（malady），或說明之為一遺傳的負債之罪

責（guilt），或說明之為一遺傳的原罪之罪（sin）。㈠醫學院必會視此遺傳的惡為好像是

類乎條蟲者，關于此類乎條蟲的遺傳，有些自然主義者實際上是相信：由于它並不能被

發見于在我們以外的任何成素中，亦不能有與此同類者被發見于任何其他動物中，是故它必

須存在于我們的最初祖先中。㈡法學院必會視此遺傳的惡為繼承一最初祖先所遺留給我們

的遺產之合法的後果，雖是合法的後果，但卻擔負着一沈重的罪責（因為所謂生來本有不過

就是去繼承有祖先傳下來的俗世財產之使用，只要當這些財產對于我們的生存為不可缺少

的時）。因此，我們必須償還此欠債（此罪責），而且此遺產終將被奪去（因着死亡而被奪

去）。此很公道！法律上很公道！㈢神學院必會視此遺傳的惡為我們的最初祖先之個人的參

與于一墮落的叛逆者之背叛，而傳至我們其情形是這樣的，卽：或是我們自己那時曾協力參

與于此背叛（雖然我們現在不意識到我們曾參與于此背叛），或是現在由于我們是在該叛逆者底支配之下而生下來（該叛逆者之支配我們恰如此世之君主之支配我們），是故我們偏愛那叛逆者底支配下之遺產而卻不偏愛天堂統治者之命令，而且我們亦無足够的忠誠（信念）以使我們自己去離開那些遺產（去解脱我們自己），為此之故，我們此後必須與該叛逆者共享其定數（即死亡，永不得重生）。

抑又有須注意者，即：當我們研究惡之起源時，我們並不是首先要去討論性癖于惡之性癖（潛伏的行動 peccatum in potentia），但只考論特定行動之現實的惡，我們之考論特定行動之現實的惡是依惡之内在的可能性，並依那「必須與自由決意同時發生，發生出來以便去決定自由決意，決定之至于去作這些惡」者（案即惡的格言），而考論之。

每一惡的行動，當我們研究其理性的起源時，這惡的行動必須被視為是這樣的，即：儼若人之已陷于此惡的行動是直接地由天真無邪之狀態而陷入之。因為不管人的先行的行為是什麼，亦不管那「影響于此人」的自然原因是何類，又不管這些自然原因是内的抑或是外在的，此人之行動卻總是此人的自由決定之原初的運用之結果。不管此人所可處的環境是什麼，此人總應可不作此行動，因為世界中決無一原因可因之而不為一自由活動着的既可而又必須。總之，此人之行動仍是自由的，而且亦並不為這些自然原因所決定，因此，此人之行動的存有。

我們可正當地說：人是對于其先前自由而卻是錯誤的（違法的）行為之後果負責的；但是此所說者只是意謂：一個人並不需要依賴于「去裁決這些後起的諸行動即後果是否

是自由的」這一託辭的，因為在已承認的自由行動（曾作為此後起的諸行動之原因的那自由行動）中卽已存有負責之充分根據。縱令一個人迄至一逼近的自由行動卽將來臨之頃之前〔其惡〕從未是如此之惡〔從未如自由行動時之惡〕，（甚至這樣一來，習慣已變成第二天性），〔不管一個人迄至一逼近的自由行動自由行動卽將來臨之頃之前是如何樣的惡。習慣已變（這樣，惡事實上已變成習慣或第二天性），——依格林譯〕，可是以下之情形仍然是對的，卽：不只是「須是較好一點」這是他的義務，而且「須去改進他自己」這在現在仍然是他的義務。依是，他必亦能夠去如此作，而如果他不如此，他亦須是負責的，其負責恰如其行動時之負責，其這樣負責儼若他既稟賦有自然的向善之能（此與自由不可分離），他已由天眞無邪之狀態而陷入于惡矣。依此，我們必不是去研究此行動之時間中的起源是什麼，但只是去研究其理性中的起源是什麼，藉此研究以便規定性癖于惡之性癖，卽是說，去規定一犯罪之惡念所因以被採用于我們的格言中的那一般的主觀根據，設若實有這樣一種性癖，又設若去解明這樣一種性癖是可能的時。

聖經中描述惡之起源爲人類種族中的惡之開始，在其如此描述中所使用之表象模式是很契合于以上所說的，因爲聖經把此一惡之開始展示于一故事中，在此故事中，那必須被思議爲在事物之本性（本質）中爲首出者（不慮及時間之條件者）顯現爲在時間中爲首出者。依照聖經，惡並不起始于一性癖于惡之性癖以爲惡之基礎〔譯注〕（非然者，惡之開始必不會發之于自由），但只起始于罪（所謂罪意卽對于作爲神之命令的道德法則之違犯）；而在一

切性癖于惡之性癖以前的那人之狀態則被名曰天眞無邪之狀態。道德法則當作一種禁令而先在，因爲就人而言，必須是如此，蓋因爲人之爲一存有並不是一純淨的存有，但只是爲性好所誘惑的存有。（創世紀II 16、17）。現在，人不直接遵守那作爲一足夠的動力的法則（只有法則爲動力這一種動力才是無條件地善的，而關于此動力決無疑慮可言），而卻到處尋求其他動力（創世紀III，6）。如是，此其他動力只能是有條件地善的（即是說，只當法則不因之而被傷害時它才是善的）。如是，人乃使「不由義務而服從義務之法則，但只由顧及其他考慮而服從義務之法則」成爲他的格言（如若我們思議行動爲自覺地發自于自由時）。因此，他開始去致疑法則之嚴格性，此嚴格性排除一切其他動力之影響；如是，他又因著狡飾把「服從法則」化歸到〔原註〕「純然是有條件的類乎工具與工具相似者」（格林譯爲純然有條件的工具之性格」，即把它隸屬于自私之原則，因而最後，他遂把「感性動力優越于法則之動力」這種優越逾被採用于行爲之格言中，而這樣，他遂犯了罪（創世紀III，6）。「我把這故事說給你聽，只把名字變一變。」(Mutato nomine, de te fabula naratur: Change but the name, of you the tale is told:) 由以上所說，以下所說是很清楚的，即：我們盡皆作同樣的事，而且至今仍然有罪。因而「我們在亞當身上皆早已被致使成爲有罪的」，而至今仍然有罪。只是在我們身上，一性癖于罪之內在的性癖被預設于時間中，但是在第一個人即亞當身上，正相反，卻是一天眞無邪之狀態被預設于時間中。因此，在亞當身上，犯罪被名曰墮落，然而在我們身上，犯罪是被思議爲是隨「我們的本性之內在的邪惡性」而來。但是，所謂性癖于罪之性癖其所意

謂的不過就是這一點，即：如果我們想去致力于惡之說明，說至其時間中之開始，則我們必須在每一有意的犯罪之情形中追求其原因于我們的生命之一先前的時期，繼續向後追尋，直至我們達到這樣一個時期，即「在此時期中，理性之使用尚未曾被發展出來」這樣一個時期而後止。換言之，我們必須追溯惡之起源追溯到一性癖于惡之性癖（以之為一自然中之根據），以此之故，此性癖被名曰內在而固有的。在亞當之情形中（亞當被表象為早已有使用其理性之充分力量），這並不是必要的，實在說來，這亦並不是可能的，蓋因為若這是必要而可能的，則自然的根據（惡的性癖）必須在他身上已被創造出來。因此，他的罪是被表象為直接地由一天真無邪之狀態而產生。但是，我們必不可對于一「我們對之負責」的道德品質尋求一時間中的起源，不管當我們想去說明道德品質之偶然的存在時，這種尋求（即尋求其時間中的起源，這樣表象給我們，即依適應于我們的此種墮落弱點而把它表象給我們。）是如何之不可避免的（因此不可避免之故，聖經遂可以把惡之時間中的起源這樣表象給我們。）

〔譯注〕：此句依格林譯。阿保特譯為「惡並不起始于一基本的性癖于惡之性癖。」

〔原注〕：關于「化歸到」句，康德有注云：

只要當道德法則不被允許在我們的格言中有「優越于自由決意之一切其他有決定作用的原則」之優越性，有之以為「其自身即是足够的」一種動力，則一切尊敬道德法則之表白皆是偽裝的，而性癖于此種偽裝之性癖亦是內部的虛偽，即是說，它是一個人之性癖于自欺的一種性癖，自欺以至于有損害于道德法則，即在解釋之中而損害之（創世紀Ⅲ、5）；以此

之故，聖經之基督教部分把「惡之造成者」（處于我們自己心中的惡之造成者）名曰「自始即說謊者」，因而遂把人表述爲是其自身的惡之主要根據（所謂人是就顯現爲是如此者而言的人）。

但是，我們的自由決意就其採用隸屬的動力于其格言中以爲最高究極的動力而言，其邪惡性或愎執性之理性的起源，即是說，此種性癖于惡之理性的起源，卻仍然對于我們是不可測度的，難以透視的；因爲此性癖于惡之其自身必須是歸咎于我們的，因而結果，一切格言底那個終極根據必復需要有一惡的格言之假定。凡是惡的者只能由那是道德地惡的者而發（不能由我們的本性之純然限制而發）；然而「人之」根源的構造（性向）卻是「適宜于善。」的構造（性向），其被敗壞只因着人自己而被敗壞，它不能因着人自己以外的任何其他東西而被敗壞，假若人對于此敗壞負責時，依是，茲並不存有任何「對于我們爲可思議」的根源，道德的惡可由之而首先進到我們的心靈中。聖經，依其故事性的描述而言，它表示此種不可思議性，而同時它又更準確地規定我們人類底邪惡性，其更準確地規定此邪惡性是因着把惡表象爲在世界開始時而規定之，惟惡之爲先行存在不是先行存在于人，但只先行存在于一個精靈（幽靈，魔鬼），此一精靈它根源上注定有一高慢的性格（使命Bestimmung）。這樣說來，一切惡一般之最初的開始是被表象爲對于我們是不可思議者（因爲惡又從何處來到那個精靈即魔鬼身上呢？），而人則被表象爲已因着誘惑而降落于罪惡中，因而也就是說，被表象爲不是基本上敗壞者（甚至依其原初的向善之能而言他亦不是

基本上敗壞者），但只被表象為仍然可能有改進者；這樣表象之以便對比于一引誘人的精靈
（魔鬼），即是說，對比于這樣一個存有，即在此存有處，肉欲底誘惑不能算為足以和緩其
罪行者（案意即由于它是一精靈，其罪行僻而堅，肉欲底誘惑不足以和緩之，意即它可以抗
拒一切肉欲底引誘，此其所以為魔也）；這樣說來，人，不管他的敗壞的心意為如何，他仍
然有一善的理性意志，仍然留有返于善之希望，這所返歸之善即是他曾由之以走入歧途者
（意即這所返歸之善即是他從它那裏因着誘惑而誤入歧途或墮落下來者）。

## V 一般的解說：

### 根源的向善之能之恢復——恢復而至其全力

「人依道德的意義而言是什麼或應當是什麼，他必須使他自己或已使他自己是什麼或應
當是什麼。是什麼或應當是什麼皆必須是其自由決意之結果。非然者，是什麼或應當是什麼
不能歸責于他（由他負責），而道德地說來，他亦必既非是善，亦非是惡。」〔譯注〕當我
們說：人被創造成是善的，這只能意謂人被創造成是向善的，並意謂人之內部的根源構造
（本性或性向）是善的；但是此尚不能使人自己成為是善的，但只依照人採不採用（此全然
由其自己之自由決意來裁決）此根源的構造所含有的動力于其格言中而言，人始使其自己成
為是善的或成為是惡的。今設想一超自然的合作對于使一個人成為善的或成為較好的亦是必
要的，如是，不管這超自然的合作只存于阻礙之減少抑或亦存于一積極的贊助，一個人必須

先已使其自己「值得去接受此合作並值得去承領此贊助」（此點並非是小事），即是說，值得去把此積極的力量之增益納之于其格言中，因爲單只依此路，「善應歸于他」以及「他應被承認爲是一善人」，這才是可能的。

〔譯注〕：此段開頭幾句，依格林譯如下：

人自己必須使他自己或已使他自己成爲是什麼，不管依一道德的意義，他所是的或將要成爲的是善抑或是惡。不論是善或惡，這或善或惡皆必須是其自由決意之一結果。因爲若非然者，他必不能被認爲是對之爲負責者，因而道德地說來，他必既不能是善亦不能是惡。

現在，「一本性上是惡的人必應使其自己成爲一善的人」這如何是可能的，這一問題似乎超出一切我們的思議之外；因爲一棵惡劣的樹如何能生出好的花果呢？但是，因爲「一棵根源上（就其能力而言）是善的樹已生出壞的花果」〔原註一〕這是早已被承認了的，而又因爲從善墮落到惡（當由自由而然時）並不比復又從惡上升至善爲更可思議，是故「從惡上升至善」之可能性是不能被爭辯（被責難）的。因爲儘管有墮落，可是「我們應當成爲較好的人」這個命令復又在我們的靈魂中以不減弱的力量發出回響；結果，我們必是能夠如命令之所命而去成爲一較好的人，縱使我們自己所能作的以其自身而言並不足夠，又雖然我們因而只能使我們自己成爲易受一不可測度的較高贊助者。但是，我們必須預設：一善之種子

已依其完整的純淨性而被保留（仍然自若），它不能被毀滅或被敗壞。這一種子確然不能是「自我愛重」【原註二】。自我愛重，當其被取用為一切我們的格言之原則時，它事實上即是一切罪惡之來源。

〔原注一〕：關于「善的樹」，康德有注云：

一棵樹，若就其能力（預有的性能）而言它是善的，這尚不表示它事實上就是善的。因為如果它事實上就是善的，它確然不能生出惡的花果。只當一個人已把「忠誠于道德法則」這一動力（這一處于其心中的動力）採用之于其格言中，此人始可被名曰一善的人（樹是一全然善的樹）。

〔原注三〕：關于「自我愛重」，康德有注云：

「自我愛重」這一詞，以其可允許有兩個完全不同的意義，是故它常是長期延緩了判定之達成，甚至當原則完全清楚時亦然。一般說的「愛重」以及特別說的「自我愛重」，皆可分為「愛重順利」（得意順利之愛重 love of good will, benevolentiae）與「愛重自得」（自得之愛重 love of complacency, complacentiae）這兩種，而這兩種皆必須（如其是自明的）是理性的。

「採用愛重順利于一個人之格言中」這乃是自然的事（因為有誰不願意其自己順適如意呢?）這亦是理性的事，其為理性的事，第一，是只當就「那與最大以及最永久的福利相一致的目的之被採用」而言時它為理性的事，第二，是只當就「最適宜的工具之為每一幸福之

成素而被採用」而言時它爲理性的事。理性在這裏有一「服事自然性好」之地位,而以此之
故而被認定(被採用)的格言便對于道德無任何關涉。但是,如果這種格言被弄成自由決意
之無條件的原則,則它便是「與道德有不可測度地大的衝突」之根源。

現在,「個人自己心中的自得」之理性的愛重可依以下兩路之一路而被理解。第一,
它或是這樣被理解,即:在上面所提到的那指向于自然性好之滿足的格言中,我們有一種自
得(當自然性好之滿足是這一目的可因遵循那格言而被達到時);這樣,此種自得即同于那對
于個人自己之自得(依格林譯:即同于這愛重,即如關于一個人自己之得意順利之愛重);
一個人愉悅于他自己,此正如一個商人其商業上之投機成功了,他慶祝其自己之明見,即在
關于他在交易中所已採用的格言上之明見。第二,要不然,那「個人自己心中的自得」之理
性的愛重亦可這樣被理解,即:自我愛重,即那作爲「個人自己心中的無條件的自得」(不依
靠于作爲行動之結果的得或失者)的自我愛重之格言(「愛無條件的自得」之自愛之格
言)必應是如下所說的一種滿足其底內在原則,即:這一種滿足其對于我們爲可能是只依據
「我們的格言之隸屬于道德法則」這一條件它才對于我們爲可能,那作爲「個人自己心中的無
條件的自得」的自我愛重之格言(「愛無條件的自得」之自愛之格言)即是如此所說的一種
滿足底內在原則。沒有這樣一個人,即道德對之爲並非不相干者,這樣一個人,能在其自己
心中有自得,或實在說來,能避免一種痛苦的不滿意──不滿意于其自己,當他意識到他的
格言並不與道德法則相符合時。那作爲「個人自己心中的無條件的自得」的自我愛重(「愛
無條件的自得」之自愛),我們可名之曰「理性的自愛」,此理性的自愛使一個人不把那由
其行爲之後果(在幸福之名下因着行爲而被得到者)而引出的任何其他滿足之原因和其自由
決意之動力(即道德法則)相混雜。現在,由于此一義(即理性的自愛足以使人不以某某混
雜某某之一義)即指示示對于道德法則之無條件的尊敬,既然如此,那麼爲什麼一定有一種因

·116·

難，因着使用「理性的自愛」一詞，而妨碍了原則之清晰的理解呢？（所謂因着使用理性的自愛一詞而妨碍了原則之清晰的理解，即：它之成爲道德的是只依據上面所提到的那條件，即「格言隸屬于道德法則」這一條件，它始成爲道德的，而即因此，我們遂不免落于循環中，因爲我們亦可說：『只有一個人能依一道德的路數而愛惜其自己，他始能意識到或知道他的格言須是那「使尊敬法則爲其自由決意之最高的動力」者。』【譯注】。如是，此又以愛惜自己爲道德，此便是一種繞圈子的循環。可是爲什麼一定有一種困難，因着使用這樣的「理性的自愛」一詞，而妨碍了原則之清晰的理解呢？）

【譯注】：「只有」云云，「他始能」云云，此句是依格林譯之造句而譯，如此方能表示循環。依阿保特譯是如此，「因爲一個人之能依一道德的路數而愛惜其自己是只就他意識到他的格言是使尊敬法則爲其自由決意之最高動力而論。」如此，則與說理性的自愛之爲道德的云云相順，不表示循環，故不從。

說到我們人類，由於我們人類之爲存有乃是依靠于一感性之對象的存有，是故幸福是因着我們的本性（物理自然的本性）而爲我們的欲望之首要而無條件的目標。但是，如果我們對于那一切內在而固有于我們者，我們皆以本性一般之通名名之，則由于我們復是一稟賦有理性與自由的存有，是故幸福，因着我們的本性（即理性與自由這一本性），便遠不足以是我們的格言之首要而無條件的目標。

「是我們的格言之首要而無條件的目標」這一性格實屬

于「值得有幸福」，即是說，屬于「一切我們的格言之與道德法則相一致」。（案意即唯「值得有幸福」，唯「一切我們的格言之與道德法則相一致」，才是格言之首要而無條件的目標。）此是這客觀條件，即「單在其下，願望幸福始能與理性之立法相一致」的那客觀條件，道德底全部箴言即存于此客觀條件處，而【人之】道德的性格則存于那「只允許這樣一種有條件有制約的願望（願望于幸福之願望）」的心靈之狀態中。

【譯者案】：「自我愛重」(self-love) 這個詞語，如康德所說，因為它有兩個完全不同的意義，在中文是很難翻的。我經過了屢次的改動，始首先如其有兩義而作如此之翻譯。我們應當首先記住康德說善之種子決不是這「自我愛重」。「自我愛重」，當其被採用為一切我們的格言之原則時，它事實上即是一切罪惡之根源。」由此可見，「自我愛重」原不是好的意思。康德在道德底形上學之基礎以及實踐理性之批判中用到此詞（未加注語）皆是劣義，故我即以「自私」譯之，有時亦譯為「自我貪戀」。既是劣義，故不可譯為「自愛」。因為中國人所謂自愛或自重皆是好的意思。但是，在這裏，康德對此詞加了詳細的註語，因此，我即如其所說之兩義而譯為「自我愛重」。分開說的自愛，自重，是好的意思，而「自我愛重」則不必是好的意思，而且基本上是不甚好的。佛家說「我愛」是基本惑，當然不好。「自我愛重」雖不是如此之壞，但亦非無此義，故自私，自利亦皆為其所含有，故得為一切罪惡之根源。但此詞既然有兩義，故就某義而加限制時，則它不必定然是壞，雖基本上不算好。因此，「自我愛重」似乎比較能表達其含混之意（不易判定其好壞）。其所含有之兩義即是「得意順利之愛重」（愛順利 love of good will）與「自得之愛重」（愛自得 love of complacency）。

關于「得意順利之愛重」（愛順利），顯然這是以幸福為主，這是自私自利的。人皆願

意順利，雖加上理性，亦是計較最大最永久的幸福，故在此，理性只是居于「服事自然性好」之地位。故「得意順利之愛重」這一義的「自我愛重」顯然不是好的。

至于「自得之愛重」（愛自得）這一義的「自我愛重」可依兩路去理解：一是對于個人自己之順利之自得，此卽所謂洋洋得意，自我陶醉——陶醉于自己之幸運或利己之成功，此卽同于「得意順利之自得」（愛順利），這當然不能算好。專門重視自己之順利這一種自得，這一種自我愛重，顯然無關于道德，甚至與道德相衝突。另一是對于自得加限制，「自得之愛重」（愛自得）可以理解爲「一個人自己心中的無條件的自得」之愛重。在這裏，「自得」便不必說爲自陶醉。這一義的自得之愛重（愛心中無條件的自得）之「自我愛重」可用中文成語的自愛或自重說之，這當然是好的意思。人必須先有自愛自重之心，然後可以進而言自得。所謂「無條件的自得」便是不以計較利害得失或感性底滿足爲條件。以爲這一種自得也是一種滿足，此一滿足之可能是只依據「我們的格言之自由決意之動力」而是以理性爲主，而不是以使我們阻止感性性好之混雜於道德法則者。是故此種自得之愛重亦不是奴僕之地位，而是足以使我們不以計較利害爲自由決意之動力，而專以道德之自我愛重可名曰「理性的自愛」，它使我們不以計較利害爲自由決意之動力，而專以道德法則爲自由決意之動力。此種理性的自愛其爲道德的是依據格言之隸屬于道德法則而然，但這一條件始可能。既如此，則此種自得自不以幸福爲主，而是以理性爲主，而此時之理性亦吾人亦可說一個人能意識到「使尊敬法則爲自由決意之最高動力」並以此爲其格言這乃是由于他先能依一道德的路數而愛惜其自己。此雖是一種繞圈子，但並不因使用此種「理性的自愛」一詞便妨碍了道德原則之清晰的理解。

新獲得；因爲所謂向善之動力卽在尊敬道德法則，而此一動力，我們從未能喪失之，而如果

依是，我們生命中的「根源的向善之能」之恢復並不是一「喪失了的向善之動力」之重

「喪失之」是可能的，則我們亦決不能重新獲得之。依是，所謂恢復只是恢復法則之純淨性以為一切我們的格言之究極原則。藉賴着這種恢復，法則之被採用于格言中不只是在與其他動力相結合中而被採用，或者說不只是把它當作是這樣的東西，即「隸屬于這些其他動力（如力相結合中而被採用，或者說不只是把它當作是這樣的東西，而被採用，但只是依其完整的純淨性把它當性好）以這些其他動力為其條件」這樣的東西，而被採用。根源的善即是在遵行一個人的義務中的格言之神聖性，藉此格言之神聖性，那採用法則之純淨性把其自身尚不卽以其如此採用之故而亦為神聖的（因為格言與行動之間有一很長的間距），然而他卻是因着一無底止的進程而走在接近于神聖性的道路上。在遵行義務中的意向之堅定，當此堅定已成為一習慣時，就合法性而論，此堅定亦被名曰德性，而此合法性卽是德性之經驗的性格（virtus phenomenon）。〔依格林譯：當「堅決盡一個人之義務」已成為習慣時，此

「堅決盡義務」亦被名曰「合法則」之德性；而這種合法則卽是德性之經驗的性格。〕因此，盡義務之意向之堅定（德性）就有「行動之符合于法則」之穩定的格言存在，不管此符法則之行動所需要之動力之來源是什麼。因此，依此義而言的德性是逐漸被獲得的，而且它是被某些人描述為一長期的工夫（遵守法則中之長期的工夫），因着這長期的工夫，一個人可從性癖于惡，經由其行為之改進以及其格言之加強，而過轉到一相反的性癖。此種過轉不需要有心腸之改變，但只需要有行誼（習行）之改變。一個人視其自己為有德的，是當他感到他自己已堅定于「遵守義務」這一格言時，雖然這遵守義務不必是由一切格言之究極原則

而遵守之。他但只這樣地遵守之，例如放縱無度的人是爲健康之故而轉到有節制；說謊的人

是爲聲譽之故而轉到誠實；不義的人是只爲和平之故或只爲利益之故而轉到通常的公正，凡

此等等皆基于那極被頌揚的幸福之原則而然。但是如若一人定須不只成爲一合法地善的人，

且須成爲一道德地善的人（上帝愉悅的人），即是說，如若一個人之成爲有德是依其智思的。

性格而成爲有德（virtus noumenon），如若一個人當其確認某事爲其義務時，他不需要有

此義務自身之觀念以外的其他動力：如若一人是如此云云時，則當其格言之原則仍不純淨

時，則其要成爲一道德地善的人，成爲依其智思的性格而爲一有德的人，成爲一只以義務

自身之觀念爲其動力的人，皆不是因着逐步改進而被達成者，乃是需要有一心靈上之革命者

（這一種革命即是「改轉到心靈之神聖性之格言」之改轉）而他亦只能因着一種新生而成爲

一新的人，好像因着一新造出來者（約翰福音Ⅲ、5，並與創世紀Ⅰ、2相比觀）以及因着

一「心腸之改變」而成爲一新的人。（案此如佛家成佛時需要金剛斷──斷無明與無習一

樣，亦卽如所謂頓悟成佛一樣。）

但是如果一個人卽在其格言之基礎上是敗壞了的時，則「他定當以其自己之力量致生此

革命而且他自己亦自會成爲一善的人」這如何是可能的呢？須知這是義務所命令者，而義務

決不命令那對于我們是不可實踐的者。克服「心靈革命」中之困難之唯一道路便是要知：革

命之爲必要是對「心靈之傾向」而言，但是對那爲心靈革命之障碍的感性氣質而言，則逐步。

改進是必要的；而心靈革命由于是必要的，是故它亦必須是可能的；此卽是說，當一個人逐

以不可搖動的決心而逆反其「所由以成爲一惡人」的格言之究極原則時，則他就其原則與心靈傾向而言便是一易于爲善的人，但是他之是一善人只有在不斷的努力與增長發展中始然，卽是說，他可以以那「他所已採用之以爲其自由決意之究極格言」的原則之純淨性，以及因着此原則之堅定性，而希望于他自己走在一善而狹窄的道路上，這道路卽是「經常地從惡進到較善」這一經常的前進之道路，他所走的這一道路自是狹窄的，但卻是善的。說他可如此云，這個意思，在這樣一個個體存有，卽「祂能一眼看透心靈之智思的原則」（一切自由決意底格言之原則）並因而此無限進程對祂而言只是一下子之單一」這樣一個個體存有之眼光中看來，卽是說，在上帝之眼光中看來，卽同于說他現實上卽是一善人（是一使上帝愉悅的人），而這樣，那改變便可被視爲是一革命。但是在如下所說那樣的人們之判斷中，卽那「能够只因着那優越性卽他們得之以勝過其時間中的感性的那優越性而評估他們自己並評估他們的格言之強力」這樣的人們之判斷中，那改變只能被視爲是一不斷的奮鬥──不斷地向改進而奮鬥；換言之，只能被視爲是對于邪惡心向（性癖于惡）之一逐步的改進。

因此，隨之而來者便是：人之道德的修養必須不要起始于〔外部〕行誼之改進，但須起始于〔內部〕心靈之轉化以及一性格底基礎之轉化。然而人們常不如此而進行，常是逐個地對付惡行，而對于惡行之根卻並未接觸到。現在，甚至一個智力最有限的人他亦能够對于一逐漸加甚的尊敬──尊敬合義務的行爲之尊敬有感動（所謂逐漸加甚的尊敬是比照他在思想中把那「能够因着自我愛重而影響行動之格言」的一切其他動力從這行動上撤銷下來而成爲

逐漸加甚的尊敬）。〔案意思是說：一個人若在思想中把那屬于自私的動力從行動上撤消下

來的愈多，他就愈尊敬合義務的行爲，意卽這尊敬愈加甚，他卽使是一智力最有限的人，

他亦能對于這種逐漸加甚的「尊敬合義務的行爲」之尊敬有感動，卽也覺得這是好的。」

又，卽使是兒童亦能够檢查出行爲之虛假的動力之混雜之痕迹，他亦能

檢查出，蓋因爲在他的眼光中，卽使有一點點混雜，這也可使那行爲卽刻喪失了一切道德價

值。此向善之能可因着引舉許多均是善人爲範例而極好地被培養成（所謂善人，其爲

善是就其符合于法則而言），並亦可因着「讓一個人的有道德教養的子弟去評估那些由善人

底行爲之現實的動力而來的許多格言之不純淨性」而很好地被培養成；而此向善之能亦可逐

漸轉成之一種品格（一種心靈之容色），這樣，義務簡單地卽以其自身自會在這些子弟們底心

腸中開始獲得那可觀的重量。但是去敎告這些子弟們去欣羨有德的行動（不管這些有德的行

動費了多大的犧牲），這卻並不是去維持一個子弟之向往道德的善之情感之正路。因爲不管

一個人是如何的有德，他所能作成的一切善卻只是他的義務之所應作；而「去作他的義務之

所應作」亦不過是去作那存在于通常的道德秩序中者，因而這並不值得被讚歎（被驚異）。

正相反，此讚歎（此驚異）恰足以降低了我們的向義務之情，好像服從或遵守義務員是某種

什麼異常而有功績的事似的。（案此恰如詩大雅「無然畔援，無然欣羨，誕先登于岸。」）

但是，在我們的靈魂中，存有一事，當我們對此事取一正當的觀點時，我們不能不以極

高度的驚異視之，而且就此事而言，讚歎是正當的，或甚至是可以提高的，而此事不是別

的，乃正是那在我們生命之內的根源的道德才能一般。我們是經常地因着許多需求而依靠或有待于「自然」。可是茲猶有存于我們心中者，藉賴着此存于心中者，我們依一我們生命內的根源的才能之觀念猶可把我們自己升舉在「自然」以上，我們之這樣把我們自己爲不值得生存者，假若我們放縱于需求之滿足以對反于「我們的理性有權去規定之」的那法則；雖然單只這需求之滿足之享樂始是那使生命爲可欲者，而同時理性卻既不許諾之以任何事亦不威嚇之以任何事。〔依格林譯：……竟至于我們可視那些需求盡皆爲無物並可視我們自己爲不值得生存者，假若我們周旋奉迎于這些需求之滿足（雖唯此需求之滿足始能使生命爲可欲）以對反于法則（法則是這樣的，即藉賴着這法則，我們的理性有權有力地來指揮着我們，而卻既不作許諾亦不作威嚇。）〕此存于我們心中者是什麼呢？（這，我們可以問我們自己）。此一問題之重要必深深地爲每一極普通能力的人所感到。這所謂極普通能力的人是如此者，卽他先已被敎告之以「處于義務觀念中」的那神聖性，然而他尙未上升到自由概念之研究，此自由之概念乃卽由道德法則而發生者〔原注〕。這樣一個極普通能力的人亦必能深深感到那問題之重要。〔案那存于我們心中者是什麼？此隱指尊敬道德法則說。此一問題之重要，雖卽尙未上升至自由概念之研究的極普通能力的人亦必能深感到之。自由之概念由道德法則而發生，關于此層，牽涉甚繁，故康德于此有注。〕而甚至此根源的道德才能（宣布一神性的起源的那才能）之不可理解性亦必會引起極普通能力的人之精神，引起之至于熱

烈之境，而且亦必強化其精神以備任何犧牲在所不惜，此所謂任何犧牲乃即是人之尊敬其義務時所可課之或要求之于他者。一個人的道德本性（道德使命）之莊嚴之情之經常的引起須特別當作喚醒道德情操之方法而被提薦，蓋因為這莊嚴之情之經常的引起其作用即在直接對反于「性癖于邪惡」這內在的性癖，這在我們的自由決意之格言中的動力——這邪惡性的動力，而抗拒之，它並且想使對于道德法則之無條件的尊敬成為「一切格言之可允許」之終極條件，而這樣，它便恢復了原初的行動之動力間的道德的隸屬關係（道德的秩序，案意即把一切感性之動力隸屬于尊敬法則這一動力，這種隸屬關係或道德秩序），並亦依人心中向善之能之原初的純淨性而全恢復了這向善之能。

【譯者案】　此段說人之生命中的根源的道德才能，不可理解，宣布有一「神性性的起源」（依創世紀伊甸樂園說者）的那才能，是一可讚美而令人驚異的事物。它足以引起人之精神而至于熱烈之境。由此而有人之道德本性之莊嚴之情之經常的引起以喚醒人之道德情操而至于行動之動力間的隸屬關係（道德秩序）之恢復以及向善之能之恢復。案此一說法可與孟子義理以及佛家言清淨心者相比觀。

【原注】：關于「自由之概念由道德法則而發生」，康德注云：

『決意底自由之概念並不先于內在的道德法則之意識，但只由「我們的決意之因此法則之作為一無條件的命令而為可決定」這一義而被推斷出』這一層意思，任何人可因問他自己

125

以下之問題而很容易地被說服而信其爲不謬，即：他是否直接地確定意識到有一能力，此一能力能使他因着意向之堅決性而去克服那每一令他犯罪之動力，不管這動力是如何之有力（雖然法拉利命令你爲一虛僞的人並把他的銅牛刑具擺出來而指使你作僞證）。每一個人皆必須承認他並不知在這樣一虛處境中他是否必不會在其意向中有搖動。但是，縱然如此，義務卻總是無條件地命令着他而說：你應當忠誠于你的意向；而因此他很正當地終于說：他必亦能夠去這樣作（即能夠忠于他的意向而不搖動），並因而說：他的決意是自由的。有些人謬誤地表象此不可測度的特質爲完全可理解的，他們既這樣表象之，如是，他們遂因着「決定論」一詞而創造出一種幻象（所謂決定論即是這論旨，即「自由決意爲內在的充足理由所決定」，即因着這樣一種決定論之論旨而創造出一種幻象，好像困難畢竟從未發生到我身上）（案依格林譯：此種困難即存于此決定論之與自由相融洽，可是無人設想有此種困難）。實則困難是：前定論如何能與自由相一致？依前定論，當作事件看的諸自顧行動有其「決定之」之原因存在于先行的時間中（此先行的時間連同其中所含有的或所發生的皆不復存在于我們的力量中）；依自由，行動以及此行動之反面皆必須在其發生之時存在于主體之力量中。如此所說的行動之前定論（當作事件看的自顧行動在時間中由先行狀態來決定）如何能與如此所說的自由（行動與行動之反面之作爲與不作爲皆在我的力量中）相一致而不衝突？這是困難之所在。這困難乃正是人們所想要去辨識之（理解之）而卻從未能將去辨識之者。（案困難是如此，而不是如人們所想是「決定論與自由相融洽」之困難。蓋意志之決意是自由的，而同時亦可爲內在的充足根據如理性所定之道德法則所決定，這並無困難。蓋其爲道德法則所決定並不是前定論。至于康德所展示之困難：前定論如何能與自由相一致，一般人不能解決之，但康德卻能解決之。詳見純粹理性批判之辯證部背反章以及實踐理性批判分析部之批判的省察。又前說「有些人謬誤地表象此不可測度的特質爲完全可理解的」，

此中所謂「此不可測度的特質」即指自由說。蓋康德視自由為一設準，為屬于智思界者，由決意之因道德法則而為可決定之可決定性而被推斷出，並不先于道德法則之意識，故亦非落于現象界而為可解明者。此義見于道德底形上學之基礎第三節【5】一切實踐哲學底極限。

如視之為可解明者，則必有「自由與決定論相衝突」之假象。

自由之概念與上帝為一必然存有之理念相融洽，此中並無困難。因為自由並不存于行動之偶然性（蓋若存于行動之偶然性，則行動便不是為任何根據所決定的），即是說，並不存于不決定論。（蓋若存于不決定論，則如果上帝之行動須被名曰是自由的，則上帝之作善或作惡必同樣可能的），但只存于絕對的自發性。惟此絕對的自發性始為前定論所危及。此所謂前定論是這樣的，即：它把行動之決定原則（決定根據）置于先行的時間中，這樣，行動遂不復存在于我的力量中，但只存在于自然之手中，而我也是在因難地（機械地）被決定了的，而因為時間中的相續不是可被思議于上帝中的，是故此困難（即自由之概念與上帝為一必然存有之理念相融洽之困難」便消失而不見。

但是上面所說的因個人自己之強力而成的向善之能之恢復豈不是直接地對反于「人之內在而固有的敗壞敗壞而至于使人不足以向往任何善事」這一論旨？就這樣的恢復之可思議性而論，即是說，就我們的對于這樣的恢復底可能性之辨識而論無疑是對反。此對反恰如以下所說的事物上之對反：任何這樣的事物，即「被視為是一時間中之事件（變化之事件），而這樣視之，它遂亦必然地為自然法則所決定」這樣的事物，其反對面卻猶必須被視為是依照道德法則因着自由而為可能：如此所說云云即是一種對反。上說的向善之能之恢復直接地對

127

反于人之內在而固有的敗壞恰似這樣的事物上兩面之對反。可是向善之能之恢復雖直接地對

反于「人之內在而固有的敗壞」這一論旨，然而它卻並不對反于此恢復自身之可能性〔依格

林譯：然而這一論旨卻並不對反于此恢復自身之可能性。〕因為如果道德法則命令說：我們

現在應當成為較好的人，則那不可避免地隨之而來者便是：我們也能夠成為較好的人。「內

在而固有的惡」之論旨在斷然的道德中並無什麼用處，因為「斷然的道德」底諸箴規含有同

樣的義務，而且繼續永久有同一的力量，不管在我們生命內是否有「性癖于犯罪」之內在而

固有的性癖。但是在道德的修養中，「內在而固有的惡」之論旨卻比較有更多的意義，不過

其所意謂的仍然不過是這一點，卽：在被創造（被植）于我們生命中的「道德的向善之能」

性之假定（所謂自由決意之邪惡性卽是認定或採用那「相反于根源的道德才能」的格言之邪

惡性）；而因為性癖于惡之性癖是根深蒂固而很難根除的，是故我們必須「以不斷的努力對

抗之」來開始。現在，由于此不斷的努力以對抗之只引至一無限地從惡到較好之無限進程，

是故隨來者便是：一惡的人之性向轉到一善的人之性向這一種轉變須被置于「一切其格言之

究極的內在原則之依照道德法則而改變」這一改變中，設若其由舊原則改變成新原則，這所

改變成的新原則（新心腸）其自身是不可變的時。但是，一個人不能自然地達到這確信〔卽

新原則不可變之確信〕，不論他因着直接的意識，或因着他由迄今以往所已追求的生活之經

過而引生出的證據，他皆不能自然地達到之。此何以故？蓋因為他的心腸之深處（他的格言

之主觀的根源根據）對于其自己是不可測度故，極難透視故；但是「引至那確信」的道路，而且那「因着一基本地改進了的性向而被指點給他」的那道路，他必須能够希望因着其自己之努力而去達到之，因爲他應當成爲一善的人，而且他亦只能因着那當作其自己之所爲而可以歸因于他而由他負責者而被評估爲是一道德地善的人。

現在，那種「天然地厭惡道德的努力」的理性，在天然的無能之藉口下，以一切種腐敗的宗教之觀念，來對反自我改進之期望（把「採用幸福原則以爲上帝底諸命令之最高條件」這種採用歸屬于上帝自身可算是那些腐敗的宗教觀念中之一）。現在，我們可把一切宗教分爲兩類：一類是「求眷顧」的宗教（只是祈禱作禮拜），另一類是道德的宗教，卽「一善的生命」之宗教。依前一類宗教而言，一個人或是阿諛其自己說上帝能使他永遠快樂（因赦免其過失而使他永遠快樂），而用不着他須去成爲一個較好的人，或是奉承其自己身上的任何點對于他似乎不可能，則上帝能使他成爲一較好的人，用不着他須更去作其自己之事，除他所要求的事以外。由于在一「無所不見」的存有（卽上帝）面前看來，「要求某某」不過就是「願望某某」，是故這種自詭妄想事實上必是一無所作；因爲如果只願望就足够了，則每一人必卽是善了「而不必努力去作其所應當作」。但是在道德的宗教中（而在已有的一切公眾宗教中，唯基督教是道德的），以下所說乃是一基本原則，卽：每一人皆須盡量作其力量之中的事以去成爲一較好的人，而且只有當一個人未曾埋葬其內在而固有的才能時（路克福音 XIX，12——16），只有當一個人已使用了其根源的向善之能以去成爲一較

好的人時，他始能希望那不在其力量之中者將因一較高的協力合作而被供給（將通過從上面而來的協力合作而被供給——依格林譯）。但是「人定須知道此協力合作存于何處」這並不是絕對必要的；或許以下所說乃甚至是不可免的，即：如果此協力合作所依以發生的那道路已在某一定時間內被顯露出來，則另一人在另一時間內定可對于此協力合作所依以發生的那道路形成一不同的想法，而其形成此不同的想法亦是以至誠而形成之。這樣，以下所說的原則是有效的，即：「一個人要想去知道在其得救上上帝所作的是什麼或所已作的是什麼」這對于任何人而言皆不是本質的，因而亦並不是必要的，但只一個人要想值得有上帝之協助，「去知其自己所必須去作的是什麼」這才是本質的。

附識：康德「單在理性範圍內的宗教」一書共四部，阿保特只譯此首部。現有格林（Theodore M. Greene）與胡生（Hoyt H. Hudson）兩人合作之全譯。吾茲仍依阿譯而譯。阿譯並不壞。全譯之譯者序中云：阿譯是合格而可讀的，雖然偶爾過分簡單化，並有時亦不能決定原文涉指處之含混與不確定。吾此譯參考此全譯處，為簡單故，只提格林。

# 第二章　心、性與天與命

孟子盡心篇：

孟子曰：盡其心者知其性也，知其性則知天矣。存其心，養其性，所以事天也。殀壽不貳，修身以俟之，所以立命也。

此可順通如下：

孟子說：那能充分體現其仁義禮智之本心的人就可知道他的眞性之何所是，知道他的眞性之何所是就可知道天之所以爲天（知道於穆不已的天道之何以創生萬物之道）。

一個人若能操存其仁義禮智之本心而不令其放失，培養其真性而不使之被戕害，這便是他所以事天而無違之道（所以仰體天道生物不測之無邊義蘊而尊奉之而無違之道）。

一個人若能不以或殀或壽而改變其應有之常度，而只盡量使其自己居仁由義以體現仁義禮智之本心于自己之行事中（修身），至于那非吾人所能掌握的偶發之事（如遭遇）之將如何發生在自己身上，或那必然要來臨之事（如生死）之將如何來臨，則不必多所顧慮，只須這樣修身以俟之，如是，這便是吾人所以確立「命限」一觀念之唯一途徑。

案：此為知天，事天，立命之三聯。孔孟都有超越意義的「天」之觀念，此由詩書所記載的老傳統而傳下來者。至孔子提出「仁」，則是踐仁以知天，至孟子則是盡心知性以知天，其義一也。

「盡心」之盡是充分體現之意，所盡之心即是仁義禮智之本心。孟子主性善是由仁義禮智之心以說性，此性即是人之價值上異于犬馬之真性，亦即道德的創造性之性也。你若能充分體現你的仁義禮智之本心，你就知道了你的道德的創造性之真性。此中盡字重，知字輕。你若能充分體現你的仁義禮智之本心，此亦可說是實踐的知，即印證義。你若這樣證知了你的真性，你就知道了天之所以為天。此知亦是證知義，在實踐中證知也。「天」是超越意義的天，是個實位字，即知是在盡中知，此亦可說是實踐的知，即印證義。

天道之天，天命不已之天，與天爵之天完全不同。天爵之天是個虛位的形容詞，落實于仁義忠信上說天爵，說良貴，天即定然義。說天理、天倫亦是如此。說「此天之所與我者」亦是如此，即固有義。凡固有而定然如此者即說爲是天——以天形容之。即使說天爵是上天所賜給我的貴，說心之官是上天所賦與我者，說天理是上天所規定的理，說天倫是上天所規定的倫，這樣說亦無實義，只表示凡此等等是本來如此，是定然如此者，其本身即是終極的，並不表示說：凡此等等是由超越的外力規定其爲如此的。若由外力規定其爲如此，則道德便無獨立的實義，即只是他律道德，而非自律的道德。但道德而非自律便是道德之否定，是自相矛盾的。故道德不能是他律，不能不是自律，因此「道德是自律」是分析命題。凡上帝所創造的（依西方宗教傳統說），凡天道所創生的（依儒家傳統說），都只是具體的個體物。

人（廣之一切理性的存有）所獨特表現的精神價值領域中之實事實理，這不是可以由上帝之創造而言的，亦不是可以由天道創生而言的。反之，我們可以籠綜天地萬物而肯定一超越的實體（上帝或天道）以創造之或創生之，這乃完全由人之道德的心靈，人之道德的創造性之眞性，而決定成的。此即是說：天之所以有如此之意義，即創生萬物之意義，完全由吾人之道德的創造性之眞性而證實。外乎此，我們決不能有別法以證實其爲有如此之意義者。是以盡吾人之心即知吾人之性，盡心知性即知天之所以爲天。天之所以爲天即天命之于穆不已即天道不已地起作用以妙運萬物而使之有存在也。是以中庸云：「天地也。天命之于穆不已即知吾人之性，

之道可一言而盡也,其爲物不貳,則其生物不測」,此承天命不已而言者也。此天是一實位字。吾人之所以如此知之,乃完全由吾人之心性而體證其爲如此。故此天雖爲一實位字,指表一超越的實體,然它卻不是一知識之對象,用康德的詞語說,不是思辨理性所成的知解知識之一對象,而乃是實踐理性上的一個肯定。說上帝創造萬物,這只是宗教家的一個說法而已,說實了,只是對于天地萬物的一個價值的解釋。儒家說天道創生萬物,這也是對于天地萬物所作的道德理性上的價值的解釋,並不是對于道德價值作一存有論的解釋。因此,康德只承認有一道德的神學,而不承認有一神學的道德學。依儒家,只承認有一道德的形上學,而不承認有一形上學的道德學。此義即由孟子盡心知性知天而決定,決無可疑者。

　陸象山云:「孟子云:盡其心者知其性,知其性則知天矣。心只是一個心。某之心,吾友之心,上而千百載聖賢之心,下而千百載復有一聖賢,其心亦只如此。心之體甚大,若能盡我之心,便與天同。」「與天同」即函着說知天之所以爲天。不但知之,而且心之道德的創造性(由德行之純亦不已而見)即是「天命不已」之創造性,故兩者爲同一也。此即心外無物,性外無物,道外無物也。孟子下文亦說:「萬物皆備于我矣,反身而誠,樂莫大焉。強恕而行,求仁莫近焉。」不是現實的人與天同,而是心之體與天同,心之道德的創造性與天同,故盡心知性即可以知天之所以爲天。那就是說,天之創生萬物之創造性完全由心之道德的創造性來證實也。天之所以爲天之具體而真實的意義完全由心之道德的創造性而見也。此決無誇大處。孟子之實義就是如此,因實理本當如此。

程明道云：「只心便是天，盡之便知性，知性便知天。更不可外求。」此所說更透——更爲究竟。實理本當如此也。並非誇大了孟子，或歪曲了孟子。象山、明道皆有實會于孟子，因其皆能把握住孟子義理之規路故也。朱子便把握不住，故其注此文全顚倒。陽明良知敎雖不違此義，然其視盡心知性知天爲生而知之，存心養性事天爲學而知之，立命爲困而知之，此種比配全無意義，此亦賢者一時之糊塗也。（不知何故有此扭曲之想法）。

其次再看「存心養性事天」一聯。

盡心知性知天是積極的工夫，存心養性事天是消極的工夫，都是實踐的事，而且每一人都當如此實踐，聖人亦須如此，此是原則性的話。這尚說不到根器的問題，故不能以生知學知來比配。盡心知性知天與「堯舜性之也」非一義，存心養性事天亦與「湯武反之也」非一義。下聯「立命」更是一普遍原則，更不能以困知來比配。

存心之「存」卽是前告子篇孟子引孔子語「操則存，舍則亡」之存；養性之養卽是前告子篇孟子所說「苟得其養無物不長，苟失其養，無物不消」之養。「存其心」卽是操存你的仁義禮智之本心、良心或天心而不令其放失。「養其性」卽是保養你的性，在價值上所以異于犬馬的眞性而不使之被戕害。本有的天心眞性亦須有操存保養之之工夫始能員實地呈現。因爲人的天心眞性常易因感性之逐物而被蒙蔽，是故須時時警覺而不使之放失。因爲存養並不是存之養之把它擺在那裏就算完了，乃是正所以待盡之也。（前言盡字重，知字輕。存養中亦有知也，此是存養中的此雖是一消極的工夫，然而頓時卽通于積極的工夫。其天心眞性一旦因感性之逐物而被蒙蔽，是有感性而不使之被戕害。

體證。）而且一旦能存養之，其本身即有能顯發出來的力量，而這也就是吾人之所以能充分盡之之最內在的根據。故雖是消極的工夫頓時即通積極的工夫。

天是一超越的實體，此則純以義理言者，而即如其爲一如此之超越的實體，它即須被尊崇；它被尊崇即函着人須奉承之而無違，亦函着說順天者昌，逆天者亡。「事天」即是仰體天道生物不測之無邊義蘊而尊奉之而無違之意。你怎樣才能仰體天道尊奉之而無違呢？這不需要你香花供養，亦不需要你祈禱崇拜完全被動地聽祂的吩咐。你若是這樣地事天那是人格化方式的事天。「事」字，字面上的意義，即如「事父母」之事。在此，雖用類比的方式借用此事字，但卻並不因此即停在這類比上把天人格化，完全被動地聽祂的吩咐，亦不是因着此類比而即如事父母那樣而事天，因爲事天與事父母所依據的原則是完全不同的。在事天上，「事」字之意義須完全轉化爲自道德實踐上體證天之所以爲天，而即如其所體證，而自絕對價值上尊奉之。因此，人格化方式的事天中之純被動地聽吩咐之意完全消逝而不見。依儒家，即使是事父母亦不完全是被動的，亦有價值上之層層轉進，因而有各種不同意義的「事」，如言孝有各種不同意義的孝，但總是以親親爲大原則，此亦是道德理性上有獨立的意義的。而儒家言事天則完全服從尊尊原則，如言舜大孝終身慕父母，棄天子位竊父而逃，等義，吾在此不須詳言。基督教的人格化方式的事天（祈禱上帝）卻把本應屬剛性的尊尊原則之事完全轉化爲屬柔性的親親原則之事，而上帝又不能是親親中之親也。因此，其爲教也，主體不立，而完全以順從爲主，故價值標準保不住。無自律的道德即

無挺立的絕對價值之標準，而上帝自身亦難保也。天之所以爲天，上帝之所以爲上帝，依儒家，康德亦然，須完全靠自律道德（實踐理性所規定的絕對圓滿）來貞定。此卽張橫渠所謂「爲天地立心」也。因此，孟子說：

一個人若能操存其仁義禮智之本心而不令其放失，保養其眞性而不使之被戕害，這便是他所以事天而無違之道（所以仰體天道生物不測之無邊義蘊而尊奉之而無違之道）。

爲什麼存心養性是事天底唯一道路呢？蓋因存心養性始能能顯出心性之道德創造性，而此卽體證天之所以爲天。天之創生過程亦是一道德秩序也。此卽函着說宇宙秩序卽是道德秩序，道德秩序卽是宇宙秩序也。天之所以值得尊奉卽因它是心性之道德創造性所體證之天命不已之道德秩序也。最後，心性之道德創造性卽是天道之創造性。故程明道云：「只心便是天」。又云：「只此便是天地之化，不可離此個別有天地之化。」「只此」之此字卽指心性之道德創造性之顯爲「德行之純亦不已」言。心外無物，性外無物，心性之創造說到其最具體之無邊功化卽是天地之化。是故盡心篇下文孟子曰：

霸者之民驩虞如也。王者之民皞皞如也，殺之而不怨，利之而不庸，民日遷善而不

知為之者。夫君子所過者化，所存者神，上下與天地同流，豈曰小補之哉！

所過者所以能化，所存者所以能神，即因其心性之道德創造之純亦不已也。以「王者之民皞皞如也」為例作具體的徵驗。皞皞純潔自得之貌，與「嘷嘷」同。（滕文公篇：江漢以濯之，秋陽以曝之，皞皞乎不可尚已。）「王者之民皞皞如也」言王者所治理的天下，其人民個個皆是純樸無華悠然自得的樣子；有了罪過，即使殺了他，他亦無所怨恨，你行事有功于民，民亦不以之為功；民自然轉變為善而亦不知所以使之者。此蓋是王者之德化也。何以而能有此德化耶？蓋君子以其德行之純亦不已，故能所過者化，所存者神，上下與天地同流，與天地無心而成化同一極致，這豈是頭痛醫頭，腳痛醫腳，這裏補一補，那裏修一修，那種瞎湊合的行為所能至的嗎？這種具體的徵驗即示程明道所云「只此便是天地之化」，不可離此個別。有「天地之化」為不虛妄，而其所言好像很玄，好像是理學家的誇大，非儒者原有之義，其實不然，皆是孟子所原有者，惟程明道更能透闢地說出來而已。

其實亦不只孟子義理原有此函義，程明道能透闢地說出之，即朱子注亦云：

君子，聖人之通稱也。所過者化，身所經歷之處，即人無不化，如舜之耕于歷山，而田者讓畔，陶于河濱，而器不苦窳也。所存者神，心所存主處，便神妙不測，如孔子之「立之斯立，導之斯行，綏之斯來，動之斯和」，莫知其所以然而然也。是

其德業之盛乃與天地之化同運並行，舉一世而甄陶之，非如霸者但小小補塞其罅漏

而已。

如朱子所引，孔子卽有此境界，舜之事例亦表示此境界。孟子所說卽本此已有之境界而言

也。吾人如想了解何以有此境界，則孟子之義理規路不可不知也。此並非是無端而降之神

秘。心性道德創造之極致本應如此。此是儒家前聖後聖所共契之義理規範。故易傳乾文言

云：

大人者與天地合其德，與日月合其明，與四時合其序，與鬼神合其吉凶，先天而天

弗違，後天而奉天時。天且弗違，而況于人乎？況于鬼神乎？

案此所謂大人意同于聖人。大人或聖人卽是能將本心眞性充分體現出來的人，也就是德行之

純亦不已的人。他與天地合德卽合其同一創造之德。在大人處卽是心性之道德創造（德行

之純亦不已）之德，在天地或天處卽是天命不已（天道創生萬物）之德。天命不已（天地或

天之生德）卽是本心眞性之客觀而絕對地說，本心眞性卽是天命不已之主觀而實踐地說（只

就人或一切理性的存有之實踐說），其實一也。天命不已是天之體（天之所以

爲天），本心眞性是人或一切理性的存有之體。但在人處有體現與被體現之別：人是能體

現，體是被體現。在天處卻無此分別：天命不已即是天自己，此只是一創造性自己。人之體、天之體之平行的說法只是圖畫式的語言之方便。本心眞性是就人說，這是因爲唯有人始能特顯此道德創造之心性。既顯出已，此道德創造之心性便不爲人所限，因爲它不是人之特殊構造之性，依生之謂性之原則而說者，它有實踐地說的無外性，因而即有無限的普遍性，如此，吾人遂可客觀而絕對地說其爲「創造性自己」，而此創造性自己，依傳統之方便，便被說爲「天命不已」，或簡稱之曰「天」。此則便不只限于由人所顯的道德創造、所顯的德行之純亦不已，所顯的一切道德的行事而已，而且是可以創生天地萬物者。其可以創生天地萬物之創生乃即由其于人處所特顯的道德創造、德行之純亦不已而透映出來，而于人處所特顯的道德創造乃即其精英也。現實的人是一個已有的存在，而此已有的存在之所當有而現實上尙未有的一切行事既可由此心性而顯發（創造）出來，則此心性即可轉而潤澤此已有的存在而使之成爲價值性的存在，眞實的存在，而且可使之繼續存在而至于生生不息。此「轉回來潤澤已有的存在」之能返潤者與那在此已有的存在身上向前起創造而能顯發有之德行者是同一本體。由其返潤而擴大之（因其本有無限性）而言其廣生大生之妙用，即創生天地萬物之廣生大生之妙用，這是實踐地體證地說，同時亦即是客觀而絕對地無執的存有論地說，即對于天地萬物予以價値意義的說明，即無執的存有論的說明，因此，凡由其所創生者亦皆是一價値的存在，眞實的存在，此是基于德行之純亦不已而來的誠信，實踐上的一個必然的肯。此亦即中庸所謂「誠者物之終始，不誠無物」，亦即王陽明所謂「有心俱是實，無心俱斷。此亦即中庸所謂「誠者物之終始，不誠無物」，亦即王陽明所謂「有心俱是實，無心俱

是幻」。因此，大人之德與天地之德是合一的；不但是合一的，而且就只是一。因此，始有

程明道所云「只心便是天」，「只此便是天地之化」之究竟了義語。言「合」者只是就大人

與天地之圖畫的分別而方便言之耳。就德（創造之德）言實即是一也。

合德之義既明，則圖畫地言「與日月合明」之義亦類此可明。「與日月合其明」者言大

人由心性所發之光明（明透一切之光明）同于日月所發之朗照一切之光明也。

「與四時合其序」者言大人之現實生活之出處進退之程序亦同于春生夏長秋收冬藏之自

然程序也。

「與鬼神合其吉凶」者言大人心靈于或吉或凶之感應同于鬼神之感應也，此即所謂神感

神應。（吉凶即函是非。知至之可與幾也，知終終之可與義也。皆是神感神應。）

「先天而天弗違」者，此就大人心性之創造之德言，此即先乎天地而存在，天亦不能違

背之，人與鬼神更不能違背之。此即中庸所謂「君子之道本諸身，徵諸庶民，考諸三王而不

謬，建諸天地而不悖，質諸鬼神而無疑，百世以俟聖人而不惑。」

「後天而奉天時」者，此就大人之現實生活言。大人之現實生活後乎天地而存在，自亦

不能違背自然之序。此則與庶民共之，亦王弼「聖人有情」之義也。天時即四時運化自然之

序也。隨順自然之序而行，而不故意違眾以駭俗，即謂奉天時。如該喜則喜，該怒則怒，宜

張則張，宜弛則弛，聖人亦不能悖也。（合德、合明、合序等等皆是實踐地無執的存有論地

說，非知識義的現象界的自然主義也。）

以上是「盡心知性知天」與存心養性事天」兩聯所函之主要理境，此已開儒家圓盈之教之規路。以下再進而言「立命」。

＊

＊

＊

＊

＊

「命」是個體生命與氣化方面相順或不相順的一個「內在的限制」之虛概念。這不是一個經驗概念，亦不是知識中的概念，而是實踐上的一個虛概念。平常所謂命運就是這個概念。這是古今中外任何人于日常生活中所最易感到的一個概念。雖然最易感到，然而人們卻又首先認為這是渺茫得很的，輕率的人進而又認為這是迷信。說它渺茫可，說它是迷信則不可。它所以是渺茫，因為它不是一個經驗的概念，亦不是一個知識中的概念；它雖是實踐上的一個概念，然而卻又不是一個實踐原則，因為它不是屬于「理」的，即不屬于道德法則中的事，不屬于以理言的仁義禮智之心性的。它不是「天命不已」那個命，亦不是命令之命，亦不是性分之不容已之分定之定。它既不屬于這一切，是故它渺茫得很，因為凡屬這一切者都很確定，這是理性所能掌握的，不得名曰「命」。它既不屬于理性，它應當屬于「氣化」方面的，但又不是氣化本身所呈現的變化事實。客觀的變化事實是可以經驗的，也可以用規律。(不管是經驗的規律抑或是先驗的規律)來規制之的。命不是這變化事實之本身，但卻總是屬于氣化方面的。氣化當然是無窮的複雜，經驗知識無論如何多如何進步也不能窮得盡。雖不能窮得盡，但是「命」一觀念卻不是指陳這客觀的無窮複雜。因此，命這個觀念渺茫了，它究竟意指什麼呢？它落在什麼分際上呢？它落在「個體生命與無窮複雜的氣化之相順。

或「不相順」之分際上。這相順或不相順之分際是一個「虛意」，不是一個時間空間中的客觀。事實而可以用命題來陳述，因此它不是一個知識。就在這「虛意」上我們名之曰「命」。

「生」是個體之存在于世界，這不是命；但如何樣的個體存在就有如何樣的一些遭際（後果），如幸福不幸福，這便是命。「死」是一個有限的現實個體存在，這籠統的「不存在」不是命，在必然要不存在中如何樣地不存在，或夭折，或長壽，或得其天年，或不得其天年，在不得其天年中遭際什麼樣的偶然而致死，或遭水或遭火，或遭一塊降落的瓦片，這都是命。故曰：「生死有命，富貴在天。」生死是必然的，這不是命；但在必然的生死中卻有命存焉。人生中或富或貧，或貴或賤，或幸福或不幸福，這也有命存焉。「在天」即在「你個體如何樣地存在」中即函蘊你有如何樣的遭際。為何有這樣的遭際是無理由可說的，這是一個虛意，即此便被名曰命。因此便說為在天。此即王充所說的「用氣為性，性成命定」。由遭際而發生出的事件可以用命題來陳述，但為什麼在你身上有這遭際，而在他人身上沒有，這不是可以用理由來陳說的，這就是虛意的命。吃砒霜可以致死，這是可以用命題陳說的，但為什麼單單你在此時此地碰上了砒霜，這不是可以用命題陳說的。你說我不知道這是砒霜，我若知道一切境況，我可以避之而不碰上。但這不是你知不知砒霜之問題，而是為什麼單單你碰上了。你說我若知道一切境況，我若知道了可以不吃。但氣化無窮複雜，你不能盡知，因此，一切境況不能全在你的掌握中。即使你盡心知性知天，存心養性事天，以你大人的身分與四時合其序，與鬼神合其吉凶，你也不能沒有這些順不順的遭遇，你只能隨遇而安，而安之若

命。還是有命存焉，不過你能心境泰然無所怨尤而已。莊子「無憚化」即是想把這一切不能掌握的遭遇盡歸之于自然之化而只「循斯須」以乘之而轉，這乘之而轉，轉而無轉，即是「獨化」，此時「命」之義即被化掉。但這是一個「如如」的境界，儒家亦可有此境界。但到此境界，一切都無可說，不但「命」被越過，即正面一切東西亦被忘掉。可是若自修行過程上說，那些被越過被化掉的遭遇一個也未被消除，仍然顯原形而被浮現出來。

因此，命是修行上氣化方面的一個「內處的限制」之虛意式的概念，它好像是一個幽靈，你捉不住它，但卻是消極的實有，不可不予以正視。它首先因着「修身以俟」而被確立，其次因着孟子下文所說的「順受其正」而被正當化。此皆屬于「知命」，故孔子曰：「不知命無以為君子」。再進而它可以因着「天理流行」之「如」的境界而被越過被超化，但不能被消除。這個境界，孟子未說及，但未始非其聖人神化境界之所函。茲再歸于孟子之正文。

孟子說「夭壽不貳，修身以俟之，所以立命也」。這是說不論短命或壽考，皆不懷貳、心中搖動以改其常度，只盡其所當為以俟或夭或壽之自然之來臨，這便是所依以確立命限一觀念之唯一途徑。「不貳」之貳固有疑惑義，在此即是「心中搖動，不能守其常度，而離開了常度」之意。吾人平常所說的「懷貳」、「攜貳」即是此「貳」。荀子說「道過三代謂之蕩，法貳後王謂之不雅」，語中之「貳」亦是這個貳，即歧出而離開義。在此，即是命限一觀念之唯一途徑。「不貳」之貳固有疑惑義，在此即是「心中搖動，不能守其常度，而離開了常度」之意。吾人平常所說的「懷貳」、「攜貳」即是此「貳」。荀子說「道過三代謂之蕩，法貳後王謂之不雅」，語中之「貳」亦是這個貳，即歧出而離開義。在此，即是于常度有搖惑而不免有所改變，即岔出去而離開了常度。若是如此，則是因夭壽而貳也。這

便不知有命存于其中，所以也不能確立「命」一觀念。反過來，若能「不貳」，只修身以俟

之，便能確立「命」一觀念。「修身以俟之」即呼應「不貳」。「不貳」中所含之「不改常度」之意而

說者。「以俟之」中之「之」字是對應或殀或壽而說，即俟或殀或壽之自然之來臨。這明是

表示殀壽皆命，不應因殀壽而改常度。若能不因殀壽而改常度，只盡其所當爲，守其故常，

以德潤身。(修身)，以俟殀壽之自然之來臨，這便是你所依以確立命限一觀念之唯一途徑。

因爲或殀或壽既是命定，則你無論怎樣憂慮亦無益，即使你改變了常度以妄想期求或多方避

免，亦不能因而有絲毫助益，即不能因而于或殀或壽之命定有所改變。因爲「命定」一觀念

只屬「氣化」方面的事，于理方面不能說命定，只能說義理之當然。即使後來道敎經過修煉

期望長生不老，亦是有限度的，並不眞能長生不老，亦要羽化而登仙。還是要把軀殼脫掉

的。佛家了生了死，亦是從涅槃法身來解決，不是從「色身」來解決。色身無常還是不能免

的。即使圓敎法身有色，色法，色心不二，那亦是常色，不是無常色，是色之意義之轉化：一色一

香無非中道。色法，即如其爲色法而觀之，仍是生滅無常的。因此，在氣化上必然有「命」

一觀念。儒家卽于道德實踐上確立命一觀念。

生死中之或殀或壽只是命一概念之一例。其實現實生活中或吉或凶，或幸福或不幸福，

或富貴或貧賤，甚至五倫生活中之能盡分或不能盡分，皆有命存焉。是以孟子又說：

莫非命也，順受其正。是故知命者不立乎巖牆之下。盡其道而死者正命也。桎梏死

者非正命也。

一切莫非是命，人自當順而受之，不能違逆于命，即使你想違逆之，亦違逆不來。雖是如此，然于順受中亦當順而受其正當者。不應受其不正當者。受其正當者，其所受之命是「合理合道盡了所當爲」中的命，斯之謂「正命」。若受之而卻受了一個不正當的命，此便是「不合理合道而未盡其所當爲」中的命。既然有正不正之別，則正不正之如何表示須看是何方面的「命」而定。茲仍落在生死上說。生死雖有命存焉，但在此方面，知命者卻不因爲有命存焉，即立於危牆之下。康德于此名曰「理性無用」。盡道而死，雖就是要死，亦須盡道。盡道就表示理性有用。不盡道而死，則所受之命是正當的命。盡道而死，如死于拘禁械繫，戕賊以死，則是死于非命，是不正當的命。（桎梏死不必是犯罪，凡亂來以戕賊自己之生命皆是桎梏以死。縱欲敗度，放縱恣肆，行險僥倖，置一己生命於危地，不順適其生命，皆是桎梏以死。）

這是就生死而言。若擴大之，凡榮華富貴，欲望之所及，非我所能掌握者皆有命存焉，亦皆有正不正之別。是故孟子進而又說：

求則得之，舍則失之，是求有益于得也，求在我者也。求之有道，得之有命，是求無益于得也，求在外者也。

案此是說：你若去尋求，你就得到它；你若不去尋求，你就得不到它。這種求是什麼一種求呢？曰：這種求是「有益于得」的求。那方面的求是這種求呢？曰：在「我所能掌握的」這方面的求就是這種求。在我所能掌握的這方面的求所求的是什麼呢？這于文中未有明言。顯然孟子所隱指的就是仁義禮智之本心以及這本心所發的仁義忠信之德。就仁義禮智之本心言，你去求你就得到它，你若不去求你就得不到它，這是呼應告子篇上孟子所引孔子「操則存舍則亡」之語。就本心所發的仁義忠信之德言，這是呼應告子篇上孟子所說的「貴于己」的天爵。天爵與仁義禮智之本心都是我所本有的，都是我所能掌握者（在我者）。是故你若求之，你就得之，你若不去求它（舍之），你就得不到它（失之）。這是沒有任何限制可以阻止你的。你不能說這是我的力量之所不能及的。是故你若在這裏求，這種求就「有益于得」。你若在這裏不求，就決定無所得。這是「求〔之〕在我者也」（意卽這是我所能掌握者方面的求，亦卽所求者是我自己所本有的）。這顯然同于孔子所說的「我欲仁斯仁至矣」。只是在仁這方面始如此。我不能說「我欲富貴斯富貴至矣」。（斯）字卽「立之斯立，導之斯行，綏之斯來，動之斯和」之斯，是語助詞，「卽」義，「就」義。故孔子曰：「富而可求也，雖執鞭之士，吾亦爲之。如不可求，從吾所好。」「可求」是「可求而得」之意，「不可求」是「不可求而得之」之意，並不是說富貴根本不可欲求。求是可以求的，但求之而不必其得，是卽「求無益于得也」。此卽下聯之所說：

求之有道，得之有命，是求無益于得也，求在外者也。

案：此是說：你雖求之有道（盡其道而求——正求），但得不得仍有命，這種求是「無益于得」的求，這是「求〔之〕在外者也」（所補〔之〕字是虛繫字，非代詞）。「求〔之〕在外者」意即這種求是我所不能掌握者方面的求，亦即外于我非我所固有者方面的求，此如富貴，幸福不幸福等，即是外于我者，非我所能掌握者。這種求固不可妄求，即使求之有道，盡其道而求，亦不能決定其必得。因為道德原則于這方面之得不得，依康德詞語說，是綜和關係，非分析關係。若依孟子詞語說，即是「得之有命」；得或不得皆是「命」所決定，非道德原則所能決定。雖是命所決定，然「欲貴者人之同心也」，亦並非不可欲，惟須盡其道而欲。盡其道而欲是正欲，不盡其道而欲是妄欲。妄欲，即使得之，亦無價值，蓋違犯道德原則故。而何況即使妄欲，亦仍不可必得。是故無論正欲或妄欲，得不得皆有命，因為這根本是外于我而非我所能掌握者。

實踐理性方面是如此，思辨理性（知解理性）方面亦有類此之情形。康德說，純粹思辨理性方面所表現的那種辯證的假象是可以通過批判而得解消的。因為這些假象是由純粹理性自身而發，解鈴還得繫鈴人，是可以通過純粹理性之正確的使用而解消的。這是純粹思辨理性自身的事，不是「對象」的事，故不可藉口人之理性無能而推託，亦不可藉口人之知識有限而推託。關于「對象」者（在外者），是可以這樣藉口的；但關于純粹理性自身者（在我

者，此我是純粹理性自身之我）是不可以這樣藉口的。因此，這些辯證的假象是可以被解消

的，而且其被解消是必然的，不是或可試一試而已也。但是在這裏的可以解答者雖與實踐理

性方面之「求則得之舍則失之」相同，而關于對象方面者（在外者）之不能盡知，有些問題

不能解答，這卻不是「命」之問題，而是知識之問題。康德在這些方面都有清楚的交待。例

如數學與道德方面都是可以充分決定的，因為都是先驗的故。對象之超越方面者如上帝之存

在，靈魂之不滅等，是理性知識所不能及的。經驗科學中的對象方面是無窮複雜的，也是人

之知識所不能盡的。但純粹理性之背反是可以解決的，那些虛幻的假象是可以解消的，因為

這是理性自身之事，非關于「對象」者。這方面的問題，以前儒道兩家都未曾意識及之，佛

教依印度傳統曾有這些問題，但這是佛所不答的（佛于十四難不答）。康德的純粹理性之批判

正是費大力以解答之。這是讀哲學者所不能逃避的責任。蓋哲學家與聖人不同故也。數學方

面，儒釋道皆缺如，這是希臘傳統中所開發者，儒釋道在以前缺之，而在其向前發展中卻不

能不予以正視。至于經驗知識方面，中國雖未開出經驗科學，然于經驗知識之性格儒家是可以

贊許的。超絕方面，康德所說者是就基督教傳統而言的，然而其道理中國傳統是可以

王陽明說名物度數雖聖人亦豈能盡知之？人于見聞之知本是有限的，聖人無所不知是無所不

知個天理。不知能問就是天理。見聞之知之有無不是天理所能決定的。天理正是道德中之

事。于此方面，康德之所說完全同于孟子，而且他們都有充分之意識。求之在我者與求之在

外者之言何其若合符節也！此足見實理所在心同理同也。中西哲學會通之道亦于此得之矣。

命是道德實踐中的一個限制概念，必須被正視。道德實踐須關聯着兩面說：正面積極地說是盡心以體現仁義禮智之性，消極負面地說是克制動物性之氾濫以使其從理。在此兩面的工夫中都有命之觀念之出現，因此命亦須關聯着這兩面說。是故盡心篇孟子又說：

口之于味也，目之于色也，耳之于聲也，鼻之于臭也，四肢之于安佚也，性也，有命焉，君子不謂性也。

仁之于父子也，義之于君臣也，禮之于賓主也，智之于賢者也，聖人之于天道也，命也，有性焉，君子不謂命也。

這兩聯是性命對揚，意義非常顯豁，古人大體都能得之，惟近人無道德生活之體驗，只恃其理智的浮薄之知到處橫衝直闖，故不能了解，不惟年輕人根本無法捉摸（尤其于下一聯），即使年長者，甚至老師碩儒，亦不能了解。今之老師碩儒實只是民國以來之新知識分子根本不讀中國書者，晚年偶爾讀之，亦不得其門而入，只是穿鑿索解。是以處于今日，講孔孟義理之精微實倍感困難。須首先使其通文句，進而使其通義理，如此方可逐漸引之悟入。

性命對揚，依孟子，性有兩層意義的性。一是感性方面的動物性之性，此屬于「生之謂性」，孟子不于此言「性善」之性，但亦不否認人們于此言「食色性也」之動物性之性。另一是仁義禮智之真性──人之價值上異于禽獸者，孟子只于此確立「性善」。性既有此兩

層意義，是故在道德實踐中，于此兩層意義的性方面皆有命限觀念之出現。然而若性命對

揚，則輕重抑揚之間不可不知。是故孟子有如上兩聯之鄭重宣示，茲順通之如下：

口之于味方面皆喜歡美味，目之于色方面皆喜歡美色，耳之于聲音方面皆喜歡悅耳之音，鼻之于臭覺方面皆喜歡香味，四肢之于安佚方面皆無不悅安佚之舒坦以及觸覺之柔滑：凡此皆發自感性（動物性）之本性自然如此，無人得而否認，然而此中得不得卻有命存焉，你不可藉口說是性便可妄求，是故君子于此便不說是性，而重在命之限制。于此方面說是性，這于性之概念並無多大意義，只表示人之動物性自然如此而已。若特重此動物性之意義，則唯一的後果便是助長人之藉口而縱欲敗度，而已，是以君子在此重命不重性。（政治上使人皆有飯吃，內無怨女，外無曠夫，當然照顧到人之動物性之性，但亦不是要使你縱欲敗度。）

至于說到仁義禮智之義理之性方面，則仁之于父子方面之表現，義之于君臣方面之表現，禮之于賓主方面之表現，智之在賢者身上之表現，聖人之在天道方面之體。證；凡此等等皆有命限存焉，並非一往無阻皆能是全盡而無憾者。此固然也，但此中卻有性存焉，意即此等方面之事原是性分中所應當盡之事，你不可藉口說有命存焉，你便可不盡性分之所應當為去力求盡之而無憾。是以君子在此方面不重在命（不謂命也），而重在說性之不容已。

案前聯容易了解，此後聯便不甚容易了解，須要詳細說明。「仁之于父子也」意思是說「仁」在父子間之表現。這不是說仁本身（作為性之德之仁本身），而是說仁在父子間之表現。當然仁不只被表現于父子間，然而父子間之表現仁卻是最直接而親切者，也最容易使人有感受者。但為什麼說父子間之表現仁「有命存焉」呢？在正常的情況中，父母無不愛其子女，子女亦無不親其父母。在這裏說「命」好像很突兀。其實不然。這裏不都是十全十美的。有多少缺憾，每一個人都能存在地實知之，只因這純是骨肉之間的事，大家不願細說而已。父不得其子，子不得其父者多矣。（最古者如舜之與瞽瞍）。欲愛其子而無法成其愛者，欲孝其親而無法成其孝者，亦多矣。兄弟姐妹之間之友愛亦然。至于婚姻夫婦之間更有命存焉，此不待言。然不可藉口有命存焉，便可不盡其親親之實性。君臣間以義合，在這裏義之得不得表現，表現得有多少，這更容易被感到，這與能否「達則兼善天下」同一有命焉。但一旦處于其間，便不可藉口有命便不能盡禮亦然（此處稍輕）。是以程明道云：人于五倫有多少不盡分處！至于賢者間多不能相知，此亦氣質限之也。聖人都是體證天道者，但體證得有多少，以何方式來體證（耶穌之方式乎？孔子之方式乎？釋迦之方式乎？），這都有個體生命之限制。是故孟子總說云：凡此皆是命，但有性焉，君子不謂命也。這不是說仁義禮智天道本身是命，而是說它們之能否得其表現，表現得有多少，是命。它們本身皆是性分中之事。其本身，依前文，雖說「求則得之，舍則失之」，然于「得之」之中而在現實生活中表現之卻有命存焉，此是不同分際之義

理，不可不知也。

＊　　＊　　＊　　＊

命是道德實踐中一個嚴肅的觀念。只彼有道德實踐、于道德生活有存在的體驗的人始能

凸顯出這個觀念，其凸顯之也卽如凸顯罪惡之意識與無明之意識一樣。西方道德哲學家不曾

有這個觀念，因爲他們只是哲學地分析道德之基本概念，而不曾注意個人存在的實踐之工

夫。康德「實踐理性之批判」中的方法論實卽是一種工夫論，但他這一種工夫論只注意到訓

練人如何使其更接近于道德原則，與儒家愼獨操存之工夫相比實不可同日而語，因此，他亦

無「命」之觀念。儒家自孔孟立敎，講本體，（道德哲學中之基本原則）必函着講工夫，卽在

工夫中印證本體，卽在本體中領導工夫。依後者，工夫不飄浮而無根，而有本體

套懸空的理論，而是實理，因此，卽本體便是工夫。依前者，本體不空講，不是一

以領之，見諸行事，所有行事都是實事，因此，卽工夫便是本體。工夫與本體扣的很緊，永

遠存在地融一以前進，因此，得凸顯出命限一觀念。在此種實踐中，亦凸顯出「罪惡」之意

識與「無明」之意識。道德意識愈強，罪惡意識亦愈眞。于體現本體中，凡違犯本體之所命

令者皆是「惡」；稍有偏差而不盡如理者亦是惡。凡違犯本體而只利欲熏心者，其生命全是

無明；體現本體而不盡者，或有偏差或稍有偏差者，其中亦有無明作祟。全化盡無明者卽是

佛（究竟卽佛）；在過程中而根本未接觸至無明者，其第一步是理卽佛，第二步是名字卽

佛，第三步是觀行卽佛，第四步是相似卽佛；其已接觸至無明而未全斷者則爲第五步分眞卽

佛。究竟即佛是第六步，即最後一步也。此爲依佛家天臺宗六即位而說。儒家未有此等步位

之詳分，然在道德實踐中化除罪惡而至天理流行之境是一無窮無盡之歷程，雖是一無窮盡之

歷程，而亦可頓至之而非永不能至者（此兩者，並非矛盾須注意），因此，若方便分階位亦

可分之，劉蕺山即已作出其規路。即在佛家，六即位之分，甚至五十二位之分（十信、十

住、十行、十廻向、十地、等覺、妙覺），亦是大略分之，嚴格言之，亦是無窮無盡者，雖

是無窮無盡，而終可成佛，非永不能至者。（依西方基督教傳統而言，神聖乃永不能至者，

只可無限地向之而趣。）罪惡或無明之意識，說實了，都是實踐中由氣化邊事之障礙而顯

者。「命」亦是由氣化邊之限制（感性之限制、氣質之限制、遭遇之限制）而顯者。罪惡與

無明可以化除（斷盡），而命限則只可以轉化其意義而不能消除之。命限通于一切聖人，即

于佛亦適用。佛家有無明之觀念，而無命限之觀念。實則只是不意識及而已，理上並不能否

認之也。事實上，若一個體生命即九法界而成佛，十界互融而爲佛，凡所成者皆是圓佛，凡

圓佛皆是一，此一是質的一（法身之一）。若就其色身之色的成分（根身器界）而言，則必有

種種差異。此種種差異即是其命限，因此，必有種種形態之圓佛。雖色心不二（在圓佛中是

必然的不二），無常色亦可轉爲常色，然此是意義之轉化，作用之轉化，而色法之種種形態

之差別仍不能消除，只于其中無無明之執而已，此即天臺宗所謂「除無明有差別」。此種差

別即成了圓佛中的那不起障礙作用、順之而通的非命限之命限：差而無差，無差而差，命而

無命，無命而命，此即命可轉化而使之無碍（成爲正命）而卻不能消除之之意也。因此，命

之觀念即在佛家亦可適用。若在儒家，聖人是一，這也是質的一（亦如金子，一錢是金子，一兩也是金子，純金是一，這是質的一），然而卻有孔子與堯舜之別。以前人說堯舜萬斤，孔子九千斤。同是聖人，何以有斤兩之差？正因個體生命之氣稟不同故也。因氣稟不同而示現出命限之差，此無可奈何也。無可奈何而安之若命，然則命者即是你氣化方面所無可奈何。者。雖無可奈何，然而重性不重命，君子進德修業不可以已也。

西方道德哲學家無命之觀念，以不講實踐之工夫故也。基督教只神話式地講原罪，而無眞切的罪惡意識，亦以其有宗無教（只有一個空頭的上帝），主體之門不開，無愼獨之實踐工夫故也。一切都交給上帝來決定，這眞成了命定主義，亦無實踐上命之觀念乃至正命之觀念也。

因此，道德實踐中命之觀念是儒家所獨有者。此一嚴肅之觀念既不使儒家成爲命定主義，亦不使儒家成爲樂觀主義，而只使之成爲誠敬于「進德修業之不可以已」者。

命定主義是「理性無用」者，結果不是懶漢，就是亂來。西方宗教家看了儒家說人人皆可以爲聖人（孟子說爲堯舜），便以爲儒家是樂觀主義。其實儒家既不是樂觀主義，亦不是悲觀主義，因爲道德實踐之事乃是超越了那「可以用悲觀或樂觀字眼去說之」的問題。求之在我，求有益于得，則無所用其悲觀。知其爲無窮無盡，而又知其爲無窮無盡」的問題之上者。何以故？因爲它是一個「求之在我，求有益于得，而主觀上卻以爲無法達到或解決之之謂也。樂某種特定目的，或期望解決某種特定的問題，而主觀上卻以爲無法達到或解決之之謂也。樂

觀者則反是，儘管他亦不知如何解決之或達到之。因此，悲觀樂觀乃是對于無辦法的客觀之事之一種主觀的態度，這種態度不能用之于道德實踐之問題。因此，說儒家爲樂觀主義乃是無謂者。因爲他雖知有命存焉，卻不是命定主義，因此亦無所謂悲觀。

基督教認自己不能克服罪惡，一切交排給上帝，你得救不得救只有訴諸上帝來決定，這才徹底落于命定主義，因而亦是悲觀主義。結果只靠盲信（空頭的信即是盲信）來維持其激情利欲之生命，其激情利欲之生命所以不至使社會混亂崩潰者乃在客觀的社會制度（法治、民主政治）之制衡與疏通以及科學技術之不斷增進與不斷的解決問題。西方文化固有其精采，其精采即在此。宗教不能說沒有其作用，但其作用則只成消極的；積極的作用乃在科學，法制，與民主政治。因此，西方文化，整個以觀，有許多實點，只有一個點是虛點，即作爲人世之核心的道德實踐成了虛點，因爲是虛點，所以亦成了盲點。這裏既成了盲點，是故其宗教亦虛而不實。道德既盲，宗教既虛，是故科學技術與民主政治亦未能使社會達至其善成之境，此是西方文化之弊也。或者說，你們儒家既這樣重視道德實踐，使道德實踐成爲睜眼點，何以你們中國如此之殘暴？你們中國人又有多少道德實踐？答曰：此爲問非其類。因爲實理之本質既如此，你就當正視此作爲核心的實理之本質，至于某時某處有若何結果或成敗利鈍出現乃是第二義的問題或其他方面的問題，不能一概而論。因爲道德實踐固是文化之核心，然不是萬能的，即只是必要條件，而不是充足條件。

道德既成了盲點，如是人們便轉而迷信科學萬能，以爲科學知識若達到了某種程度，卽可解決一切問題，至此，亦無所謂命。此爲淺薄的理智主義者之愚妄，乃根本無道德生活之體驗者也。此不足言。

# 第三章　所欲、所樂與所性

孟子曰：廣土眾民，君子欲之，所樂不存焉。中天下而立，定四海之民，君子樂之，所性不存焉。君子所性，仁義禮智根于心，其生色也睟然見于面，盎于背，施于四體，四體不言。而喻。（盡心篇上）。

案「四體不言而喻」之四體，俞樾謂爲衍文，非是。此「不言」明是指四體說，不指人說。此句與易繫辭傳上「默而成之，不言而信，存乎德行」不同，此後者是指人說。「四體不言而喻」言四體不言而自能使人喻之，或自能令人曉喻——曉喻這是仁義禮智之流露于人之四體之動作（人之儀容周旋之際）。喻是自動詞。「不言而信」之信字亦是自動詞，不假言說而自能使人相信，蓋默成「存乎德行」，有德行作證，何待言乎？惟此「不言」是指人說，而此處之不言則指四體說。「四體不言而喻」亦如孔子言「天何言哉？四時行焉，百物生焉。天何言哉？」。天自不會言語，四體亦自不會言語，雖不會言語，卻可令人曉喻這卽是仁

· 159 ·

義禮智之流露或著見，當仁義禮智施于四體時。視爲衍文者是把四體之爲主詞改爲以人爲主

詞，視與「不言而信」同。然這裏明是言根于心之仁義禮智之生色；見于面，盎于背，施

于四體，都是仁義禮智之生色（著見），「施于四體，四體不言而喻」，同樣亦可說「見于

面，面不言而喻」，「盎于背，背不言而喻。」此皆甚顯然也，如何可說是衍文？作此說者

只知人可不言，不知于天亦可說其無言也。于天既可說其無言，于四體亦可說其無言也。

朱注云：「四體不言而喻，言四體不待吾××言，而自能曉吾意也。」此則根本不通。

案：此段文言所欲與所樂不同，而不管是所欲抑或是所樂，又皆與所性不同。此則層層進

顯——進顯價值之層級，以及最後進顯價值之標準，即進顯絕對價值。所欲與所樂，其價值

之不同是在級度中者，而所性之價值則不在級度中，此即相對價值與絕對價值之不同，有條

件者與無條件者之不同。

就所欲者而言，此欲是低級的。如欲榮華富貴，欲權力，此或大體可說是屬于感性的。

就政治統治而言，如廣其土地，眾其人民，這當然是君子之所欲，因爲人皆喜歡地廣人多，

這足以表示他之富有，又足以表示他所指揮者之多，所謂貴爲天子富有四海者是也。但若只

是如此，這並無多大道德上的價值，這只滿足人之感性欲望或權力欲望而已。因爲這只是利

己之私而無利人之公。是故君子可以欲此廣土眾民，但卻不以此爲眞樂。照孟子此處所言

之樂而言，樂必是較高于利己之私者，決不只是感性之滿足，即是說，所樂者必須有點道德

上的價值才行，吾人必進至于有利人之公之功德才可以說所樂。「中天下而立，定四海之

民」（人皆歸之而居天子之正位以安定四海之民使天下之人皆能安居樂業而各得其所）便是一種功德，即有功德于斯民也。這便于廣土眾民上加上了一點道德價值，故君子以王天下而有功德于斯民為可樂也。若不如此，即使貴為天子，富有四海，亦只能成得一個夏桀或商紂，只能滿足你感性的放縱，毫無功德于人民，故亦毫無價值可言。

但是所樂雖在此，所性卻不在此。因為這不是人人所可強求而得的，這是屬于「求之有道，得之有命，是求無益于得也，求在外者也。」這不是屬于性分中所必然有者，雖然人可樂有之。性分中所必然有者是屬于「求則得之，舍則失之，是求有益于得也，求在我者也。」君子所性（所以之以為吾人之性者）是在「求在我者」處建立。君子所以之以為其性者不在于其得志不得志。因為現實人生中之得志不得志是不可得而必的，故吾人必須先有不依于「不可得而必者」之可得而必者以為絕對自足之標準。因此，就此標準（所性）而言，人之得志不得志不是其行事之決定成分，亦不是此標準之決定因素。人就使是大行其道，處處順適，亦于其所性不能增加一點，就使是窮居陋巷，處處不得申展，亦于其所性不能減損一點。這是何故？這是因為你所以之以為性者所定之本分已經決定了之故，即你的本分決定你必須只有如此，就是定然如此的，決無其他交替之可能。什麼是你所以之以為性者而能定你的本分必如此呢？你所以之以為性者是根于心的仁義禮智。根于心的仁義禮智，或直說仁義禮智的本心，決定你必須順此本心而動而表現為仁義禮智之行。你只要如此而動而毫不顧及窮通順逆，你便有一具有絕對價值之人格，因此，你的窮通順逆皆不能于你的人

格價值有所增損。因為你如此而動是你的性體所定之本分就是如此的，你不能妄想于此可有任何交替之可能，這就是你的本分已經決定了是如此的。

君子所以之以為性者既是根于心的仁義禮智，則此根于心的仁義禮智之彰著于外（生色。或顯現而為可見者）不只是人之依此仁義禮智之原則而行，而且此仁義禮智既是根于心，或說它們就是仁義禮智之本心，是故此本心就是具體的真生命，不只是一個抽象的原則，因此，它必然要在形體生命處而為具體的著見。──著見于啟口容聲，著見于揚眉瞬目。這種著見，孟子說為「生色」，而其生色是這樣的，即「睟然見于面，盎于背，施于四體──四體不言而喻」。這意思是說：根于心的仁義禮智其彰著于一身也恰是這樣的，即：它清和潤澤地（粹然）著見于己身當前之面容（見于面），復清和潤澤地充盈于己身後面之脊背（盎于背），並亦清和潤澤地展布于四肢百體之動作，而四肢百體並不會言語，是故即使四肢百體無言而人們自能曉喻──曉喻其動作是仁義禮智之流露于人之儀容周旋之際，而人之儀容周旋亦無不是仁義禮智之著見。因為仁義禮智之本心是真生命，真生命自然有其周足、貫徹、流露、潤澤于實處（具體處）之力量。這種生色著見就是大學所謂「德潤身」，亦就是中庸所謂「誠則形，形則著，著則明，明則動，動則變，變則化：惟天下至誠為能化。」

以上所說就是依「君子所性」而說的德性人格之格範。這是每一人所必須如此而且亦能如此的，這是「求則得之，舍則失之，是求有益于得也，求在我者也。」

所性是與所欲所樂根本不同的。所性是無條件的必然，是人之絕對價值之所在，是判斷

行為價值之標準；依所性而行以成德是無待于外的，是我自己所能掌握的。所欲與所樂皆有待于外，不是我自己所能掌握的，而且得不得皆有命存焉。雖然人之道德實踐不排除所欲與所樂，然必「求之有道，得之有命」始可。廣土眾民是可欲求的，但必須求之有道，不是可以搶奪劫擄的；而且即使求之有道，亦不能保其必得，這是所謂「得之有命」者；即使無道妄求，亦不能必得，總有限制存焉。行險徼倖者亦不能保其所徼（徼）之倖必降臨也。即使你已得到「中天下而立定四海之民」（王天下），你也必須以所性之道德標準為必要條件始能如此。若無此必要條件，你卽使已得「中天下而立」，你也不必能安四海之民，四海之民終必「望望然而去之」，你所已得之「中天下而立」之地位亦必不能保。卽在此情形下，始顯出「王天下」雖是所樂者，然卻不卽是所性者之本身。顯「所性者」之本身正是為的要顯出一切其他有待于外的行事之判準。所欲所樂是被評判者。所欲所樂者正是這所性者之所評判者。所性是能評判者。（判斷之標準），所欲所樂必須預設所性為條件。這並不是說所欲所樂不重要或不是人生之所需要。是故所性並不存于（繫于）所欲所樂者之有無。所欲所樂都是有條件的，有待于外的。「王天下」是富貴之極，然富貴之極不必是幸福之極。是故盡心篇上：

孟子曰：「君子有三樂，而王天下不與存焉。父母俱存，兄弟無故，一樂也；仰不愧于天，俯不怍于人，二樂也。得天下英才而敎育之，三樂也。君子有三樂，而王

天下不與存焉。

案此三樂乃君子之所最重視者。王天下雖是富貴之極，亦可以藉之以表現德業或功業，固是君子之所樂，然卻不是君子之所最重視而珍貴之者，故不與于此三樂之中。君子何以重視此三樂而珍貴之？蓋以此三樂中之第一樂「父母俱存兄弟無故」是屬于天倫的；第二樂「仰不愧于天，俯不怍于人」是屬于修身的；第三樂「得天下英才而教育之」是屬于文化的：這都是最基本的，而王天下則只是政治的。王天下固重要，乃君子之所不廢，而且內聖必然函着外王之要求（雖在個別之人不能保其必得），然而總就人間文化整體以觀，輕重本末之間不可不知。

此三樂雖是所樂中之最基本的，然仍是所樂而不是所性。那就是說它仍是屬于幸福的。子女對于父母固不能期其長生不老，然正因爲不能長生不老，是故有生之年得長承歡膝下，享天倫之樂，總是最幸福的。父母之年不可不知，一則以喜，一則以懼；父母在不遠遊；養生不足以當大事，送死乃足以當大事：凡此云云皆足以表示「父母俱存」之不易得，得之必爲最幸福、最足樂者——此樂卽是天倫之樂。兄弟亦是天倫之一。兄弟之間無變故，常能和樂友愛，得享天敍之常，亦是天倫之樂。父子兄弟分屬天倫，乃親情之本，若于此而能得無憾，豈不是最足樂者？然得不得俱有命焉，故此天倫之樂亦屬于幸福者。

修身是修天爵之事。順性分之所命而行卽謂修身。修身卽在成德。然則此屬于「求在我

者」之事，何以亦屬于幸福？「求則得之，舍則失之」是一義，而「求則得之」得到什麼程度則又是另一義。在「得之」之經過中眞能無愧怍乎？此中亦有命存焉。苟非至聖人之境，皆不能言毫無愧怍也。卽使未臻聖人之境，若能在有限度範圍內，粗略言之，心安理得，便可說仰不愧于天，俯不怍于人。然愧不愧，怍不怍，雖屬盡其在我者，苟非至聖人之境，究隨時可有愧怍出現。是故在命限之中，一時之俯仰無愧實是最大之幸福，人生之至樂。蓋隨時可有愧怍，而我竟免于愧怍，此固由于意志之堅定，非純偶然幸致者，然亦由于主觀面之善根宿植以及客觀面種種條件之順適而足以助成此堅定，因此而得免于愧怍，卽此而言，免于愧怍是一種福。須知看得透忍不過而竟作惡事而有愧怍之苦者多矣。此卽其福緣薄而慳也。故此無愧怍之樂固是跟着心安理得而來，然而助成此心安理得者亦繫于氣命之順適，卽助成意志之堅定而于理無違亦有繫于氣命之所來。德之所在卽是福之所在。此福是成德中之主觀心境，卽自得自足之樂。此如斯多噶所說有德卽有福，此福無獨立的意義（被吞沒于德），然若自助成此德，照顧着氣命而言，則無愧怍之樂便是一種有獨立意義的福。推之，殺身成仁，舍生取義，固心安理得矣，然世之不能至此者何其多也！在此說一種心安無愧之理樂，固甚爲悲壯，然甘之若飴，究亦因有一種非凡之氣命而然也。自此而言，無愧怍是一種福，是難得之樂。此可曰悲劇之福，亦如言缺陷之美也。故無愧怍之樂總是君子之所最重視而珍貴之者。因爲一有愧怍，良心不安，便減低其人格之價值，雖貴爲天子，于我何加焉！故在現實人生過程中，必須重視此種樂，否則價值不立，人道不尊。最

高之圓善非可輕易言者，蓋此屬于圓教境也。此三樂中之第二樂最隣近于所性，然仍不是所性之本身，而是于體現所性中吾人之氣命之順適或不順適，能否助成行爲之無違于法則：順適者易有無愧怍之樂，不順適者不易有也。

至于第三樂「得天下英才而教育之」，其爲屬于幸福者更爲顯然。蓋育英才使其成爲眞才以有所擔當，不管所擔當者爲立德，爲立功，抑或爲立言，皆是凸顯生命之精英，促進人間之價值，而有助于參天地贊化育者。但自古有才難之嘆。才不才天也，英才否尤其是天。

既已是才矣，能否得而教育之，亦是天（遇合或緣會）。佛家言佛法難聞，遇佛亦有緣。無緣遇佛，則佛亦無從而渡之，是佛之渡眾生亦有緣也。這後面根本有一種生命之相契與不相契。相契者爲有緣，不相契者爲無緣。相契者是一種福，不相契者則爲無福。人生得一知己而可以無憾，人之相知貴相知心。是則相契知心，相勉以進德成才，乃人生之至樂，蓋得之不易也。此可名曰師友之樂。既知得之有命，故此樂亦屬于幸福者。

以上天倫之樂，無愧怍之樂，以及師友之樂，乃君子之三樂，最爲純淨而無私，故雖王天下亦不與焉。蓋因王天下只是政治的，一方既不能如此之純淨而無私，一方又專在一時之功業。其樂爲外部的，而功業之價值只是一時的。是故程明道云：「雖堯舜事業畢竟是堯舜事業，非幸得者，乃因有堯舜之德而然。」人可曰：堯舜事業畢竟是堯舜事業，非幸得者，乃因有堯舜之德而然。既因堯舜之德而然，則根本是在德，可以爲型範者是堯舜之德，而不是那一時之事業。事業早已過去了而爲陳迹。而何況王天下者不必皆有堯舜之德。卽使亦須有德，但爲政治功業所

限，其德遂亦爲種種條件所限，故不能如三樂之純淨，故其樂亦不能如三樂之根本而持久。

是則廣土眾民之可欲不及王天下之可樂，而王天下之可樂亦不及基本之三樂。基本之三樂極

鄰近于所性，然尙不是所性之本身，因有命存焉，故仍屬于幸福者。如此層層進顯，顯出

「所性」以爲一切價值之判準。

如識所以爲「性」者，則知盡性（率性而行）卽在成德。德者得也，將本有之善性體之

于己身之言行卽是德。大學云：「德潤身」，卽潤己身之言行也。孟子云：「君子所性，仁

義禮智根于心，其生色也粹然見于面，盎于背，施于四體，四體不言而喻。」「生色」以下

亦是「德潤身」，卽本心善性之被體現于己身之言行也。此則屬于「求之在我者也」。盡性

成德是屬于內聖之事，這是我之所能掌握者（求則得之，舍則失之）。所欲、所樂，乃至基

本三樂乃是「得之有命」者。（無愧怍之樂一般言之固是我所能掌握者，然盡至何度亦是得

之有命者，生命駁雜的人並不易得。）亦如盡性是我所能掌握者，然究極言之亦是得

有限制卽是有命，雖君子不謂命也。）旣是得之有命，故非我所能掌握者，是求之在外者

也。雖非我所能掌握，然亦君子所不廢，亦卽人生之道德施展上所必然要求者。然必須以德

爲條件，此卽所謂「求之有道」也。依儒者之敎，內聖必然函蘊着外王，因無隔絕人世獨立

高山之頂之內聖。然外王之事必以內聖中之德爲條件。（不是說先成了聖人才可以爲王。聖

人不必是王者，王者亦不必是聖人。內聖與外王的關係是綜和關係，不是分析關係。內聖必

然函蘊着外王，這必然是綜和的必然，非分析的必然。故只說外王之事必以內聖中之德爲條

件。）如是，吾人在此必須注意，卽，吾人不能因爲內聖必然函着外王，就說外王之可樂就

是所性，就是說，不能因爲外王之事必預設內聖中之德爲條件，內聖中之德亦存在于外王之

事中，便說外王之事就是所性。我們只能說外王之事是性分之所綜和地函蘊者，但不能說就

是性分之本身。凡所樂者（基本的三樂亦在內）都是性分之間接地綜和地所函者，而不是性

分之本身。性分之直接地分析地所函者就是成德。修天爵卽是性分（仁義禮智之心）之直接

地分析地所函者，「其生色也」云云（德潤身）亦然。修天爵而人爵從之，這「從之」便是

間接地綜和地從之。從「間接地綜和地從之」（卽間接地綜和地所函蘊者）這方面說，我們

甚至可有如孟子所說「萬物皆備于我矣，反身而誠，樂莫大焉」之境，甚至又可有如陸象

山所言「宇宙內事卽是己分內事」之境。但不可因此便說萬事、萬物皆是「所性」，只能說

萬事萬物皆是性分之間接地綜和地所函蘊者。「備」者卽是此種函蘊之謂。

　如是，吾人不能因爲所性是「求之在我者」，便認爲只是這「求之在我者」便已足夠窮

盡一切，而不須要求于所樂（幸福）；復亦不能因爲凡所樂者皆以所性者爲條件，便認爲所樂

者卽是所性。言所性者旨在成德，所性與德之關係是分析的；言所樂者旨在幸福，所性與福

之關係是綜和的。在此，吾人不能以分析的代或綜和的。所樂者以所性者爲條件，萬事萬物皆

以所性者爲條件，盡皆統攝于此條件下，這是綜和地備于所性者，不是分析地備于所性者。

我們不能因此綜和地備認爲萬事萬物都是所性。在此，我們不能以綜和的爲分析的。

　我們既不能以分析的代或爲綜和的，亦不能以綜和的爲分析的，是故所性與所樂是兩個

既獨立而又相關的概念——這相關卻是本末的相關。(相關即是綜和的相關——本末的綜和

之相關。)

如是,我們再進而言何以必要求于所樂。

所欲、所樂,乃至基本之三樂,總歸是屬于幸福者。然則何以必要求于幸福?幸福是屬

于「存在」(個體存在)之事,不屬于「理性」之事。就個人言,我既有此生(個體存在),

我即應保全之而使之暢遂。人不應自殺,即是「尊生保命」之義。「身體髮膚受之父母,不

敢毀傷」。父母全而生之,即應全而歸之。儒者以此為大孝。此亦是尊生保命之義。身體髮

膚都不敢毀傷,而何況自殺?(殺身成仁,壯士斷腕,是另一義,與此不同。)然尊生保命

需要種種條件。得之則為幸福,不得則為無幸福。保全生命既屬應當,故要求于幸福亦屬應

當。蓋幸福者所以資助生命而使之暢遂者也。故幸福屬于「存在」之事,既屬于存在之事,

則不能保其必得,是故得不得有命存焉。

就個人言需要幸福來資助其存在,就社會之全體言亦需要幸福來資助其存在。此不屬

于各個人之事,乃公共地屬于全體之事。故王天下足以從政治上使社會全體得到其生命之安

定而使之暢遂。王天下既有此功效,故王天下之可樂亦屬于幸福者,既是王者個人之幸福,

亦有利于社會全體之幸福。社會全體有此王者所致之幸福之必要,故王天下亦君子之所樂

也。王天下不是為自己之尊榮,乃是為全體社會之幸福。一夫一婦不得其所,若已推而納諸

溝中,此亦仁者之所不忍。故政治為必要,而王天下所成之事亦必要,此總歸屬于公共幸福

之事。至于誰能得此權位，或某個人之能得不能得，則有命存焉，故此亦屬于幸福者（屬個人之幸福）。

不論就個人言，或就社會全體言，其所需要之幸福皆直接屬于個體存在者，即有關于尊生保命者。至于基本之三樂則比較屬于精神生活者，亦即屬于較高級之幸福。天倫之樂依親親而定，是涉及父母兄弟之存在方面之限制者。無愧怍之樂依進德而定，是涉及個人自己之存在方面之限制者。育英才之樂依文化價值而定，是涉及能教育被教育雙方之存在方面之限制，故得之有命，因而亦屬于幸福。此種幸福亦是人生之所需要者。

總之，有存在，即有護持與滋長存在之幸福之要求。「存在」有獨立之意義，不可化除。

幸福亦有獨立之意義，不可化除。但人生有「存在」之實然，同時亦有「理性」之當然。「所性」即是屬于理性之當然方面者。幸福屬于「存在」之事，所性即屬于「理性」之事。道德是屬于所性者，故道德屬于理性之事。故道德亦有獨立之意義。就人生而言，依康德詞語說，依一切理性的存有而言（人亦是理性的存有之一），道德不但有獨立的意義，而且是一切價值之標準。康德說：『自然中每一東西皆依照法則以動轉。惟有理性的存有獨有一種「依照對于法則之想法，即，依照原則，以行動」之機能，即是說，它有一個意志。』（康德的道德哲學四二頁）。「自然中每一東西」即所謂「物」（自然物）。物只依法則（自然法則）以動轉，而無所謂原則。只有有意志的理性存有（人）始有原則。意志用原則

決定行動。其所用之原則有是假然的（有條件的），有是定然的（無條件的）。假然的中有是技巧的（技術的），有是精審的（屬於幸福者）。惟定然的則是屬于道德的。由定然的原則而引出的法則卽被名曰道德法則。依孟子，定然原則與道德法則皆由所性而發，決不能由經驗與幸福而立。故道德不但有獨立的意義，而且是一切價值之標準，其自身是絕對價值，是評判其他一切有價值的東西之標準。此完全是屬于理性的事。因此，「存在」（尊生保命）以及屬于存在者（幸福）固屬重要，但必須以道德爲本。

吾人雖有意志，而意志之原則必只是假然的（只是技術的與精審的兩種），而並無定然的（道德的）原則。因此，吾人之生命必因着假然的原則而交付給自然之因果法則，一切皆只是他律的、被決定的。因此，吾人雖有生命，雖有理智，雖有種種技巧，而並無自律之實踐原則，因此亦並無眞正的道德法則。因此，吾人雖有生命，雖有理智，雖有種種審思熟慮，最後總必只爲利害而打算。因此，吾人之生存在價值上總必與「物」無以異，並無高於「物」者，最後總必只依機械的自然之法則而動轉。然而人作爲理性的存有，總不只是這一層，他還有理性之一層（由所性而言的理性）。若只是「存在」之一層，而無「理性」之一層，則必成爲人自身之否定。是故「存在」雖重要，而所性之道德面亦必有其獨立的意義而不可被化除。故必總有「所欲有甚于生者，所惡有甚于死者」。

吾人不能因爲尊生保命重要，便說「所欲無甚于生，所惡無甚于死。」若眞是如此，則同樣，所性之道德面雖是絕對價值之所在，然存在亦有其獨立的意義而不可被化除，是

以幸福亦不能被化除。存在與幸福而被化除，則人即不復是人，而成爲神。神之存在是永存，不是吾人（有限存有）之存在。人之存在是偶然的，函着不存在之可能。神之存在是必然的，不在時間中，其不存在是不可能的。復次，神亦無幸福不幸福之可言，因而神亦無所謂「命」。是故就人而言，存在與幸福有獨立的意義，不能被化除。人既不只是「物」，亦不只是「神」，乃是神性與物性之綜和。

就人而言，所欲所樂之幸福與所性之德既兩不可化除，則此兩者必須關聯起來。其關聯不是對立並列之關聯，乃是隸屬之關聯，即本末之關聯。本末是就人生之價值意義說，不是就時間先後之實然說。價值意義之本末意即幸福必須以道德爲條件。不可逆其序而說道德以幸福爲條件。

這兩者之本末關係，就現實人生說，是綜和的。那就是說，德雖爲本，然有德者不必即有福；反過來，有福者當然更不表示其即有德。此兩者並不是分析此一個之概念便可得到另一個。然此兩者既皆必須被肯定，則雖一時有此不必有彼，然吾人總希望「兩者皆有」方是最好。兩者皆有而被綜和起來，康德名之曰「最高善」。「最高」有兩義，一是究極，一是圓滿。在此取圓滿義。因此，康德道德哲學中之「最高善」最好譯爲「圓善」，意即整全而圓滿的善。依孟子，天爵與人爵之綜和，所性與所樂之綜和，便是整全而圓滿的善。孟子對此未詳言，而康德詳言之。茲引康德之言以明其義：

「最高」可以或意謂究極（至上），或意謂圓滿。前者是那種條件，即「其自身不是被制約」的那種條件（是無條件的條件），即是說，「其自身不是隸屬于任何其他東西」的那種條件（即是最根源者）；後者是那種全體，即「它不是那同類的較大全體之一部分」的那種全體（即它是最圓滿或最整全者）。在分析部中已表示：德性（由于使幸福為有價值）是「那一切對我們顯現為可欲的東西」之究極條件，因而結果也就是說，是「一切我們的對于幸福之追求」之究極條件，因此，它也就是究極的善。（索此究極的善是分解地單指德性一面說。德性是使幸福有價值，是價值之標準，因而，是究極至上的善。）但是這並不函着說：它是整全而圓滿的善，即那「作為理性的有限存有底欲望之對象」的那整全而圓滿的善；因為這整全而圓滿的善也需要有幸福，這需要有幸福不只是在那「使其自己為一目的」的個人之偏面眼光中需要之，而且甚至也在一無偏的理性之判斷中需要之，此無偏的理性把一般說的各各人皆視為其自己即是一目的。因為「需要于幸福，而又值得有幸福（使幸福有價值），而同時卻又不去參與于幸福」，這不能與「同時具有一切力量」的理性存有「無所不能的理性存有──拜克譯」之圓滿意志相一致，如果為試驗之故，我們思議這樣一個存有時。〔如果我們只爲論證之故而認定這樣一個存有時。──依拜克譯。〕現在，因為德性與幸福合起來構成一個人中的最高善之所有物，而幸福之分配之「準確的比例于道德」（道德是一個人之價值，亦是他的值得

有幸福者）又構成一可能世界底最高善，是故這最高善即表示這整全的善，這圓滿的善。但是在此圓滿的善中，作爲條件的德性總是這極善者，因爲它沒有條件復在其上；而幸福，雖然它對于具有之者爲可欲悅，然而它卻並不以其自身即是絕對地善的並在一切方面是善的，它總預設道德地正當的行爲爲其條件。

（康德的道德哲學三五〇頁，實踐理性批判辯證部第二章首段。）

案依此文，德性之爲極善是善之標準。德性與幸福合起來而成的最高善（Summun bon-um），依其表示整全而圓滿的善而言，最好譯爲圓善。圓善（整全而圓滿的善）之所以爲圓善正因爲它應含有幸福（它亦需要有幸福）。這應含有幸福，需要有幸福，不只是依個人（即使其自己爲一目的的個人）之偏面眼光看起來如此，而且甚至依一無偏的理性之判斷而言亦然之，無偏的理性把一般說的各各人皆視爲其自己，即是一目的。前者如吾前文言就個人所言的需要有幸福；後者如吾前文言就社會所言的公共地需要有幸福，如王天下之政治上所致成者。此後者是純粹依無偏的理性而客觀地言之者。一切人，一切理性的存有，既需要有幸福，又值得有幸福。若需要有幸福，而又值得有幸福，卽無限存有之圓滿意志，去參與于幸福，這並不能與具有一切力量的理性存有之圓滿意志，（依康德即神的意志），相一致。（在此說無限存有只是爲由圓滿而論證上帝之存在之故而去假定之或去思議之，意即不能思辨地證實之。拜克譯爲「論證」較好，阿保特譯爲「試

驗」不顯明。所謂試驗蓋即以圓善試驗證實上帝之存在之意。）既從實踐理性上由圓善而去假定或思議一無限存有，則若需要有幸福，而又值得有幸福，這便圓滿不起來，因而亦與無限存有之圓滿意志不一致。無限存有之圓滿意志具有一切力量，當然能把某事圓滿起來，若任其有缺陷而不能圓滿之，這當然與神之圓滿意志相違反，即其意志是圓滿而又無力去圓滿某事，這便又不是圓滿的意志。在現實的人生上，人的意志處，雖需要有幸福，又值得有幸福，然而卻不必能得幸福，即不必能參與于幸福。此即是說，在現實的人生處，德與福之綜和關係不能保其必然，即不能保德福間的綜和連繫為必然的連繫（一如經驗不能保因果連繫為必然的連繫）。但是在無限存有之圓滿意志處，則能保此綜和為必然，即保此圓善為可能。無限存有能看到一切有限的理性存有之有德者，必能得其應有之幸福，即能保德福間的綜和連繫為必然，即能保此圓善為可能。是故只有一無限存有之圓滿意志始能保證圓善之真實的可能，即圓善之實現。在德福一致（準確的配稱）中，德與福雖是兩個異質的成分，然而卻又有一種必然的連繫，此只有靠「上帝存在」始可能。這是西方基督教傳統下的說法。但若依照中國傳統，則德福一致不靠上帝來保證，而此時之德福一致福（必能參與于幸福），因為祂創造了「自然」，祂能使自然王國與目的王國相配合，因而成為一上帝王國。在那兩王國之相配合中即含有幸福之分配之「準確的比例于道德」，即幸福之準確的配稱于道德。幸福與道德之準確的配稱即是上帝眼中一可能世界底最高善，即整全而圓滿的善。是故只有一無限存有之圓滿意志始能保證圓善之真實的可能，即圓善之實現。在德福一致（準確的配稱），則德福一致當然仍舊不是分析關係。然則它是什麼一當從圓教處說。依圓教說圓善之真實可能，則德福一致不靠上帝來保證，而此時之德福一致（準確的配稱）似乎也不好再說為綜和關係，它當然仍舊不是分析關係。然則它是什麼一

種關係呢？這頗不好說。此中有甚深微妙處。這必須俟圓教明白了，始可明白。以下我們先詳細介紹康德的說法，然後再依佛家天臺宗之判教先說明圓教之切義，依次及于道家之圓教，最後及于儒家之圓教。圓教明，則圓善亦明矣。須知康德之說法並非圓教也。

# 第四章 康德論善與圓滿的善

## I 善是實踐理性底直接對象——直接所欲之對象

道德底目標是善，而善繫屬于道德的行動，而道德的行動繫屬于善的意志，依孟子，是發之于性，是性分之不容已。康德名此「不容已」曰行動之必然，或亦曰實踐的必然。寬泛言之，目標可轉爲對象。康德用「對象」說。如是，可這樣表示，卽：屬于道德範圍內的對象是善與惡。「善」是所好者，惡是所惡者。所謂「好善惡惡是也」。用康德的詞語說，善惡是實踐理性底對象。善是依照一理性底原則而必然地被意欲（被渴望）的對象，惡是依照一理性底原則而必然地被避開（被厭惡）的對象。

實踐理性底對象與思辨理性底對象（卽知識之對象）不同。後者由經驗來供給，是外在的，不屬于行動。前者繫屬于行動，是通過意志之因果性而可能者。意志決定你去行動，行

動就是結果。實踐理性底對象即從這結果處說。是故康德云：

所謂實踐理性底一個對象之概念，我理解之爲這樣一個對象之觀念，即此對象，作爲一個結果。

此語，是通過自由而被產生爲可能者。因此，「成爲實踐知識底一個對象」，即如其爲如此而觀之，它只指表意志對于行動之關係，因着此行動，對象或此對象之反面可被眞實化；而「去決定某物是否是純粹實踐理性底一個對象」，這只是去辨識「意欲一行動」這「意欲之」之可能或不可能，因着此所意欲的行動，如果我們有所需要的力量時（此力量經驗必能決定之），某種一定的對象必可被眞實化。

（實踐理性批判分析部第二章首段，康德的道德哲學二〇六頁）。

案所謂「被眞實化」即是通過行動而被實現出來，不只是一個概念虛懸在那裏。是故實踐理性底對象必繫屬于行動，意志所決定的行動。行動即產生某種結果，此就是實踐理性底對象。是故此對象不是思辨理性（知解理性）知識之對象，即使說知識，亦是實踐的知識，是實踐的知識之對象。繫屬于行動，而行動由意志決定。但是意志之被決定至于行動，大分言之，可有兩路：一是以對象爲首出，空頭地以對象爲意欲之決定原則；一是以法則爲首出，以法則爲行動底決定原則。前者並不眞能表明實踐理性之對象——眞正地道德的善或惡者，

只有後者始能之。因此，康德繼上文又言曰：

如果對象被取來以為我們的意欲之決定原則，則在「我們裁決它是否是實踐理性底一個對象」以前，「它是否因着我們的力量底自由使用而為物理地可能的」這須首先被知道。（案如果事先不能知道此對象在我們的力量之內是實際上可以使之實現的，則它決定我們的意欲，使我們的意欲去意欲之，亦只是空意欲，因而它亦不能真是實踐理性底一個對象。）

可是另一方面，如果法則能先驗地被視為行動底決定原則，而因此，「一物是否是純粹實踐理性底一個對象」這判斷亦並不依待于與我們的力量相比較；這問題只是：是否我們一定意欲一「指向于一對象之行動」，如果這對象真是在我們的力量之內時。（案此種實踐理性之對象是為道德法則所決定，對象即是「法則決定你去行動」這種行動之所指向，而這種行動即是行善，實現一個善。這是孟子所說「求則得之，舍則失之」，是求有益于得也，是「求之在我者也」，是在我的力量之內的，故判斷善之為對象不必依待于與我們的物理力量相比較。）

因此，上說之問題（即一物是否是純粹實踐理性底一個對象這問題）只是關于「行動底道德的可能性」之問題〔因此，行動底道德的可能性是佔先的——依拜克譯〕，

因為在此情形中，那作為行動之決定原則者並不是對象，而乃是意志之法則。

因此，實踐理性底唯一對象就是那些屬于善者與屬于惡者之對象意謂依照一「理性底原則」而必然地被意欲（被渴望）的一個對象，屬于惡者之對象意謂亦依照一「理性底原則」而必然地要避開（被厭惡）的一個對象。「屬于善者之對象，一個人理解之為一個必然的意欲之對象，而屬于惡者之對象，則是一個人理解之為一個必然的厭惡之對象，兩者皆依一理性底原則而然。——依拜克譯」

（同上）。

案：若法則決定行動（作為行動之決定原則），則「一物是否是純粹實踐理性底一個對象」，此中所謂「物」當即是所謂「事」。「物」是很鬆泛的說法。行動即是按照道德法則去作某件事。吾人即以此某件事作為純粹實踐理性之對象，對象亦是很鬆泛的詞語。如陽明所謂「意在于事親，事親即是一物」。以此為物即以此為對象（以此為意之所在，亦即為意所指向者），吾曾名此曰「行為物」。此種物或對象純由內出，亦即純由內。「事親」是行為。此種物或對象純由內出，亦即純由內決。這只是行動之道德的可能性之問題（亦可說為道德的行動底可能性之問題）。

若對象決定行動（作為意欲之決定原則），則外在的對象為首出。此對象或是自然物，或是由物上生起的自然事件。此等物或事件引起我們的感性的欲望，由感性的欲望發為行動以去取得此物或事；而我們之這樣行動亦是事，亦可為意欲之對象，亦可曰「行為物」；但此行為

物是由外引起者，而此行爲所欲取得之物或事亦是外在者。凡此皆不由自主，皆是求之或欲之在外者也。在此情形下，實踐理性之對象——所欲之善與所惡之惡是無定準的，而且必以苦樂爲準。凡引起快樂者爲善，引起痛苦者爲惡；而苦樂之感純是主觀的，各人不同。如是，行動之道德的可能性（或道德行動之可能性）即無可能。即使以「存有論的圓滿」（此爲純理性所默識者）來規定善，這也是以對象爲首出，也不能決定道德行動之可能性。康德說：「存有論的圓滿這一概念無疑是空洞而不確定的，因而對于我們在這可能的實在之無邊廣野中去尋求那適合于我們的最大綜集（最高實在）亦是無用的；復次，在想特別去分清我們現在所要說及者之實在與每一其他實在之不同上，它亦不可免地要落于兜圈子中，它不能避免默默預設它所要去說明的那道德。」（康德的道德哲學八十九頁）。以存有論的圓滿規定善既空洞而不確定，由此以言道德亦是他律道德。康德進而又說：『縱然如此，它還是比神學的觀點較爲可取，首先，因爲我們對于神的圓滿並無直覺，我們只能從我們自己的概念中（其中最重要的就是道德之概念），把神的圓滿推演出來，這樣，我們的說明必陷于一惡。其次，如果我們想要避免這惡劣的循環，則所剩下給我們的那唯一神的意志之概念便是一個「以欲求榮耀與統治這種欲望之屬性而造成」的概念，並且是一個「與可怕的威力和報復之觀念相結合」的概念，而凡建築在這基礎上的任何道德系統皆必直接相反于道德。』（同上）。由神的意志之絕對圓滿來引申出道德亦是以對象爲首出，亦是他律道德，既落于循環中，亦直接相反于道德。

如是，凡以對象爲首出，無論最低的以苦樂爲準，或較高的以存有論的圓滿爲準，或最高的以神的意志之絕對圓滿爲準，皆是他律道德，不能建立眞正的道德原則——自律之原則。眞正的道德原則（決定行動之原則）必須以法則爲首出，由此以決定實踐理性之對象，決定什麼是善，什麼是惡，這是有定準的。凡依無條件的命令而行者卽是善的行動，凡違反無條件的命令者卽是惡的行動。善由自律的道德法則來決定，不是由外面的對象來決定。康德這一步扭轉在西方是空前的，這也是哥伯尼式的革命。但在中國，則先秦儒家孟子早已如此。

道德的善以道德法則來決定。凡依道德法則，無條件的命令，而行者卽是善。並沒有一個現成的東西叫做善擺在那裏以決定我們的行動，以便使我們的意志去意欲之，意欲之而發爲行動以取得之以使我們的行動可爲道德的行動。凡憑空從外面去決定善者，他決不能知道究竟什麼是善。在此情形下，善決無法被規定，而道德亦決無法可講。是故康德云：

如果善之概念不是從一先行的實踐法則而引生出，但反之，却是用之以充當實踐法則之基礎，則此善之概念只能是這樣的某種東西之概念，卽「其存在足以許諾快樂因而並足以決定主體之因果性以產生此快樂，那就是說，其存在足以決定意欲之機能」這樣的某種東西之概念。現在，因爲「要想先驗地去辨識什麼觀念將被伴以快樂，什麼觀念將被伴以痛苦」，這是不可能的，所以「要去找出那根本上或直接以

地是善或惡的東西」，這將只有依靠于經驗。主體底特性（單只涉及此特性，此經驗始能被作成）是苦與樂底情感，此情感是一「屬於內部感取」的接受性；這樣，只「快樂底感覺與之相連繫」的那東西必卽基本上是善者，而那「直接地引起痛苦」的東西必簡單地卽是惡者。但是，因為這一說法甚至相反于語言之使用，語言之使用將快樂與善區別開，並將苦與惡區別開，而且要求善與惡總是為理性所判斷，因而也就是說，為那「共通于每一人」的概念所判斷，而不是為那「限于個人主體以及個人主體之感受性」的純然感覺所判斷；又因為縱然如此，快樂與痛苦也不能與任何先驗對象之觀念相連繫，所以那「認其自己被迫着必須以快樂之情感為其實踐判斷之基礎」的哲學家必將叫那「為樂快之工具」的東西曰善，而叫那「是不樂或痛苦之原因」的東西曰惡，因為「基于工具（手段）與目的之關係」的判斷確然是屬于理性的。

但是，雖然單只是理性能夠辨別工具（手段）與目的之連繫（這樣，意志甚至亦可被規定為目的之機能，因為目的之總是意欲之決定原則），然而那從上面所說的「善只是一工具」之原則而來的實踐格言必不能含有任何「其自身為善」的東西以為意志之對象，但只含有某種「對某物為善」的東西以為意志之對象；善必總只是有用的，而「善對之為有用」的那個東西必總是處于意志之外，那就是說，處于感覺中。現在，如果這作為快樂感覺的那東西真要與善之概念區別開，則在此情形下，必無什麼「根本上或直接地是善的」東西，善只能在對某種別的東

西即某種快樂為工具中被尋求。

（實踐理性批判第二章，康德的道德哲學二〇八頁）。

案：若善之概念由先行的實踐法則而引生出，這便是以法則為首出。若以善之概念作為實踐法則之基礎，這便是以對象為首出。這種扭轉正合乎孟子之所說。

康德是從義務之分析入手，由此悟入道德法則，無條件的命令，以及意志之自律與自由。他是環繞這些詞語來建立他的「以法則決定行動」的道德哲學。孟子是從「仁義內在」之分析入手，由此悟入仁義禮智之本心以建立性善，由此心覺性能發仁義禮智之行。仁義禮智之行即是「順乎性體所發之仁義禮智之天理而行」之行。天理（亦曰義理）即是道德法則，此是決定行動之原則，亦即決定行動之方向者。天理從性發，不從對象立，即是仁義內在，內在是內在于心，即內在于性，本心即性也。心創闢地湧發仁義禮智之理，即是心悅理義，亦即康德所說之「意志之立法性」。「心悅理而行」即是吾人之義理之性。

之性，他當然能發義理之行。此在以前名曰「性分之不容已」。「不容已」即是義不容辭，人既以此為其義務，因此，人必然能踐履義務。只要其本心性能一旦呈現，他即能有義理之行。其本心性能必然能呈現乎？曰必然能。蓋豈有既是心而不活動者乎？豈有既是性而不呈現者乎？其所以一時不呈現者只因私欲利害之雜間隔之。故孔子曰「操則存，舍則亡」；孟子曰：「求則得之，舍則失之，是求有益于得也，是求之在我者

「性分之不容已」即是義務從性發，

・184・

也。」人是必然能有仁義之行的，亦即必然能修其天爵的，蓋因其仁義之心必然能呈現故。此是孟子之思路，在此層上，孟子比康德爲圓熟而有力，蓋因康德無孟子之心性義並不以「意志之自律」爲人之性故，而自由又爲設準故，又不能說「心悅理義」故，實踐之動力不足故。（詳見拙譯實踐理性之批判中之諸案語）。

仁義之行就是善，這是實踐法則所規定的。這樣意義的善就是純德意義的善，絲毫無有私利底夾雜；亦曰無條件的善，不是爲達到什麼其他目的之工具。如孟子所說往救一將入井之孺子不是爲要譽于鄉黨也，不是爲納交于孺子之父母也，不是爲惡其聲而然也。這便是無條件的純善。依康德，這純善就是實踐理性之對象，亦就是所謂德。好善即是好此德，惡惡就是去掉那有私意者。人只應依無條件的命令而行，其他決不應顧及，即使得不到幸福，亦應如此行。善惡是實踐理性之對象，禍福不是實踐理性之對象。幸福固亦是人之存在上之所需要者，但一方面它是得之有命者，一方面它又必須是以純善之德爲條件者。然則綜和德與福兩者使它們之間有一種準確的配稱關係，以成爲德福一致，這德福一致之圓滿的善是否也是實踐理性之對象呢？康德答曰是。但是這圓滿的善之作爲對象與上說無條件的純善（極善）之作爲對象，其意義並不相同。茲進而詳細說明之。

## II　圓滿的善是實踐理性之對象

康德說德是無條件的純善極善，但這並不表示說它是整全而圓滿的善，即「作爲理性的

純德之善（例如天爵）是吾人的意志通過一種行動，即通過其「依照無條件的命令而決

分析關係。現在，且就其爲綜和關係分間的關係是綜和關係，並非同一概念之

並是其所追求之終極目的，然事實上在現實人生中是很難得到的，縱或可能偶一得之，然亦

不能保其必可得。因此，我們先籠統地說德福兩成分間的關係是綜和關係，並非同一概念之

人生中常是不能一致的，不但不能一致，且常相違反。因此之故，圓善雖是實踐理性之對象

在內，而幸福之得不得不必，是故它亦非我所能掌握者。因此，圓善中德福兩成分在現實

于「我欲仁斯仁至矣」者，是「求之在我者也」，是我所能掌握的。前者因爲包含有幸福

但是圓滿的善之爲實踐理性底對象與純德之善之爲實踐理性底對象並不相同。後者是屬

不必詳舉。

者，因爲圓善不是一個經驗的概念。康德表示「圓善是實踐理性之對象」的話頭隨處有之，

旣是先驗地給與于意志的對象，它當然就是實踐理性底對象。圓善所以是先驗地給與于意志

對象是先驗地給與于意志的，此即最高善。（圓善）是。（同上頁一二八）。整全而圓滿的善

序文中說：上帝之理念與靈魂不滅之理念是道德地決定了的意志之應用于其對象之條件，此

九）。這是明說圓滿的善（圓善）是純粹實踐理性之對象與最後目的。他在實踐理性之批判

「作爲純粹實踐理性之對象與最後目的」的圓善之概念，它可以引至宗教。（同上頁三七

旣是理性的有限存有底欲望之對象，它當然是實踐理性之對象。他又說：道德法則通過那

有限存有底欲望之對象」的那整全而圓滿的善（康德的道德哲學頁三五。）整全而圓滿的善

定去行動，這種行動，而為可能。這行動對所想的幸福而言就是一個原

因，它當然有一種結果與之相連。但是這結果卻不一定就是幸福。行動須用着我的個體存在

即四肢百體去行動。在我的個體如此這般去行動之時即在我的個體存在上有一種影響，這是

分析地必然的。這影響或是與我的個體存在（即心身之具體狀況）相順適而有助益──助其

調暢順適，或是不相順適而相逆違以使之處于極端困苦之中。此蓋因為我的個體存在在其自

身是一套機栝，與純德之行完全異質而異層──前者是實然的，後者是應然的。價值上之應

然不一定能與自然之實然相符合。如果相符合而使個體存在（實然）能順適調暢，這便說爲

是幸福，如果不符合而使個體存在不順適調暢而處于困境之中，這便不是幸福。「純德之

行對于個體存在有一種影響」這是必然的，但是「這影響是幸福」卻不是必然的，而實是偶

然的。但是幸福卻必須從個體存在上說。因此，在個體存在上，德與福底綜和結合是一偶然

的特稱命題，即存在命題。它既是一特稱命題，則它的反對面不結合而與禍（苦）結合也是

可能的，這可能仍然是一偶然的特稱命題。兩者既都是特稱命題（即I與O），則它們兩者

可以同眞而不能同假。因爲純德之行雖與或禍或福爲異質，然純德之行卻決不是個體存在之

毀壞，即卽是說，決不是自殺。（縱使在非常之時殺身成仁，這亦不是自殺。）既不是自殺，

則德與禍苦之結合雖可能，然決不是否認個體存在，自然亦決不能成一全稱命題。若成一全

稱命題（E），則德與福之偶然結合（I）便不可能。若此而不可能，則圓善亦不可能。但

吾人既肯定個體存在（尊生保命），否認自殺爲合理，是故雖一時不必能有福，德福之結合

為偶然，但因純德之行可使吾之存在更有價值，故吾人對此作為特稱肯定命題（I）的德福偶然結合可期其為一必然的結合，即期望德與福之結合為一全稱肯定命題（A），此則為實踐理性所許可，即是說，圓善實可為實踐理性之對象與終極目的。當此對象由可能（與實踐理性不衝突）而至實現時或至有一根據使之為真實的可能時，則德與苦之偶然結合（O）便不可能，因A與O為矛盾故，而德與苦之必然結合（E）更不可能，因A與E不能同真故。

因此之故，在個體存在上，德福之結合雖是偶然的，因而德與苦之結合亦是可能的，因此，如若不從德說起，單只禍福相對而觀，則禍福俱無憑，你也可以說：「福兮禍所依，禍兮福所依。」但若從德說起，有德以冒之，則理性上吾人只能期望德之間有必然的結合，而不能期望德苦之間有必然的結合，蓋因為此為非理性故。因此，雖說「福兮禍所依，禍兮福所依」，然而吾人決不能憑此語而說行善行惡都無所謂，蓋這樣說便只是自然主義故。吾人必須站在「應然」之立場將禍福統屬于行動（由意志決定之行動），而期望行善向福走，行惡向禍走。縱然禍或福之自身皆可引致其反面，所謂「塞翁失馬焉知非福」，然而我們總期其皆隨行動轉。普通所謂「禍福無門」，又所謂「匹夫無罪，懷璧其罪」，既是自招，則行善理性上自然向福走（致福），不能向禍走，雖事實上有時不必有福，因為善肯定他人亦為目的，有成全性故；行惡理性上自然向禍趨，不能向福趨，雖然事實上不必有禍，因為惡否定他人，有破壞性故。因此，在現實人生過程上，只要堅心行善，

則雖一時不必有福，而且即使受點苦，倒反而能致更大的福。下引孟子語爲證：

故天將降大任于是人也，必先苦其心志，勞其筋骨，餓其體膚，空乏其身，行拂亂

其所爲，所以動心忍性，增益其所不能。（告子篇下）。

案此承「舜發于畎畝之中」云云而來，順通如下：

是故上天要想把一種大任賦給這個人，它（祂或她）必須先困苦這人的心志（下文所謂困心衡慮），辛勞這人的筋骨，饑餓這人的體膚使其四肢百體皆在凍餒之中，空乏這人之一切所需使其一無所有（所謂孑然一身，所謂貧無立錐之地），並于這人之行事皆使之背戾不順以惑亂其所爲。天之所以如此磨練之乃因爲：蓋如此，它便可使這人能煉動其心，使其心有所警覺，並可使這人能耐住其性（不管是氣性、才性、或義理之性）使其性能忍受種種拂逆，不因拂逆而被沉埋或被放失，于種種拂逆之中仍能放光而有所表現（仍能發德行之純正），如是，它便可對于這人之平素所無能以爲之者，因磨練而增益其能力，使之更能爲之。（「增益其所不能」不是增益他的所不能爲者使之更不能爲。若如此，便成大悖。）

案「忍性」，忍者耐也，如耐性、耐煩之耐，是「忍住而能勝任」之謂。耐性是耐住性子而

能勝任或當得起種種拂逆之挑戰，不隨便跳起來（浮躁）。耐煩是能耐受麻煩之困擾而有辦

法處理之，或順通以化解之。

又案「動心」之動是竦動義，竦動函着警覺。此與「四十不動心」中之動或不動完全不

同。該處的「動」是搖動義，不動是不搖。此處的動是竦動警覺義，朱注不誤。其例證是

「舜居深山之中，與木石居，與鹿豕遊，其所以異于深山之野人者幾希！及其聞一善言，見

一善行，若決江河，沛然莫之能禦。」「居深山之中」與「發于畎畝之中」並無差別。惟在

此處重在說處境之貧困，而在「居深山之中」處，則重在表示舜有聖人之資，故能一覺全

覺。最與此處相同的例證則是盡心篇上：「獨孤臣孽子，其操心也危，其慮患也深，故達。」

這就是此「動心忍性增益其所不能」之諦解。此處下文言「困于心，衡于慮，而後作（作者

與起義）」，所謂「動心忍性」即「困心衡慮」也。雖困心衡慮，然而不搖動，此即含着忍

也、耐也。由磨練而能作。若不能忍，則是下劣之輩，經不起考驗，是棄才

也。即使有才，有心，性，亦須有待于磨練，始更能放光。

「性」如指氣性、才性說，亦須磨練挫折方能成爲眞氣性，眞才性。氣質之性亦須磨練

挫折方能變化之而使之正。如孟子所謂本心卽性之義理之性亦同樣須生活之磨練挫折方能使

之更放光而發德行之純亦不已。能經得起磨練挫折而能盡你的性便是有才。否則是無用之

輩，是所謂「棄才」也。（棄是廢棄之棄，所謂報廢）。「才」是生命之強度，是天生之

資。無論對應那一種性說，總有與之相應之才。對義理之性說，性是一，才有等級，故性之「表現」有差度。對氣性才性說，才有等級，性亦有等級。

康德亦說：

一善的意志之為善，並不是因為它所作成的或所致生的而為善，亦不是由于它的適宜于達成某種擬議的目的而為善，而乃單是因着決意之故而為善，那就是說，它是其自身即是善的，而且以其自身而論，它是被估價為比它在偏愛任何性好中，不，甚至在偏愛一切性好之總集中所能做到的高過甚多。縱使有這樣情形發生，即：由于幸運之特別不眷顧，或由于繼母般之虐待惡遇，這意志必完全無力去完成其目的，即使盡其最大的努力，它亦仍毫無所成，此時只剩下了一個善的意志（此善的意志確然並非只是一願望，但却是能聚集我們的力量中的一切工具的意志），縱然如此，它也好似珠寶一樣，必仍以其自己之光而照耀，好似一在其自身即有全部價值者。（康德的道德哲學頁16）

康德是說「善的意志」自身為絕對的善。這是說本體。至于說到這本體之呈現，亦須有磨練挫折。幸運不眷顧，繼母般之虐待，都是磨練。康德在此不說工夫之磨練，只說縱有此虐待，亦無損于其自身，又康德亦不視此「善的意志」為吾人之性——義理之性。

告子篇下接上引文又云：

人恒過，然後能改；困於心，衡於慮，而後作；徵於色，發於聲，而復喻；入則無法家拂士，出則無敵國外患者，國恒亡：然後知生於憂患死於安樂也。

此當順通如下：

人常歷試於過錯之中而心感不安，然後始能精進不息，期於改之而無過。（孔子曰：過則無憚改，過而不改斯為過矣。）

人常有難解之疑困惑於其心，使其心不安（困於心），然後他始能憤悱振作，有所興發而至通達。

人於事理必微驗之於形色，發之於聲音，然後他始能通曉而明徹之。（佛家所謂聲聞，孔子所謂「託諸空言不如見之行事之深切著明」，陽明所謂事上磨練，凡人皆須如此，不限於中人。）

就一國言（在當時諸侯有國），若內而無有法度之大夫（在當時大夫有家，故法家之家即是有法度之大夫）與能輔弼之賢士，外而無敵國之對抗與外患之警惕，則此國必流於悠忽恬嬉而終致於魚爛而亡。

由此等等觀之，可知人實是生全屹立於憂患之中而常枯萎敗亡於安樂之際。

案：「生于憂患死于安樂」，此是一實踐上的原則，亦可視作一警戒之格言，表示人必須于缺陷之中精進不息，必須在困苦中奮鬥，必須在事上磨練，必須在有對抗上警覺（于國于人皆然）。憂患即孟子「作易者其有憂患乎」之憂患，即所謂憂患意識，是好的意思。「憂辱」是壞的意思。孟子離婁上云：「苟不志于仁，終身憂辱以陷于死亡」。安樂有好壞兩義，此處是壞的意思，即「宴安酖毒」之意。因此，此處之生死是實踐中對于生命作價值之判斷，是就人之價值生命之成壞而言，不是就自然生命之自然的生死而言，是由上文正面說的改、作、喻，以及反面說的亡。而賅括成的。故生死二字是就改、作、喻、亡而言的，不是泛論自然生命之生死，故知是指實踐中價值生命之成壞而言。屬于實踐中價值生命之成壞是此生命之立得起與立不起的意思，亦是此生命之生全（朱注語）屹立與枯萎敗亡的意思。立得起即是生，立不起即是死。此生死是實踐中價值之判斷。當然，立得起亦不表示自然生命之永不死，但可以提攜自然生命而使之歸正並使之一代一代繼續下去。立不起亦不表示自然生命立刻即會死亡，但價值生命立不起，自然生命可順其自然而泛濫以至加速被淘汰。自然生命之生死雖與價值生命之存亡有關係，然而其自身總是另一會事。

故此一原則並不是獨立地泛論自然生命之生死之原則。生死二字在此是有所特就而言的，是有分際之限制的，即就改、作、喻、亡而言者。若明其分際之限制，而說：「實踐中人之價值生命之成壞端視乎有無磨練的警覺而定」，則這便是人生一獨立的普遍實踐原則。孟子由「舜發于畎畝之中」歷歷說下來，正在指點此原則也。這是由生活之體驗而啟發出的。後

來張橫渠于西銘中亦說：「富貴福澤將厚吾之生也，貧賤憂戚庸玉汝于成也」。前句是幸福，後句是沒有幸福。但這無幸福之困心衡慮正是一種磨練，因此而可以「玉汝于成」，亦即孟子所謂「生于憂患死于安樂」之義也。富貴福澤若有德以提之是「厚吾之生」，若無德，則亦是「宴安酖毒」也。故福必以德爲條件，而若動心忍性，堅心行善而不搖動，則雖貧賤憂戚亦必終致于福。但這終致于福在現實上仍不可得而必，也許只是成德價值之增大，而不必眞有配稱于德之幸福。「玉汝于成」亦然，「玉成」也許只是玉成你的德，而不必能使你眞有福。如是，在孟子與橫渠所說之情形中，福也許只是德之別名，並無獨自的意義。

「生于憂患死于安樂」與「玉汝于成」這種普遍的實踐原則也許只是一種警戒與鼓勵你堅心成德，而「配稱于德」之幸福雖仍不可得而必。如是，那圓滿的善雖可能（即由德福之間的I命題可期望一A命題，此爲實踐理性所許可，因而亦爲實踐理性之對象與終極目的），然而仍無保障——保障其眞實的可能，保障其必然。儒者在以前不甚措意于此。如是，吾人仍就康德所說之圓善而思量此問題。

康德說：

## III 康德論圓滿的善

在最高善（圓善）中（此最高善對我們而言是實踐的，即是說，是因我們的意志而

成爲眞實的），德性與幸福被認爲是必然地相結合的。因此，這一個設無其他一個附隨之，它便不能爲純粹實踐理性所認定。（索拜克在其「康德實踐理性批判之疏解」二四五頁中說：「最高善之概念決不是一個實踐的概念，而是理性底一個辯證的理想。」案此語可怪，決非康德意。）

現在，這個結合（亦如每一其他結合一樣）或是分析的，或是綜和的。它不能是分析的，這是已經表明了的；因此，它必須是綜和的，更特殊地言之，它必須被思議爲是原因與結果之連繫，因爲它有關于一實踐的善，即那「因着行動而可能」的一個善；因此，結果，或者幸福底欲望必須是德行底格言之動力，或者德行底格言必須是幸福底有效因。第一種情形是絕對不可能的，因爲如在分析部所已證明的，格言，卽把意志底決定原則置于私人幸福之欲望中的那些格言，畢竟不是道德的，亦沒有德行能夠基于它們之上。但是，第二情形亦是不可能的，因爲在世界中原因與結果底實踐連繫，作爲意志底決定之成果看，並不依于意志底道德意向，但只依于自然法則之知識以及「爲一個人的目的而去使用這些法則」的物理力量；結果，我們不能因着對于道德法則之小心翼翼的遵守（最拘謹的遵守），便在世界中期望那「適合于最高善（圓善）」的幸福與德行間底任何必然的連繫。

現在，因爲最高善之促進（此最高善之概念含有這種連繫，卽幸福與德行間之必然連繫）是我們的意志之一先驗地必然的對象（目的），而且是不可分離地附隨于道

德法則。所以前者（最高善之促進）底不可能必證明後者（道德法則）之假。因

此，如果最高善不是因着實踐律則而為可能的，則「命令着我們去促進最高善」的

那道德法則必亦被引至徒然無益的空想的目的，因而結果亦必須是假的。〔因此，

如果最高善是依照實踐規律規律而為不可能的，則命令着「最高善必須被促進」的

道德法則必須是幻想的，是被引至于空洞想像的目的的上去，因而結果亦必須是固自地

假的。——依拜克譯。案此譯較佳。〕

（康德的道德哲學三五四——三五五頁。實踐理性批判辯證部第二章 I 實踐理性底背反。）

案以上康德文原爲一整段，茲方便分爲三段。首說「在圓滿的善中，德性與幸福被認爲是

必然地相結合的，因此，這一個設無其他一個附隨之，它便不能爲純粹實踐理性所認定。」

這句話是單就圓滿的善說。若只就純德意義的「極善」說，則德卽使無福以隨之，亦可爲

實踐理性所認定。惟福無德以隨之，則無論如何總不能爲實踐理性所認定，雖可爲感性或氣

質之性好所認定。

次說，在圓滿的善中，德福間的必然結合或是分析的，或是綜和的。它不能是分析的，

它必須是綜和的，意卽它必須被思議爲是原因與結果之連繫，因爲它有關于一「因着行動而

可能」的實踐的善（卽圓善）。「因着行動而可能」，此中之行動，是原因，而幸福是結

果。結果隸屬于原因，這隸屬之關係是綜和的連繫而又是一必然的連繫，只如此方是一圓滿

概念之分析所能分析得出者。因此，在現實世界中，德行這個原因與幸福這個結果之實踐而

供養所需之物資有所知。至于幸福，吾已說它是屬于個體生命之存在之事，這並不是由德行

孝，此孝行之德之實現須靠溫凊定省之動作以及供養之誠敬，並須對于父母身體之狀況以及

行動不能不靠個體生命底動作。動作，依康德，就是現象。例如事親之

的連繫亦日必然的連繫。德行是由于依照道德格言而行而成者。是故雖是德行，亦須行動。

果。此兩者因着行動而被連繫起來，故曰實踐的連繫；因為在圓善中被連繫起來，故此實踐

原因與結果底實踐連繫，作為意志底決定之成果看，並不依于意志底道德意向，但只依于自

此，「福無獨立的意義。」何以故此後者就德福之關係為綜和言亦不可能？蓋『因為在世界中

善）」的幸福與德行間底任何必然的連繫。』案康德此長句前半句中的諸詞語須諦認。在

對于道德法則之小心翼翼的遵守（最拘謹的遵守），便在世界中期望那「適合于最高善（圓

然。此之知識以及「為一個人的目的而去使用這些法則」的物理力量；結果，我們不能因着

分析的，因此，德無獨立的意義，此更不對）。後者亦不可能，但不是絕對不可能，只就綜

效因。」前者根本不可能。（伊璧鳩魯屬此前者，但他不知德福關係為綜和的，但只視之為

而馳的相反主張：「或者幸福底欲望是德行底格言之動力，或者德行底格言必須是幸福底有

的善。此種必然的連繫，若不慎審諦視，只籠統地平看，則它便于實踐理性上發生一種背道

和言不可能。（斯多噶屬此後者，但他亦不知德福關係是綜和的，而只視之為分析的。因

圓滿的善中，德福間的關係既為原因與結果式的綜和關係，則德行便是原因，幸福便是結

必然的綜和連繫這個成果並不是意志之道德意向所能決定，須靠自然法則之知識（溫清定省之動作，供養所需之物資，父母身體之狀況，以及有關于存在的那幸福，皆有自然法則存焉）以及為達目的而使用自然法則之物理力量（須有足夠的物理力量，否則德福俱不能實現，而其必然連繫亦不能完成）來決定。既然如此，則只嚴格遵守道德法則決不能期望在現實世界中便有德福間的必然連繫這種成果。在現實世界中，德福間也許可能有一種偶然的連繫，即吾所謂 A 命題。既然如此，則「德行」之格言是幸福之有「效因」，如斯多噶之所主張者，在現實世界中，自無可能。他之所以認為可能，是因為他把德福關係看成是分析的，只是偏面的純德意義之極善而已。

而已，因此，其所謂最高善決不是圓滿的善，而必然的連繫所成的圓滿的善完全不可能，則最後「命令着我們去促進圓滿的善」的道德法則必落空，意即無實效而只成幻想，只是虛假的東西。因此，最後，康德說：「因為含有德福間的必然連繫的那最高善（圓善）之促進是我們的意志之一先驗地必然的對象（目的），而且是不可分離地附隨於道德法則的，是故前者。

但是，若異質的德與福這兩者間的綜和而必然的連繫所成的圓滿的善完全不可能，則最（最高善之促進）底不可能必證明後者（道德法則）之假。因此，如果最高善不是因着實踐規律而為可能的，則命令着我們去促進最高善的那道德法則必亦被引至徒然無益的空想的目的，因而結果亦必須是假的。」案此中所謂「道德法則之假」，這個假字是虛假義，幻想義，落空而無實效義。 康德直說為「假」（false），容易使人生疑，至少不合普遍使用此

字之用法。其實只是虛假義。但是，這幾句，康德說的總不甚周足。人們可說：道德法則只命令我們行善，並不必涉及幸福；因此，圓滿的善並不必是實踐理性之對象，而「圓滿的善之促進」亦不必是意志之一先驗地必然的對象（目的），亦不必是不可分離地附隨于道德法則。這樣說當然很夠英氣，在扭轉一關上是可以的，但這究竟並非了義，亦非究竟義，只是權法，非實法。因此，必須說明以下三義：第一、道德法則之實行必須涉及幸福，雖一時不必得，甚至今生亦不必得，但在理性上必須涉及，否則無法尊生保命，亦無法增長個體生命之圓滿發展與價值，而行善必無福，因此行善必等于自毀。但行善不是自毀，行善可以助成個體生命之發展與價值。行善終必有福，雖一時不必能得福。因此，我們必須首先說明「道德法則之實行必須涉及幸福」這必然性。第二，再說明在現實世界中，道德法則之實行偶然地屬不可能，然而I命題所表示之偶然連繫必須可能。卽在現實世界中，道德法則之實行偶然地與幸福相連繫必須可能。因為道德法則之實行這個行動必于個體生命之存在有或順或逆之影響，決不能證明其只有逆而無順，當然亦不能證明其只有順而無逆。或順或逆既兩可，不相矛盾，則I命題必須可能。此而可能，而行善又不是自毀，則由I命題期望一A命題亦必須可能，為實踐理性所允許。因此，第三，A命題所表示的德福間的必然連繫卽圓滿的善必須可能，而其促進亦必須是我們的意志之一先驗地必然的對象（目標），而且是不可分離地附隨于道德法則者。因此，圓滿的善之促進必須可能。否則那命令着去促進之的道德法則必虛假而無實。由此進而可說：圓滿的善之促進既可能，則此圓滿的

善本身亦必須可能。若此而不可能，只是一妄想，則命令着我們去促進之的那道德法則豈不是被引至一徒然無益的空想的目的上，因而這道德法則豈不是虛假而無實？此足反證圓滿的善必須可能。

但是圓滿的善之可能不能只在現象界（感觸界）被期望。吾人必須在智思界中尋求其可能性之根據。

康德說知解理性有它的背反，實踐理性亦有它的背反。一派說：追求幸福產生一有德性的心靈。另一派說：一有德性的心靈必然地產生幸福。此是實踐理性之背反。康德說：『前者是絕對地假的，後者不是絕對地假的，但只在「德性被看成是感觸界世界中的因果之一形態（意即被看成是感觸世界中的一種因果性）」這一限度內，它才是假的，因而結果也就是說，只在「我設想感觸世界中的存在是一理性的存有之唯一的一種存在」這限度內，它才是假的。因此，它只是有條件地假的。但是，因為我不只是在想「我在一智世界中當作一智思物而存在」為有據（為正當），且甚至在道德法則中，我對于我的因果性（感觸世界中的因果性）復有一純粹理智的決定原則，因此之故，所以「心靈底道德性（意向底道德性——拜克譯）作為一原因對于幸福（作為感觸世界中的結果看的幸福）」必定有一種連繫，這並非是不可能的，而這連繫如若不是直接的，猶可是間接的，即通過一睿智的「自然之創造者」而為間接的，這連繫不但是間接的，而且亦是必然的。可是在那「只是感取之一對象」的一自然之系統內，這種結合（連繫）除偶然地發生外從不能以其他方式

而發生（意卽只能偶然地發生），因此，這種結合對最高善（圓滿的善）而言，並不足够。

（康德的道德哲學三五六頁，實踐理性批判第二章Ⅱ實踐理性底背反之批判的解答。）

依康德這段話，我們可知「追求幸福產生一有德性的心靈」絕不可能（絕對假）。但「一有德性的心靈必然地產生幸福」卻不是絕對地假，而是有條件地假。此卽是說，只要德行底因果性（亦可說因着行動而表示的德性底因果性）只是感觸界中的一種因果性時，它才是假的。德行是現象，屬于感觸界。德行作原因它能產生一種結果（幸福），此卽是德行之因果性，也卽是德行作幸福作果這因與果間的綜和連繫。若把這連繫只視爲感觸界中諸現象之連繫，則「有德性的心靈必然地產生幸福」這當然是假。蓋因爲從德行裏面分析不出幸福來，而今你說「有德性的心靈必然地產生幸福」這層意思，康德又換另一種說法來表示之，卽：如果理性存有底存在之行動只是感觸界中的現象，並無智思界中的超越原則以決定之，是故德福之間並無必然的關係。斯多噶那個主張只在感觸界中的諸現象間想，並未在智思界中找其可能之根據。但是，依康德，作爲一理性存有的我之存在不只是感觸世界中的一種存在，而且想「我在一智思界中當作一智思物而存在」這也是甚有理據而正當的。而且不只如此，「且甚至在道德法則中，我對于我的感觸世界中的因果性（卽德行行動之因果性）復有一純粹理智的決定原則（卽以無條件的命令作原則來決定你去行動）。因此之故，所以心靈底道德性

（意向底道德性）作爲一原因（智思界中的原因）對于幸福（作爲感觸界中的結果看的幸福）必定有一種連繫，這並非是不可能的。而這連繫如若不是直接的，猶可是間接的，即通過一睿智的自然之創造者而爲間接的，而且抑又有進者，這連繫不但是間接的，而且亦是必然的。可是在那只是感取之一對象的一自然之系統內，這種結合（連繫）除偶然地發生外，從不能以其他方式而發生，因此，這種結合（即偶然的結合）對最高善而言，並不足夠。這明是說德福間的綜和而必然的連繫（即幸福之準確地比例或配稱于德行）只有靠智思界中的上帝（自然之創造者）之存在而可能。在感觸界之自然系統內決無可能。

因此，康德繼上而言曰：

這樣，不管「實踐理性與其自己」底這種表面的衝突，最高善（圓善）總是一道德地決定了的意志之一必然的終極目的，因而亦是意志底一眞正的對象；因爲它（最高善）是實踐地可能的，而意志底諸格言（此等格言，就它們的材料說，它們涉及此最高善）亦有客觀的眞實性；此客觀眞實性開始爲那顯現于因著一般的法則而成的「道德與幸福這兩者之相連繫」中的背反所威脅，但是這種威脅只由于誤想而生，因爲諸現象間的關係已被誤認爲是「諸物自身對于這些現象」底一種關係。

（康德的道德哲學三五六——三五七頁）。

案圓滿的善雖因兩派相反的主張而錯誤地被處理，處理的不得當，因而顯示出實踐理性自身之衝突，然而它總是道德地決定了的意志之一必然的終極目的，眞正的對象。它是實踐地可能的。

其可能如吾前文之說明（依道德法則而決定的行動對于個體存在必有一種正面的影響，相順的影響，由Ｉ命題期一Ａ命題必可能）是可理解的。在其可能中，意志底格言有其客觀的眞實性。此時意志底格言，就其材料說，即就其內容說，必涉及圓滿的善，即涉及德福之結合。如果德全無福以隨之，或福之隨之全無可能，則意志之格言（決定意志之原則，就其材料說涉及圓滿的善者）必落空而無客觀的眞實性，一如康德前面說：如若圓滿的善不可能，則這必證明命令着去促進圓滿的善的道德法則爲虛假。但如伊壁鳩魯與斯多噶那樣的主張，圓滿的善必不可能，因而意志底格言，就其材料說涉及圓滿的善者，亦無客觀的眞實性。因此，康德說：「此客觀的眞實性開始爲那顯現于因着一般的法則而成的道德與幸福這兩者之相連繫」。案此句中「因着一般的法則」一片語是形容「道德與幸福之相連繫」者，吾原譯誤置爲形容幸福者，當照改。此句是說涉及圓滿的善的意志底格言所應有的客觀的眞實性開始爲那背反所威脅，那背反即是顯現于「德福連繫」中的背反，而此德福之連繫乃即是因着一個一般的法則而成。案此所謂「一般的法則」似當說爲一般的規律或原則，此則較好。如伊壁鳩魯以「有德即有福」爲原則（爲規律），以此原則而達成德福之連繫；斯多噶以「有福即有德」爲原則（爲規律），以此原則而達成德福之連繫。這樣，便有背反。所謂「一般的法則（原則）」即是未能精簡諦審而自智思界說行動之法則

（原則），但只在感觸世界中的現實生活上而說之。只如此而說之，便只藉賴着一般性的原則而去連繫德與福，這樣，便有背反發生。意志底格言，就其材料說涉及圓滿的善者，其客觀的實在性開始即爲此種背反所威脅。但是康德說：『這種威脅（拜克譯爲這種困難，即由背反而成的困難）只是由于誤想而生，因爲諸現象間的關係已被誤認爲是「諸物自身對于這些現象」底一種關係。』案此語說的別扭而隱晦。依康德，德福間的必然關係是一種綜和的必然關係，而且須由智思界對于感觸界之關係而視之。行動固屬感觸界之現象，行動之因果性而至于幸福亦屬感觸界之現象；但是決定這行動之決定原則却是純粹理智的，因此，屬于智思界，而作爲一理性存有的「我」之存在亦不只是屬于感觸界之存在，而且亦屬于智思界而當作一智思物而存在，當作一「我之在其自己」而存在。這樣拉開，便無背反，而圓善可能。正如在純粹思辨理性處，「自由」與「自然」如同屬于一感觸界中之主體，則必衝突，而自由不可能；如拉開而屬于兩界，則無衝突，而「自由」一理念可能。是故圓善之可能本屬智思界中的理性存有之爲智思物對于行動之爲感觸界之關係，而康德說爲是「諸物自身對于這些現象底一種關係」。此處所謂「物自身」即指我之在智思界中爲一「智思物」，爲「我之在其自己」而言。本當如此實說，而康德却用「物自身」一泛語而說之，因此，看起來很難理解。圓善既是如此，而伊壁鳩魯與斯多噶却只視之爲感觸界中的現象之關係，以爲這樣，圓善即可能。這實是一種誤認。故說他們是把現象間之關係（在此圓善不可能）誤認爲是「智思界中的智思物（我之在其自己）之對于那作爲現象的行動之關係」（只

在此圓善始可能）。這種說法是別扭的，而又把那所誤認成的說成是「物自身之對于現象之關係」，故既別扭而又隱晦難解（因為物自身一詞語太泛故，又是認識論中之詞語故）。實當該這樣說：把「圓善于其中不可能」的關係視為「圓善于其中可能」的那智思界中的智思物（我之在其自己）之對于作為現象的行動之關係誤認為「圓善于其中不可能」的那感觸界中的諸現象間之關係。這樣倒過來說方順適而顯明。何以當這樣說，看下文卽明。

當我們見到我們自己被迫着走得如此之遠，卽走到與一智思世界相連繫那麼遠，以去尋求最高善（圓善）之可能時，（此最高善，理性把它呈現給一切理性的存有以為一切他們的道德願望之目標），則以下之情形必似乎是奇怪的，卽：縱然我們走得如此之遠以尋求最高善（圓善）之可能，而古今哲學家却自以為已能見到幸福之準確的比例于德性，卽使在今生（在感觸世界中的今生）亦能見到之，或至少他們自信他們已意識及之，這一點必似乎是奇怪的。（康德的道德哲學三五七頁）。

案此明說圓善只能在與智思世界相連繫中始可能，而圓善中「幸福之準確地比例于道德」這種準確的比例或配稱亦只有在智思界中肯定上帝（自然之創造者）之存在始能保證之——保證其眞實的可能。然而古今哲學家（伊壁鳩魯與斯多噶自亦在內）却自以為在感觸世界中的

今生即能見到之，至少已能意識及之，此則甚可怪也。所謂「在感觸世界中的今生即能見到之」意即在感觸界中作爲現象的德行行動之因果性中即能見到之。據此即可知上面之改說爲正當。

康德於「實踐理性底背反之批判的解決」這一段中，最後作結束云：

依對于純粹實踐理性底背反這種解決，隨之而來者便是：在實踐原則中，我們至少可以思議「道德底意識與作爲道德之結果的那相稱的幸福之期望這兩者間的一種自然而必然的連繫」爲可能，雖然並不因此可思議隨而即可說：我們能知道或覺知（理解）。另一方面，隨之而來者亦可說：幸福底追求之原則不可能產生道德；因此，道德是極善（圓善底第一條件），而幸福則構成圓善底第二成分，但是只當它是道德地被制約的，然而卻又是前者（即道德）底必然結果時，它始能是圓善底第二成素。只有依此隸屬關係（即幸福隸屬于道德這種隸屬關係），圓善始是純粹實踐理性底整全對象，此對象，純粹實踐理性必須地思議其爲可能，因爲實踐理性命令着我們去把我們的力量貢獻給「此對象（圓善）之實現（眞實化）」貢獻至最高度。但是因爲「被制約者（有條件者）與制約之之條件底這樣的連繫之可能性」完全是隸屬于事物之超感性的關係，而且它不能依照感取世界底法則而被給與，雖然這個理念底「實踐的後果」，即「意在于實現圓善」的那些行動，是屬

于感取世界的，因爲是如此云云，所以我們想努力去建立那可能性之根據，卽第一，就那直接存在于我們的力量之中者，第二，就那不存在于我們的力量之中者（雖不存在于我們的力量之中，但理性却可把它當作『我們的無能——無能于那「依實踐原則而爲必然的」的「圓善之實現」，這種無能之補充』，而呈現給我們），就此兩方面去建立那可能性之根據。（康德的道德哲學三六三頁）。

案此段話中有些詞語須點明。第一，德福間的自然而必然的連繫雖可能，然不因此卽可說：我們能知道或覺知（理解）這種連繫。依康德，有直覺的地方，始可說知。但圓善不是可直覺的，故于此不可說知道或覺知。卽使方便地說知之，亦是實踐地知之，而不是知解地（思辨地）知之，故此知無實義。實踐地知之只是依實踐原則而思議其爲可能，亦實是依實踐原則而來的誠信，一如上帝存在與靈魂不滅之爲誠信。第二，德福間之自然而必然的連繫（卽制約者與被制約者間之連繫）完全是隸屬于事物之超感性的關係，且不能依照感取世界之法則而被給與，雖然實現圓善之行動屬感取界。此卽是說，德福一致不是可直覺的，不是感取界中的關係，而是超感性的關係。因此，其真實的可能性必須轉至超越域而求超越者來保證。因此，第三，我們想努力就那直接存在于我們的力量之中者這兩方面而去建立其可能性之根據。所謂「直接存在于我們的力量之中者」當卽指在尊敬法則以努力使我們的心意符合道德法則中肯定靈魂不滅而言。尊敬法則云云是我們的力量

所能者，而靈魂不滅之肯定卽是那直接存在于我們的力量所能者之中者，卽在我們的力量所能者之中，肯定之，雖然不能思辨地證明之。至于那「不存在于我們的力量所能者」者當指肯定上帝之存在而言。上帝存在不存在于我們的力量所能者之中，但我們卻必須肯定之——肯定之以保證圓善之眞實的可能，以補「我們之無能于圓善之實現」這種無能。就靈魂不滅之肯定而言，我們期意志之神聖性，完成圓善中純德一面；就上帝存在之肯定而言，我們期德福一致之保證，作爲我們的無能于圓善之實現之補充。由此兩者始足以建立圓善底可能性之根據。

# 第五章　康德論圓滿的善所以可能之條件

圓滿的善中德福間的必然連繫（如因與果間那樣綜和而必然的連繫，必然的隸屬關係）是超感性的關係，而且不能依照感取世界底法則而被給與，因為它是屬於意志因果的事。因此，圓滿的善在現實的人生中，在感觸世界中的今生中，是得不到的，縱或偶爾得之，亦不能保其必得。但是圓滿的善既是道德地決定了的意志之一必然的對象，而促進之使其實現又是此意志之一終極目的，是故它必須是可能的。但是我們必須在智思界中尋求其可能性之根據。我們之這樣尋求其可能性之根據可從兩方面想。

第一是從我們的努力方面想。　我們的努力是努力於成德，即力求我們的心靈或意向之完全符順於道德法則。心靈之完全符順於道德法則即為道德的善，此是圓善中德一成分之所基。但吾人有感性，吾人之作意常不能符順於道德法則，即或偶爾符順之，亦常不能完全符順之，更不能永遠無疵地符順之。完全而且永遠無疵地符順之是圓善之最高條件，此是純德

意義的極善或純善；而此極善或純善便是意志之神聖性。（亦曰生命底神聖性或道德品行底神聖性）。可是此一神聖性，吾人的現實意志不能具有之。因此，吾人必須在一無限的進程中具有之，因而亦必須需要吾人的生命之無限拉長，而此無限拉長則有待於「靈魂不滅」之肯定。力求「心靈之完全符順于道德法則」或力求「生命之神聖性」，求之以為行為之模型而向之而趨，這是我們的力量之所能者。現實的人生雖總不能完全無疵地符順于道德法則，但是以之為模型而向之而趨，這總是可能的，即在今生亦是可能的，且是必然的。是故這是我們的力量之所能。只是若想完全無疵地符順於道德法則，這便需要生命之無限拉長，因此，便需要有靈魂不滅之肯定。是故靈魂不滅之肯定便是那「直接存在于我們的力量之中」的事，雖這肯定只是一個設準，一個需要。這需要是直接就我們的力量之所能者而說，故說它是直接存地肯定存在于我們的力量之中的事。（孔子說「我欲仁斯仁至矣」。「我欲仁」是我的力量之所能者，但是「我欲仁」是否是完全無疵地欲，而「仁之至」是否是圓滿無偏地至，這卻有問題。照康德說，你是能欲仁的，而仁亦可在你的「欲之」之中能有一點呈現，但你是否能完全無疵地純依道德法則而欲仁，而仁是否能在你的「欲之」之中圓滿無偏地呈現，這卻有問題，這或許只能在一無限進程中始能可能，而此便需要有靈魂不滅之肯定。這肯定便是那「直接存在于我之能欲仁之能力中」的事。平常說「我之能欲仁」是我的力量之所能者，也就是接存在于我的力量之中者。但是康德在這裏是進一步說靈魂不滅之肯定是存在于我們的力量之中者。這當然是依基督教的傳統說。若就儒家中者，不是說「能欲仁」是存在于我的力量之

言，即使在「是否完全無疵地欲」這一問題上亦不涉及靈魂不滅這一設準。說完全無疵的欲

在「無限進程」中可能可，說它「頓」時可能亦可。兩者並不衝突。）

第二是從圓善所以可能之根據即那保證圓善之可能者方面說。德福一致既是超感性的關

係，不是感觸世界中所能有者，然則誰能保障其可能？曰：只有上帝（自然之創造者）能保

之。上帝之存在是我們的力量之外者。圓善中，德是屬于目的之王國者，福是屬於自然王國

者。這兩王國底合一便是上帝王國。因此，唯人格神的上帝這一個體性的無限存有始能保障

德福一致。因此，在此問題上，我們必須肯定「上帝之存在」。靈魂不滅之肯定使圓善中純

德一面爲可能，因而亦主觀實踐地或偏面地使圓善爲可能者；而上帝存在之肯定則是客觀而

完整地使圓善爲可能者。以下引康德文分別說明「靈魂不滅」與「上帝存在」這兩個設準。

## I 靈魂不滅

康德論靈魂不滅爲純粹實踐理性之一設準云：

「圓善底實現于世界」是那「因着道德法則而爲可決定的」的一個意志之一必然的

對象（目標）。但是在這樣的意志中，「心靈與道德法則之完全的相符順」是圓善

之最高條件（究極條件）。因此，「心靈之完全的符順于道德法則」必須是可能

的，恰如此意志之對象（案即「圓善之實現」這一對象或目標）之爲可能的，因爲

· 211 ·

「心靈之完全的符順於道德法則」是包含在「促進此對象（圓善之實現）」之命令中。現在，「意志之完全的符順于道德法則」就是神聖性，神聖性這一種圓滿，沒有感觸世界中的理性存有能夠在其存在之任何時（在其有生之日）具有之。縱然如此，但是因爲它被要求爲「實踐地必然的」，所以它只能被發見于一無限的進程中，即「朝向那完全的符順而趨」的無限進程中，而依據純粹實踐理性底原則，去認定這樣一種實踐的進程以爲我們的意志之一眞實的對象（目標），這乃是必然的。

現在，這種無底止的進程只有在「同一理性存有底存在與人格性之無底止的延續」（一）之假設上才是可能的；「同一理性存有底存在與人格性之無底止的延續」底假設上才是可能的；結果，這靈魂不滅，由于其不可分離地與道德法則相連繫，是故它是純粹實踐理性之一設準。（所謂純粹實踐理性之一設準，我意謂是一知解的或理論的命題，此命題卽如其爲一知解命題而觀之，它不是可證明的，但它却是一無條件的先驗實踐法則之一不可分離的系理。——依拜克譯。〕〔但它却是一先驗無條件地妥當的實踐法則之一不可分離的結果。〕實踐理性之一設準。〕卽被名曰靈魂不滅。依是，圓善，實踐地說來，是只在「靈魂不滅」底假設上才是可能的；〔但它却是一先驗無條件地妥當的實踐法則之一不可分離的系理。〕

（康德的道德哲學三六八頁，實踐理性批判辯證部第二章Ⅳ、靈魂不滅是純粹實踐理性之一設準。）

〔譯注〕㈠：

康德的道德哲學中原譯為「存在之無底止的延續與同一理性存有之人格性」，此誤，當

依此處之譯照改。

案以上兩段，首段是由意志之神聖性這一圓滿到非要有一無限的進程不可。蓋意志之

神聖性這一種圓滿不是感觸世界中的有限理性存有所能有之的。意志之神聖性就是意志之完

全符順于道德法則（在此說為心靈或意向之完全符順于道德法則）。意志之神聖性即意謂這

意志是神聖的。神聖的意志，康德在別處說為其格言不可能與道德法則相衝突，此亦就是意

志之完全符順于道德法則，此亦等于孟子所謂「堯舜性之也」，後來理學家所謂純合天理的

意志，天理流行的意志。這樣的意志，康德以為不是現實的理性存有（人）在其有生之日所

能有的；人只能無限地向之而趨，而卻永遠達不到。但是，「意志之完全符順于道德法則」

是圓善中之究極條件，蓋這樣才是純德意義的極善——制約幸福者。若無這樣的純德，圓善

亦不能被構成。此恰如若無與德配稱的幸福，圓善亦同樣不能被構成。是故純淨而神聖的意

志，純德意義的極善，雖吾人現實上不能有之，然必須是可能的，一如「圓善之實現于世

界」之為意志之必然的對象是可能的，因為它正被包含在「促進圓善之實現」之命令中。然

則它如何可能，如何能被見到？你不能說它在這時或某時即可能，它只有在無限的進程中始

可能，始可被見到。這是首段之所說。

次段即說：此種無限的進程，即向意志之神聖性（完全符順于道德法則）而趨的無限進程，只有依據「靈魂不滅」之假設才可能（實踐地可能，不是知解地或思辨地可能）。靈魂不滅卻是一理性存有底存在之無底止的延續以及這同一理性存有底人格性之無底止的延續。因此，這靈魂不滅是純粹實踐理性之一設準，蓋由于它是與「意志之完全符順于道德法則」不可分離地相連繫。（原文是「與道德法則不可分離地相連繫」，此晦不明，須補。）

這裏面有幾點須點明。（一）靈魂不滅是以「同一理性存有底存在之無底止的延續以及這同一理性存有底人格性之無底止的延續」來說明。案在純粹理性之批判純粹理性之誤推章中，康德表明理性心理學預設靈魂有四性而期證明之，一曰純一性，二曰實體性，三曰人格性，四曰不滅性。這樣便即表示靈魂是一常存而不可破滅的人格性的單一實體，今生與吾之形軀合一而存在，即使未來脫離形軀亦仍獨自永永存在。然而理性心理學之思辨的證明實是誤推，因此，靈魂不滅當作一知解命題看，是不能被證明的。（一物之滅不滅是客觀存在的事，因而是知解底事，而若說不滅而需要證明亦是知解理性底事，但不滅是超經驗的事，故知解理性亦不能證明之。）因此，（二）康德在這裏說靈魂不滅是實踐理性之一設準，而且註明之云：「所謂實踐理性之一設準，我意謂是一知解的命題，此命題即如其為一知解命題而觀之，它不是可證明的，但它卻是「意志之完全符順于一無條件的先驗實踐法則之一不可分離的結果。」案此最後一語亦當改爲：「它卻是「意志之完全符順于一無條件的先驗實踐法則（即道德法則）」之一不可分離的結果。此而若可視爲一證明，則亦是實踐的即道德的證明（此實不是證明而是需

要），而不是知解的（理論的或思辨的）證明。知解地說來，它不是可證明的。因此，㈡、

把它說爲實踐理性之一設準，此設準之意，康德在實踐理性批判序文中之一注云：『純粹實

踐理性底設準，這設準一詞，倘若讀者把它與純粹數學中的設準之意義相混時，則它很可引

起誤會。在純粹數學中，諸設準是有「必然的確定性」的。它們設定一種活動之可能（案即

構造一幾何命題這構造活動之可能），此活動之對象（即所欲構造者）是早已在理論上（理

論地或知解地）先驗地被承認爲是可能的，而且它具有圓滿的（完整的）確定性。但是，實

踐理性底設準卻是依必然的實踐法則而設定一對象自身之可能性（即上帝與靈魂不滅之可能

性），因而也就是說，只爲一實踐理性之目的而設定之。因此，「此被設定的可能性」之確

定性總不是理論的（知解的），因而也就是說，總不是必然的（案意即不是客觀地決定了的

必然的），那就是說，它不是就「對象」而說的一種已被知的必然性，但只是就「主體」而

說的一種必然的設定，即對此主體之服從（或遵守）其客觀而實踐的法則而爲一必然的設

定。因此，它只是一必然的假設。我對于這種「既是主觀的但卻又是眞正的而且是無條件

的」合理的必然性，找不到比「設準」一詞爲更好的詞語以表達之。』案此注文非常重要。

合首段而觀之，此種設定靈魂不滅以使無限進程爲可能，在無限進程中使「意志之完全

符順于道德法則」爲可能，此相連而生的兩義是東西方宗教根本不同的地方。依儒釋道三教

說，第一，即使說無限進程亦不必靠靈魂不滅之設定，他們有另一種講法；第二，說在無限

進程中始可達到意志之完全符順于道德法則，這實等于說永遠不能達到，因爲康德無頓悟義

故，而依儒釋道三教，則頓漸兩義同時成立故。這兩點即顯出儒釋道三教義理模式之特異，

此將在下章中詳細說明之。茲仍歸於康德。康德繼上文進而復言，無限進程之作用云：

關於我們的本性底道德分定（道德使命）之原則，即是說，只有在一無底止的進程中，我們始能達到「完全的符順于道德法則」，是有很大的用處的，不只是在「補充思辨理性之無能」這現在的目的上有很大的用處，即就宗教說，亦有很大的用處。設無此原則，則或者道德法則完全從它的神聖性被聚抑下來，因着由于「成為放縱而且屈從于我們的方便」之故，而減低它的神聖性，或者人們濫用他們的天職之觀念以及濫用他們的期望——期望于一不可達到的目標，希望去獲得意志之完整的神聖性，這樣，他們便迷失他們自己于幻想的接神論的夢想中，此則完全與自我知識（自知）相矛盾。在這兩種情形中，不停止的努力，努力于去嚴格地而且徹底地服從一個嚴格的、不可屈撓的理性之命令（此命令不是理想，但是真實），這種不停止的努力，顯然只是被阻礙了的。因為就一個理性的但却是有限的存有說，那唯一可能的事便是一無底止的進程（即「從道德圓滿底較低級進到其較高級」這個無底止的進程。無限的存有（時間之條件對此無限的存有是無）──他在此從較低級到較高級底進程中（此進程對于我們是無底止的相續），看見一全部的符順──符順于道德法則。；而神聖性，即「他的命令堅決地要

求之」的那神聖性，（要求之以便忠實于祂的公道，即在「祂所指派給圓善中的德性成素與幸福成素這每一成素的股分中忠實于祂的公道），則是見之于一獨一的智的直覺中，即對于「理性存有底全部存在」之一獨一的智的直覺中。就德性與幸福底股份分配之希望說，一切所能期望于被造物者乃是他的試驗過的（確實可靠的）品格之意識，因着這試驗過的品格，依據他迄今以往所已作成的「從較壞到道德地較好」之進程以及那「因此前進之進程而被知于他」的那企圖（意向）之不變性，他可以希望這同樣進程之進一步的不間斷的連續，不管他的生存可以維持多久，他總可以如此希望，甚至超出今生以外，他亦可以如此希望，旣如此，他又可以希望成為圓滿地適合于他的意志〔成為充分地適合于他的意志——依拜克譯〕，而沒有任何放縱或原諒（放縱與原諒不能與公正相諧和），他之希望成為圓滿地適合于他的意志，實在說來，不是在這裏（在眼前）希望之，亦不是在其將來的存在之任何可想像的（可預見的）點位上希望之，但只是在他的久歷（延續）之無底止中希望之，其無底止的久歷只有上帝能通覽之。（同上三六九—三七〇頁）。

案此段結束語，康德首先表示說：「吾人只有在一無底止的進程中始能達到完全的符順于道德法則」，此一義可以看成是關于「我們的本性底道德分定」之原則或信條。其意是說：依我們之為被造物（有限的理性存有）而言，我們的道德分定就理當是如此。因此，這句話可

以看成是我們的道德分定之原則或信條。「分定」，康德原文是 Bestimmung 案此字本由動詞「決定」來，平常名詞亦譯為決定。但在此，這個字之最恰當的意義就是孟子所說的「分定」，意即你的本分注定你如此。英文譯為 destination 或 destiny，在此亦當是注定或定數義，「使命」便不甚恰。此字，康德有廣泛的使用，在別處，英譯亦將此字譯為「天職」(vocation)，或隨文譯為目標 (goal)。在此譯為中文之「分定」是最恰當的。孟子說：

「君子所性，雖大行不加焉，雖窮居不損焉，分定故也。」真了不起。康德用那個字是與孟子之思想相同的，雖然內容不同：孟子是以「所性」為分定，而康德在此則是以「無底止的進程或前進」為分定。英文的 destiny 尚不能恰當地傳達此分定之意，因為 destiny 之為注定或定數尚有命運之意，而此分定卻無命運之意。至于「天職」一詞在此更不恰，有時在別處可用。

此一道德分定之原則，康德認為有兩種很大的用處，一、就靈魂不滅說，它可以補充思辨理性之無能──無能于證明靈魂不滅，意即思辨理性不能證明之，但在實踐理性處，依此道德分定之原則，我們卻可以必然地設定之，意卽想在無底止的進程中力求意志之完全符順于道德法則，則吾人卽須必然地設定靈魂不滅，此則完全是合法的。若視此為證明，則亦是實踐的（道德的）證明，而不是知解的（思辨的）證明。二、在關于宗教方面，它亦有很大的用處，卽它可以使道德法則維持其神聖性而不被貶抑，並可以保持道德與宗教信仰間之距離，使宗教信仰維持其純粹的信仰性，超絕性，不至使吾人汜濫為通神之夢想，此自是依

基督教傳統而說。因此，康德説：『設無此原則，則或者道德法則從它的神聖性被貶抑下來，因着由於「成爲放縱而且屈從于我們的方便」之故，而減低它的神聖性，或者人們濫用了他們的天職之觀念以及濫用了他們的期望——期望于一不可達到的目標。(goal, Bestimmung)，卽希望去獲得意志之完整的神聖性，這樣，他們便迷失他們自己于幻想的接神論的夢想中，此則完全與自我知識相矛盾（相違反）。』若無此道德法則定之原則，則在無限進程中不停止的精進便鬆懈了，因此，便有兩種結果出現：或者貶抑了道德法則底神聖性，因爲不停止的努力一鬆懈，便不免于放縱或屈從于方便，因而道德法則底神聖性便被喪失而被打了折扣；又或者人們可濫用或過用強用其天職（履行道德法則之所命）之觀念並同時可濫用或過用其期望——期望于一不可達到的目標，卽希望去獲得意志之完整的神聖性。關于此後者，康德以爲吾人之踐履盡分只能作到成德這一步，成德是我們的天職之恰當的目標，並不能通神，一下子便達到那意志之神聖性。吾人之踐履固期望此神聖性，但只能在無限進程中期望之，而卻永不能達到而實得之。若以爲吾人之踐履盡分（天職）卽能達此神聖性，則爲天職觀念之濫用，過分張大之用；若以爲那在無限進程中所可期望者可由盡分而期其可被實得，這便是對於期望之濫用，過分張大之用。這兩步濫用便是所謂通神之夢想，因爲只有通神始能完成這種神聖性。但人作爲有限的理性存有，當有自知之明，人實無這種通神之能，通神之能實是違反于自我之知識者。因此，康德云：『在這兩種情形中（卽上述之兩種歸結中），不停止的努力，努力于去嚴格地而且徹底地服從一個嚴格的，不可屈撓的理性之命令

（此命令不是理想而是眞實），這種不停止的努力，顯然只是被阻碍了的。因爲就一個理性的但卻是有限的存有說，那唯一可能的事便是一個無底止的進程，即「從道德圓滿底較低級進到其較高級」這個無底止的進程。」

就有限的理性存有說，其成德方面那唯一可能的事便是「從其較低級的道德圓滿進至其高級的道德圓滿」這種無底止的前進。這一種努力前進便是一種無底止的相續，高而又高而又永遠達不到那絕對的圓滿，即神聖性。可是無限的存有在這對我們是無底止的相續的無限進程中看到了全部的符順——符順于道德法則之符順。因爲在無限存有身上，沒有時間之相續，時間條件對于祂者是無，什麼也不是。在祂面前，實亦無所謂進程，無限進程即永恒，亦即一整全。故在人（有限理性存有）處是一無底止的相續，由此以期完全符順于道德法則而又永遠達不到，然而在無底止的相續轉而爲一整全，爲一非相續之永恒，因此，祂卽於此整全或非相續之永恒中看到了完全的符順，因而也就是說，看到了意志之神聖性。祂是怎樣看到的呢？祂是在對于「有限的理性存有之全部存在」之獨一的智的直覺中看到的。在祂的智的直覺中，那無底止的相續轉成一整全，一非相續之永恒，此卽是「理性存有之全部存在」。因爲智的直覺並非如感觸直覺那樣以時間爲條件。在有限存有處，以感性與時間故，其存在乃至其踐履活動拉成一長串，一無底止的相續，然而在無限存有處則無這一套。是故祂一眼卽看到了理性存有底那全部存在，此卽是祂的智的直覺。智的直覺都是當下卽全的。祂所「智的直覺地」看到的那神聖性，卽吾在無底止的相續中所勗勉以期而永

遠達不到的那神聖性，卽是祂的命令（道德法則亦可視爲是祂的命令）所堅決要求的那神聖性，要求之以便忠誠于祂的公道，祂的在使德福一致中的公道，祂的在派給德與福以恰當的股份中的公道，也就是說，祂的那使德福間有準確的比例或配稱的公道。那就是說，道德法則堅決地要求這意志之神聖性，而吾人只能在無底止的相續中黽勉以期望者，而無限存有卻能在其對于吾人（有限理性存有）之全部存在之獨一的智的直覺中一眼看到之，卽看到這神聖性。由此卽進而以上帝之存在保證德福一致。祂的保證，祂的公道，祂的智的直覺，皆在人的分上的無底止的相續以期望意志之完全符順于道德法則（意志之神聖性）這一關節上被引出。而使吾人之努力之無底止的相續（無限進程）爲可能者卽在靈魂不滅之肯定。

上帝雖能很公道地把德福之股份分配得恰好，然而在吾人則只是一希望。希望之根據卽在吾人之努力以進德。因此，康德最後云：『就德性與幸福底股份分配之希望說，一切所能期望於被造物者乃是他的試驗過的（確實可靠的）品格之意識，因着這試驗過的品格，依據他迄今以往所已作成的「從較壞到道德地較好」之進程以及那「因此前進之進程而被知於他的那企圖（意向）之不變性（案「完全的符順」卽是其不變的企圖或意向），他可以希望這同樣進程之進一步的不間斷的連續，不管他的生存可以維持多久，他總可以如此希望，甚至超出今生以外，他亦可以如此希望，旣如此，他又可以希望成爲圓滿地適合于他的意志。（而無任何放縱或原諒，放縱與原諒不能與公正相諧和），他之希望成爲圓滿地適合於他的意志，實在說來，不是在這裏（在眼前）希望之，亦不是在其將來的存在之任何可想像的（可預見

的）點位上希望之，但只是在他的久歷（延續）之無底止中希望之，其無底止的久歷只有上帝能通覽之（能一目了然之）。』

案此一長句一氣下來，都是說的被造物，即有限的理性存有，而于行文中以人稱「他」代之。他根據他以往的精進以及因此精進而被知于他的那不變的意圖，他可以希望他未來甚至今生以外也可以有同樣的精進連續下去。夫既如此，他又可以希望在他的久歷之無底止中成為圓滿地適合於他的意志。他希望成為圓滿地適合于他的意志，這須在其久歷（延續）之無底止中（此久歷之無底止惟上帝能一目了然之）希望有此適合，不是在其今生或在其未來的存在之任何點位上希望有此適合。康德行文之語脈是如此。惟此中「適合于他的意志」，拜克譯為「適合於上帝的意志」，此則歧出。「適合」原文是 adäquat (adequate)。「他的意志」原文是 "dem Willan desselben"。那個所有格代詞，阿保特以「他的」譯之，拜克以「上帝的」譯之。就「適合」言，拜克譯讀起來好像較順；但何以忽然又說到上帝的意志？因為前後主文說無限進程，無底止的相續，都是就希望意志之完全符順于道德法則即希望意志之神聖性而說，不曾說及要合上帝的意志，而且上帝一詞之出現只在注明「久歷之無底止惟上帝能一目了然之」這注明中出現，主文代詞似不應指此。因此，仍以阿譯爲是。但說「適合於他的意志」似不甚顯明，其實是適合於他的意志之神聖性（完全符順于道德法則）。「適合」譯爲「足稱」也許較好。此則不甚相干。

又關于「甚至超出今生以外，他亦可以如此希望（希望不間斷的連續）」，康德有注

・222・

云：

縱然如此，在朝向善而前進的進程中，要想去得有「心靈之不搖動的堅固性之確信」，這對於一被造物似乎是不可能的。因此之故，基督教使這確信只從那「造成聖潔化」的同一精神而來，即是說，只從此固定的目標（意向）以及與此目標（意向）相連的道德進程中的堅定性之意識而來。但是自然地（坦白地）說來，一個人，他若意識到在向較好而趨的進程中，通過其生命底久長部分，他已堅持到〔其生命之〕終結，而此種堅持又是依眞正的道德動力而堅持，則他很可以有這有安慰作用的希望（雖然不是有這確定性），即：縱使在一延長至今生以外的存在中，他亦將仍然繼續堅持於這些原則；而雖然在他自己的眼光中，他從未能在這裡（在眼前）有理由「將繼續堅持于這些原則」，他亦不能希望在他所期望的其本性之增加的圓滿連同〔其〕義務之增加于一起中「將繼續堅持于這些原則」，可是縱然如此，在這進程中，（此進程，雖然它是指向于一無限遼遠的目標上，然而在上帝的眼光中，它却是被視爲等值于已得的所有物），他可對于一「有福的（有天福）未來」有一展望；因爲「天福」一詞乃正是理性使用之以指表一「圓滿的幸福」，即獨立不依于世界底一切偶然原因的「圓滿的幸福」者，此圓滿的幸福就像「神聖性」一樣，它是一個「只能被含在一無底止的進程以及此進程之綜體中」的理念，

因而結果亦就是說，它從未能爲一被造物所充分地達到。（康德的道德哲學三七一頁）。

案此一注文亦甚重要。于今生以外（來生）繼續前進之希望有進一步的說明。此種前進需要有「心靈之不搖動的堅固性之確信」。有此確信，始能擔保繼續前進之眞實可能，否則亦只是一希望而已。但對于被造物而言，要想得有這種確信，似乎是不可能的，因爲人隨時有搖動。孔子說：「造次必于斯，顚沛必于斯」，這亦只是一種勸勉而已。但人必須有這種堅定性。康德在此說到基督教。依基督教，此種堅定性之意識即是那「造成聖潔化」之精神。

「心靈之不搖動的堅固性之確信」即從此精神而來。堅定性之意識，造成聖潔化之精神，即如亞伯拉罕之遵上帝命而奉獻其子于祭臺，雖然上帝並不眞要其如此。（此雖足以表示亞伯拉罕之堅定性，但儒家聖人決不說這種詭譎話）。通過此堅定性，人可以希望：縱使在一延長至今生以外的存在中，他亦將繼續堅持這些道德原則。這只是一希望，並不是一確定性，卽他並不能確定地必如此。依康德，這希望是一有安慰作用的希望，卽由于此堅定，你可以有一「有天福的未來」之展望。此卽是說：「一個人，雖然在其自己的眼光中，他亦不能希望，他從未能在這裏（在眼前今生）有理由或證明。「將繼續堅持于這些道德原則」，他亦希望在「他所期望的其本性之增加的圓滿連同其義務之增加于一起」中「將繼續堅持于這些道德原則」，即前所說轉成一整全而以智的可是縱然如此，他在一無限進程中可有一「有天福的未來」之展望。對人說，始須此一無限進程，然而在上帝眼光中，這無限進程卻等於已得的所有物，即前所說轉成一整全而以智的無限

直覺頓得之，一目了然之。此天福的未來之展望即是「圓滿的幸福」之展望。「圓滿的幸福」正如「神聖性」一樣，只是一個理念，此理念只能被含在一無底止的進程中以及此進程之綜體中，因而亦從未能為人所達到。

讀者讀至此，可看到這說法，依儒釋道三教觀之，顯然是消極的，並非究竟了義。他只說一堅定性，但並未能明此堅定性究何以可能。雖肯定靈魂不滅，說無限進程，然神聖性與天福究不能為人所達到。這顯然與說實踐理性之動力有關。動力，如康德所說者那樣，是並不足夠的，一如唯識宗之以無漏種為動力之為不足夠，如朱子之只說性即理不說心即理之為不足夠。但康德系統中，已有了靈魂不滅，有了無底止的相續，並有了上帝之智的直覺之一目。然。凡此，俱可依儒、釋、道三教之模式而重新予以消化與重鑄，以期究竟了義之達成。此將在下章中詳言之。

## II 上帝存在

康德繼上肯定靈魂不滅進而復就德福一致（福之準確地比例于德）肯定上帝存在云：茲仍歸于康德進而肯定上帝存在以保證德福一致。

依以上的分析，道德法則引至這樣一個實踐的問題，即「此問題單為純粹理性所規定，而無任何感性動力之幫助」這樣一個實踐的問題，即是說，此問題是「圓善中第一而又是主要的成分即道德性這一成分之必然的完整」之問題；而因為這問題只

有在永恒中始能圓滿地被解決，所以它引至靈魂不滅之設準。現在，這同一道德法

則亦必須引我們去肯定圓善中第二成分即「比例于道德性」的幸福這一成分之可

能，而它之引我們去肯定這一成分之可能是依據這樣一個根據，即其為公正而無偏，

一如前時規定「道德性之必然的完整」一問題時所依據者之為公正而無偏，這樣的

根據，而然者，而且是單依無私的理性而然者，此即是說，這同一道德法則必引至

一個「適合于這個結果即幸福之比例于道德性這個結果」的原因之存在之假設；換

言之，它必須設定上帝之存在以為圓善底可能之必要條件（此圓善是那「必然地與

純粹理性底道德立法相連繫」的意志之一對象）。我們將依一可使人信服的樣式進

而去展示這種連接（即上帝存在為圓善可能之條件這一種連接）。

（康德的道德哲學三七一──三七二頁）

案此是說道德法則引至「圓善中道德性一成素之必然的完整」這一實踐的問題。此問題單為

純粹理性所規定而絲毫用不着感性動力之參助。因為既依無條件的命令式的道德法則而行方

為德，則吾人之意志「如何完全符順于道德法則而無一毫之雜」一問題自然單為理性所規定

而無須任何感性動力之幫助。意志之完全符順于道德法則而無一毫之雜即是這裏所說的道德

性一成素之必然的完整，亦即是前文所說的意志之神聖性。此問題，依康德，只有在無限進

程中，在永恒中，始能圓滿地被解決；而無限進程必依據靈魂不滅之肯定始可能，因此，必

引至肯定靈魂不滅爲實踐理性之設準。

德性一面既如此，幸福一面呢？在此一面，道德法則亦必須引我們去肯定圓善中幸福一成素之準確的比例于道德性爲可能。此一可能之肯定也是依據一公正而無偏的根據，卽單依無私的理性，而被作成。這單依無私的理性，公正而無偏地去肯定圓善中之幸福──幸福之準確的比例于道德，卽是前文所說的「整全而圓滿的善也需要有幸福，這需要有幸福不只是在那使其自己爲一目的的個人之偏面眼光中需要之，而且甚至也在一無偏的理性之判斷中需要之」，此無偏的理性把一般說的各各人皆視爲其自己卽是一目的」。（康德的道德哲學三五〇頁）。這樣地要求的「幸福之比例于道德」必須有一個原因使之爲可能。這一個原因，知解地言之，必須是一超絕的原因，因爲它完全超出我的力量之外，此卽是上帝。蓋此圓善並不是我之努力進德卽可獲得者。故于「德之必然完整」一面旣須肯定靈魂不滅，于「幸福之比例于德」一面又須肯定上帝之存在。是以上帝存在之設定必須是繫屬於圓善者，卽在圓善之可能這一關節上吾人接上了上帝存在之肯定，肯定之以爲圓善底可能之必要條件。

我們如何能從幸福之比例于道德一面卽能接上上帝存在之肯定呢？康德繼上文進而說

云：

幸福是世界中這樣一個理性存有之狀態，卽在此理性存有身上，每一東西皆依。照。他。的。願望與意志而進行。──幸福卽是這樣一個存有底狀態；因此，幸福是基於「物。理。

・227・

的。與。此。理。性。存。有。底。全。部。目。的。並。亦。同。樣。與。此。理。性。存。有。底。意。志。之。本。質。的。（基。要。的）
決。定。原。則。之。相。諧。和」上。的。現。在，道。德。法。則，作。爲。自。由。底。一。個。法。則，它。是。經。由。如。下
所。說。的。有。決。定。作。用。的。原。則。而。命。令。着（指。揮。着），卽。此。等。有。決。定。作。用。的。原。則。應。當。是。完
全。獨。立。不。依。於。自。然。以。及。此。自。然。與。我。們。的。作。爲。衝。力。的。欲。望。機。能。之。相。諧。和。的。但。是，
世。界。中。的。這。活。動。着。的。理。性。存。有。並。不。是。世。界。底。原。因，亦。不。是。自。然。本。身。之。原。因。世。界。中
的。活。動。着。的。理。性。存。有。是。屬。於。這。世。界。而。爲。其。中。一。部。分，因。而。亦。依。靠。于。這。世。界。者，而
亦。正。因。此。故，他。不。能。因。着。他。的。意。志。而。成。爲。這。自。然。底。一。個。原。因，而。當。他。的。幸。福。被。論。及
時，他。亦。不。能。因。着。他。自。己。的。力。量。使。這。自。然。徹。頭。徹。尾。地。與。他。的。實。踐。原。則。相。諧。和。因
此，對。于。如。此。一。個。存。有。中。的「道。德。與。相。稱。的。幸。福」間。的。必。然。連。繫，在。道。德。法。則。中，
並。無。絲。毫。根。據。縱。然。如。此，可。是。在。純。粹。理。性。底。實。踐。問。題。中，卽。是。說，在。圓。善。底。必。然
追。求。中，這。樣。的。一。種。連。繫。却。被。設。定。爲。是。必。然。的：我。們。應。當。努。力。去。促。進。這。圓。善，因
此，此。圓。善。必。須。是。可。能。的。依。此，「一。切。自。然」底。一。個。原。因。之。存。在。也。必。須。被。設。定，
這。一。原。因。乃。不。同。於。自。然。之。本。身。者，而。且。它。亦。含。有。這。種。連。繫。之。原。則，卽「幸。福。與。道。德
然。不。只。是。與。理。性。存。有。底。意。志。之。一。法。則。相。諧。和，而。且。只。要。當。這。些。理。性。存。有。使。此。法。則。成
爲。意。志。底。究。極。的。有。決。定。作。用。的。原。則。時，自。然。亦。與。對。于。這。法。則。之。想。法。相。諧。和，因。而。結
果。亦。就。是。說，自。然。不。只。是。與。諸。道。德。行。爲。之。形。式。相。諧。和，且。亦。與。諸。道。德。行。爲。底。道。德。性

（作爲諸道德行爲底動力的道德性）相諧和，即是說，與諸道德行爲底道德品質。

（道德意向）相諧的」這個原則。因此，圓善是只有依據一「最高存有」之假設才

在這世界中是可能的，此最高存有有一種「與道德品質（道德意向）相應和」的因

果。現在，一個存有，即那「能夠依對於法則之想法而活動」的存有，他即是一

個睿智體（一個理性的存有），而這樣一個「符順於對于法則之想法」的存有之因

果性就是他的意志；因此，自然底最高原因（此必須預設爲圓善之條件）就是一個

「經由睿智與意志而爲自然之原因，因而也就是說，爲自然之創造者」的存有，此

即是上帝。依此，隨之可說：「最高的根源的善」底可能性之設

準同時亦就是「一最高的根源的善」底實在性之設準，是「上帝底存在」

之設準。現在，我們已知「去促進圓善」這對于我們是一義務；因此，隨之可說，

「我們必須預設這圓善之可能」，這不只是可允許的，而且是一種「當作一必需者

而與義務相連繫」的「必然」；而因爲「預設圓善之可能」這一預設是只依「上帝

底存在」這條件才是可能的，所以「上帝存在」這個條件便把「圓善之假設」不可

分離地連繫于義務；那就是說，「去認定上帝之存在」這乃是道德地必然的。

（康德的道德哲學三七二──三七四頁）

案這一大段話，客觀地說，即就康德所呈現的思理說，已很周至而明白。但是主觀地說，即

就吾人之理解說，其所由以表現其思理的諸辭語卻並非容易明白，因此仍需要有說明以疏通之。

首先，圓善既是幸福之配稱于道德，是故吾人必須先說明幸福之意義。依康德，幸福是這樣一個理性存有，即「在其身上（在其全部存在中）每一東西皆依照其願望與意志而進行」這樣一個理性存有之狀態。這樣一個理性存有卽是我們中國人所說的「事事如意」的存有。「事事如意」的存有其生活狀態（其存在之狀態）當然是很舒適的。這種舒適的狀態卽被名曰「幸福」。因此，幸福是個體存在之「存在」方面的事。而存在（現實的存在）是屬于「物理的自然」的。因此，康德說：幸福是基于「物理的自然與此理性存有底全部的並亦同樣與此理性存有底意志之本質的（基要的）決定原則之相諧和」上的。簡單言之，幸福就是一個個體（一個人，一個理性的存有）之物理的自然與此個體之全部目的以及其意志之道德原則之相諧和。物理的自然有其自身之因果，此曰自然因果，亦曰機械的因果，用理學家的詞語說，是屬於「氣」的。個體之全部目的以及其意志之道德原則（本質的原則）是屬于「自由」的，用理學家的詞語說，是屬於「理」的。在個體底現實生命上，這兩方面不一定能相諧和，因此幸福不可必，孟子說「得之有命」。因此，意志底本質原則只決定道德的。

意志底本質原則既不能決定物理自然底存在，因此，康德隨之就說：一個理性存有身上的德福一致（道德與相稱的幸福間的必然連繫）在道德法則中並無絲毫根據。其所以不能在

道德法則中有根據，康德是如下那樣來辯說。康德說：「道德法則，作爲自由底一個法則，它是經由如下所說的有決定作用的原則而命令着（指揮着），卽，此等有決定作用的原則應當是完全獨立不依于自然以及此自然之與我們的作爲衝力的欲望機能之相諧和的。」卽是說，此等有決定作用的原則既完全獨立不依于「自然」，同時亦完全獨立不依于「此自然之與我們的作爲衝力的欲望機能之相諧和」。道德法則卽是經由這樣的一個有決定作用的原則而命令着或指揮着──指揮着吾人之活動。可是它雖經由這樣的原則而指揮吾人之活動，然而「世界中的這活動着的理性存有是屬於這世界而爲其中一部分，因而亦是依靠于這世界者，而亦正因此故，他不能因着他的意志而成爲這自然底一個原因，而當他的幸福被論及時，他亦不能因着他自己。」這就是說，人之道德法則雖經由一個「獨立不依于自然以及此自然之與作爲衝力的欲望機能相諧和」的原則而指揮着其活動，然而由於他是世界中一部分而依靠這世界，他不能創造這世界，是故他亦決不能因着他的意志而爲自然之原因，而當他的幸福被論及時，他亦不能因着他自己的力量使自然徹頭徹尾地與他的實踐原則相諧和。是故在道德法則中決找不到德福一致之根據。

在道德法則中雖找不到德福一致之根據，然而純粹實踐理性卻迫使我們必須追求這德福一致之根

一致之圓善，因此，這圓善必須是可能的，即是說，德與相稱的福間的必然連繫必須被預設為是可能的。其可能之根據既在道德法則中找不到，然則在什麼地方可找到呢？康德說在「一切自然底原因」處可找到。因此，圓善——德福間的必然連繫既被預設為是可能的，則「一切自然底一個原因之存在也必須被設定。」「德」由于行為之符合于道德法則而成，而道德法則源于意志之自律。若光說德，則不必涉及「一切自然之原因」。但是福則必須涉及個體之存在，即必須涉及自然，因此德福間的必然連繫亦必須涉及自然。因此，若就圓善之可能言，必須涉及「一切自然底原因之存在」。此一「自然之原因」必須即是自然底「創造者」，那就是說，是一最高的原因。此一最高的原因，當其創造「一切自然」時，必須含有德福間的必然連繫之原則，即「幸福與道德這兩者間之準確的諧和」之原則。再詳言之，『這個最高的原因必須含有這原則，即「自然不只是與理性存有使此法則成為意志底究極的有決定作用的原則」時，自然亦與對於這法則之想法相諧和，因而結果亦就是說，自然不只是與諸道德行為之形式相諧和，且亦與諸道德行為底道德性（作為諸道德行為的動力的道德性）相諧和，即是說，與諸道德行為底道德品質（道德意向）相諧和」之原則。』案這個句子不是容易理解的。此中有法則與原則之不同，復有「對于法則之想法」一辭語。這都是理解此句之關鍵。法則在此即是道德法則。法則是客觀地、靜態地說。原則是提起來通于意志說。法則即如其為法則而客觀地靜

因為自然是被造者，自然之原因是能造者。因此，此一「自然之原因」必不同于自然之本身。

態地說，它只是道德行爲之形式。（行爲符合道德法則而具有合法則性之形式）。但法則源于意志之自律，故法則亦可提起來通於意志。理性存有亦可使此法則成爲意志之究極的有決定作用的原則因而轉而即以此原則來決定此意志。這個提起來說的決定意志之究極原則靜下來客觀地陳述之即是一法則。所以這個法則不是如自然法則之規則自然物那樣，自然物只依照自然法則以動轉，其自身並無原則。人（理性存有）有原則，即經由其意志設原則以立法則。此設原則以立法則即是「對于法則之想法」。「想法」康德原文是 Vorstellung，在此不譯爲表象，英文譯爲 conception 或 idea，是擬想義，或擬立、擬提義，即你應當「想想你依據什麼原則來立你的實踐法則，即你如何立你的法則始能使你的法則成爲道德的法則。這樣擬想一下，你的意志始能是道德的意志（自由自律的意志），你的行爲始有道德性（道德品質）。若想歪了，如依技術原則或幸福原則以立法則，則那法則便不是道德的，只是自然的法則。如是，你的意志便不是道德意志，而你的行爲亦無道德品質。法則，原則，對于法則之想法（擬想），這幾個辭語弄明白了，則那個句子，即表示「最高原因所含的原則」的那個句子，便可被理解。那個句子先提綱挈領地來理解只是如此：這個最高的原因必須含有「自然與理性存有對于法則之想法相諧和」之原則，因而結果亦就是說，必須含有「自然與道德行爲之道德性（道德品質）相諧和」之原則。這樣說即表示最高原因所含的原則不只是「自然與理性存有底意志之一法則相諧和」之原則；而且是「自然與理性存有對于法則之想法相諧和」之原則；不只是「自然與道德行爲之形式相諧和」之原則，而且是「自

然與道德行為之道德性（道德品質）相諧和」之原則。這個原則從那裏想呢？即從最高原因之睿智與意志來想。

最高原因只是形式地說，必須具體化而為人格神，因此，它不只是一「理神」，且須是「智神」。它是自然之創造者，因而它就是上帝。只有如此之智神始能含有如上所說之原則，即祂能使自然適合于道德法則並適合于道德行為之道德品質，因而祂始能保證德福間的必然連繫，即使圓善為可能，是圓善可能底根據。

因此，康德說：『圓善只有依據一最高存有之假設才在這世界中是可能的，此最高存有有一種「與道德品質（道德意向）相應和」的因果性。現在，一個存有，即那「能夠依對于法則之想法而活動」的存有，他即是一個睿智體（一個理性的存有），而這樣一個「符順于對于法則之想法」的存有之因果性就是他的意志；因此，自然底最高原因（此必須被預設為圓善之條件）就是一個「經由睿智與意志而為自然之原因，因而也就是說，為自然之創造者」的存有，此即是上帝。依此，隨之可說：最高的派生出的善（最好的世界）底可能性之設準同時亦就是一最高的根源的善底實在性之設準，即是說，是「上帝底存在」之設準。現在，我們已知「去促進圓善」這對于我們是一義務；因此隨之可說，「我們必須預設這圓善之可能」，這不只是可允許的，而且是一種「當作一必需者而與義務相連繫」的「必然」；而因為「預設圓善之可能」這一預設是只依「上帝底存在」這條件才是可能的，所以「上帝底存在」這個條件是把「圓善之假設」不可分離地連繫于義務；那就是說，「去認定上帝之存在」這乃是道德地必然的。』這是最後的結論。

以上是關于「康德就圓善可能之根據而認定上帝之存在」的那一大段話的疏解。經過這樣的疏解，我們對于那段話始可有一落實的理解。顯然上帝這一個最高而絕對的存有（無限的存有）之概念就是一個最高而絕對的（無限的）神智與神意之概念。這個概念是純粹理性之概念。它所示的無限存有被意許爲人格意義的智神（不只是理神）。這個智神經由祂的無限的智與無限的意（神智與神意），祂有一種「與道德品質（由人或有限的理性存有對于法則之想法而顯的道德品質）相應和」之理性存有，如是，祂照顧了「德」這一面；而因爲祂的因果性又創造了「自然」，是故祂又照顧了「福」這一面。祂憑藉祂的神智與神意，祂創造了「自然」，祂又能使「自然」與人或有限理性存有底意志之本質原則相諧和，因此，祂使德福一致（圓善）爲可能。「德福一致」的世界是個最好的世界，亦名「最高的派生出的善」，而上帝（智神）則是「最高的根源的善」。設定最高的派生出的善底可能性就等于設定最高的根源的善底實在性，等于設定「上帝之存在」。「設定上帝之存在」是道德地必然的，因爲「上帝之存在」這個條件把圓善之假設不可分離地連繫于義務。（促進圓善是我們的義務。圓善之假設卽圓善可能之假設。若圓善根本不可能，我們還促進什麼呢？我們沒有義務促進一個根本不可能的東西。）設定上帝之存在在旣是道德地必然的，是故康德進而又對于這種設定底道德的必然性有所說明。他作如下之說明：

在此，以下一點必須被注意，即：〔認定上帝之存在是道德地必然的，這「道德地必然的」所示的〕這種道德的必然性是主觀的，即是說，它是一種需要，而不是客觀的，即是說，因為玆不能有一義務去設定任何東西之存在的，即是說，它本身不是一義務，因為玆不能有一義務去設定任何東西之存在。復次，這道德的必然性亦不是意謂

（因為這種設定只有關于理性之知解的使用）。

：「去設定上帝之存在以為一般說的一切責成（義務）之基礎，這是必然的」（因為一切責成，如所已充分證明過的，只基于理性本身之自律）。在這裏，凡所屬於義務的只是努力去實現並去促進這世界中的圓善，因此，此圓善之可能可以被設定；而因為我們的理性已見到除基于一最高的睿智體之假設上，這圓善不是可思議的，所以這最高的睿智體之存在之許可（認定）是與我們的義務之意識相連繫的，雖然這許可（認定）本身是屬於思辨理性之領域。單就此思辨理性之領域而論之，作為一說明之原則，它（最高睿智體之存在之許可）可以叫做是一假設，但是就

「道德法則所給與於我們」的一個對象（圓善）之可理解而言，因而結果也就是說，就實踐目的上的一個需要而言，它可以叫做是信仰，即是說，是一純粹理性的信仰，因為純粹理性（在其知解的使用與實踐的使用兩面）是「它所由以出現」的唯一源泉。（康德的道德哲學三七四頁）

案這是說凡設定某某東西之存在以為「說明其他某某東西」之原則或根據，這原本是知解理

性的事。知解理性所作的這種設定只是一種假設，原無客觀的必然性，知解上的確定性。如依知解理性之路數設定靈魂不滅或上帝存在，這只是知解理性所作的假設，假設之以求知解理性自身之滿足，這原無客觀的必然性，知解上的確定性。縱然如此，可是設定某某之存在總是知解上的事。今說設定上帝存在是道德地必然的，這「道德地必然的」所示的這種設定之道德的必然性並不是知解的，但只是實踐的。是故這道德的必然性只是主觀的，不是客觀的，是實踐上的主觀需要，不是知解上的客觀確定——客觀地斷定上帝確實存在之確定。此義見于實踐理性之批判序文中關於「設準」一詞之注語。該注語云：『實踐理性底設準卻是依必然的實踐法則而設定一對象自身之可能性（即上帝與靈魂不滅之可能性），因而也就是說，只爲一實踐理性之目的而設定之。因此，「此被設定的可能性」之確定性總不是理論的（知解的），因而亦就是說，總不是必然的（案意即不是客觀地決定了的必然的），那就是說，它不是就「對象」而說的一種已被知的必然性，但只是就「主體」而說的一種必然的設定，即對此主體之服從或遵守其客觀而實踐的法則而爲一必然的設定。因此，它只是一必然的假設。』（康德的道德哲學一三八頁）。這「必然的」即是道德地必然的，主觀地必然的，不是知解地，客觀地必然的。這「不是客觀地」中之「客觀」是就知解說。

但是這裏康德說「設定上帝存在」這設定之道德的必然性不是客觀的，這「不是客觀的」中之客觀是就義務說。說這設定有道德的必然性不是就義務說。義務是客觀的。但我們卻不能有一義務去設定某某東西之存在。某某東西之存在或不存在不是義務底事，這只是知

解底事，即知解上客觀實然底事。設定上帝存在之道德的必然性既不是一義務，亦不是知解上的客觀實然，是故它總不是客觀的，它只是實踐上的主觀需要。

這裏，康德又說：『這設定之道德的必然性亦不是意謂：「去設定上帝之存在以爲一般說的一切責成（義務）之基礎，這是必然的。」因爲一切責成，如所已充分證明過的，只基于理性本身之自律。』如若說必須設定上帝存在以爲一切義務之基礎，這正好是把道德基于宗教，這乃是他律道德，不是自律道德；是神學的道德學，不是道德的神學。康德從實踐理性上說設定上帝存在有道德的必然性，這正好是基于自律道德以說上帝存在，是道德的神學，不是神學的道德學。

設定上帝存在在原是知解理性底事。從知解理性上說，這設定只是一假設，並無知解上的客觀必然性。但從實踐理性上說這設定有道德的必然性，則這設定只是一種信仰，它是實踐上的需要，其必然性是實踐地主觀的，不是知解地客觀的。這信仰是純粹理性的信仰，因爲它基于自律道德，又因爲純粹理性（知解使用與實踐使用兩面說的純粹理性）是這設定所由以出現的唯一源泉。從純粹理性之知解使用面可以使吾人去設定上帝存在以爲說明萬物存在之原則（根據），雖然這設定只是一假設，並無客觀的必然性，即並不能知解地被證明。從純粹理性之實踐使用面說，則可以使吾人去說那知解地所設定的上帝之存在有道德的必然性，在這裏，那作爲知解上之「假設」的設定變成一種實踐上的「需要」，一種純粹理性性的信仰，這設定之道德的必然性只是實踐地主觀的，不是知解地客觀的，其本身亦不是一義

務，因為不能有一義務去設定某某東西之存在。

＊　　　　　＊　　　　　＊　　　　　＊

以上，康德從純粹實踐理性上建立起圓善以為意志之一必然的對象，至於此圓善所以可能之根據，則依基督教的傳統，肯定「上帝之存在」以充當之。其表達這一思路甚為明白。但是上帝是一人格化的智神，不只是純邏輯思辨之理神。原初只是一個無限而絕對的實體性的心體，即一個無限而絕對的智心，一個無限而絕對而自由的意志之作用。只因依宗教的傳統，逐把這樣的智心人格化而為一有無限性的個體存有即神或上帝。顯然，這樣地人格化之是理性外的情與意，或說是依附于理性的一種超越的情識。因此，就這樣的個體存有（神）擬人化而說神智神意，這同樣也是理性外的情識作用——超越的情識作用（雖是超越的），仍然還是情識，不是理性，不是智）。上帝這個概念，自其形成而言，本就有虛幻性。（見純粹理性批判辯證部第三章第二節論超越的理想）。雖經批判的考察，其「存在」之證明中的虛幻可以剝掉，然而歸于實踐理性以肯定之，這人格化與擬人化的情識性之虛幻仍不能免。圓善所以可能之根據放在這樣一個起于情識決定而有虛幻性的上帝上本是一大歧出。祂的智與意（即神智與神意）經由其「與在人處而顯的道德品質相應和」的因果性而創造了自然並能使自然與在人處而顯的道德品質相諧和，因而使人所期望之德福一致能為可能，這一義也只是這麼說而已，並不能使人有落實而可信服的理解，即並不能使人有坦然明白的理解。因為人之德與有關于其「存在」（即物理的自然）的福既不能

相諧一，何以與人絕異的神智神意就能超越而外在地使之相諧一，這是很難索解的。存在就

是這同一的存在，物理的自然亦是這同一的物理自然，何以安上一個上帝以創造之，就能

使那本不相諧一者成為相諧一？上帝所創造的那個「自然」就是我原有的那個「自然」。安

上個上帝只是為的說明之，並未重新調整之使其適合于吾人之德。若有一番重新調整，猶可

說也，若我本無那個自然，上帝重新創造一個異樣的自然來配稱之，此尤可說也。現在，既

無重新調整，又未重新創造，則光說神智神意底因果性就能使那不諧和者成為諧和，這豈非

難解？若說因着擬人而于那個無限而絕對的個體存有（神）可賦之以智與意，因而可說神智

神意，是故既擬人而說智與意，則與人為同質，故有「與人之道德品質相應和」的因果性，

又是神智與神意，與人為絕異，是故他既能創造自然，又能使自然與我之道德品質相諧一。

若如此，則吾人可說：其有智與意，雖在某方面與人之智意為同質，然因上帝無

所謂「應當」，則其智意之因果性不必能與成人之道德品質的因果性相同，因而亦不必能與

人之道德品質相應和。因此，其智意只應是神智與神意，而神智神意底最顯著的特點只在其能

創造自然，因此，其智意總歸與人為絕異。既如此，則他只創造了我那本有的自然，而吾人

之德仍如故，吾人之自然亦如故，既未重新調整吾人之德成為異樣的德，亦未重新調整吾人

之自然，更未重新創造另一個自然，以配稱吾人之德，如是，則難解如故，並未因是神智神

意而得豁然。若說這是神底事，他自能使你的德福相配稱，你只要信他祈禱他就可以了。若

如此，這等于未說明。問題不在神智神意之為絕對而無限的智與意，單在此絕對而無限的智

與意之人格化而為一絕對而無限的個體存有——「能創造自然」的個體存有，離開了人而為一異于「在人處呈現的道德心底創造性」的創造者。這一「說明圓善所以可能」的說明模式完全是順習慣依宗教傳統而說者。其中難解處，雖以康德之智亦習焉而不察也。

道德法則之確立是理性的，意志之自律亦是理性的，要求圓善亦是理性的，要求一絕對而無限的智心之體證與確立亦是理性的。惟對于絕對而無限的智心人格化之而為一絕對而無限的個體存有則是非理性的，是情識決定，非理性決定。在此，中國儒釋道三教之傳統有其圓熟處。我們依此傳統可期望有一「徹頭徹尾是理性決定」的說明模式。此將在下章中詳展之。

# 第六章　圓教與圓善

## 第一節　人格化的上帝一概念之形成之虛幻性

圓善所以可能，依康德之思路，必須肯定上帝之存在。上帝是圓善可能底根據，因爲圓善中福一面有關于「存在」——我的存在以及一切自然底存在，而上帝是此存在之創造者。上帝創造了自然——使自然存在，故能使自然與德相諧和，而保障了人在現實上所不能得的德福一致。但是適所說的「故能」一連接詞所示之推斷，依上章末之提示，是有問題的，不能使人坦然明白。但是說福涉及存在，這是對的。存在是既成的，不是我所能掌握的，人不能創造存在，這也是對的。必須肯定一「無限存有」來負責存在，這也未嘗不對；但是這無限存有若人格化而爲一無限性的個體存有，這卻有問題。上帝所以能創造自然是因爲祂的無限的智心，因此，本是無限的智心擔負存在。說到存在，必須涉及無限的智心；但是無限的智心並非必是人格化的無限性的個體存有，是故將此無限的智心人格化而爲一個體性存有，這

是人的情識作用，是有虛幻性的。因此，欲說圓善所以可能，只須說一無限的智心即可，並不必依基督教的途徑，將此無限的智心人格化的無限存有。中國的儒釋道三教都有無限的智心之肯定（實踐的肯定），但卻都未把它人格化。若依此三教之路而言圓善可能之根據，則將一切是理性決定，而毫無情識作用，因此，這是圓實之教。圓者滿也，實踐上的圓滿；實者無虛也，實踐上的無虛。

將此無限的智心人格化而爲一無限性的個體存有，其所以有虛幻乃是因爲：

(一)此無限性的個體存有之概念之形成有虛幻；

(二)既虛幻地形成一無限性的個體存有，便發生此個體存有底存在之問題，而此問題亦自是一虛妄；

(三)肯定此無限性的個體存有在原是知解理性底事，不是實踐理性底事，知解理性肯定其存在以爲說明一切其他有限存在（一切自然）之根據，此種肯定實只是一假設，知解理性並不能證明之，因所謂假設與原子量子之假設不同，而假設之以爲說明其他一切有限存在之根據，這說明亦與假設原子以說明物理現象不同，這假設只是爲的說明萬物之存在，創造地說明其存在；

(四)知解理性不能證明之，則轉而就實踐理性而說需要之，這需要只是一種信仰，而這信仰亦只是情識決定，非理性決定，且不能是一種證明，因證明其存在之證明本是知解上的事，不是實踐上的事。（普通說道德的證明實即實踐的證明。但嚴格說，只是實踐上的需要

或信仰，而此實不可說爲證明。）

但是若無限的智心不被人格化而爲一無限性的個體存有，便不會發生這些問題，因此亦無這些問題中的虛幻。無限的智心之背定本是實踐上的事（圓行底事），不是知解一對對這知解上的事，本無像一個對象底存在不存在那樣的問題。但是若虛妄地把它人格化而爲一無限性的個體存有，這便虛妄地把它推出去而成爲一個對象，因此便定須有「關于其存在以及存在之證明」的知解上的虛妄問題（意卽並非說它是一實問題，只是知解理性不能證明之而已。）以下仍用康德的話以明此中之虛幻。

在追求我們人類所有的這個理念中（索卽根源的存有，最高的存有，一切存有之存有，一絕對必然的存有，卽上帝，這個理念），如果我們進而把此理念實體化，我們將能通過最高實在性之純然概念去決定根源的存有，卽決定之爲這樣一個存有，它是一獨個的，是單純的，是一切充足的，是永恒的，等等。總而言之，我們將能夠依根源存有之無條件的（不被制約的）完整性，通過一切正斷詞（範疇），去決定此根源的存有。這樣的一個存有之概念就是上帝之概念，依超越的意義而被取用（被理解）的上帝之概念；而純粹理性之「理想」，如上所規定者，就是超越的神學之對象。

但是，對于超越的理念，若作這樣的使用，則我們定須跨過超越理念底本分之範圍

以及其可允許性之範圍。因爲，理性，在其使用此超越理念以爲事物之完整決定之

基礎時，它只把此超越理念當作「綜實在」之概念而使用之，而並不要求此「綜實

在」須是客觀地被給與了的並且其自身須是一物。「要求其須是一物」之物是一純

然的虛構。在此虛構中，我們把我們的理念中之雜多（內容）結合之並實化之於一

理想中，當作一「個體存有」看的理。但是，我們沒有權利去作這一步，甚至

亦沒有權利去假定這樣一個假設之可能性。而從這樣一個理想而流出的任何後果對

於事物之完整決定亦不能有任何關係，而在事物之完整決定方面亦不能表現絲毫影

響力；可是超越的理念已被表明爲是必然的，其所以被表明爲是必然的，乃是只因

爲其有助於事物之完整決定之故。

但是只去描寫我們的理性之程序以及我們的理性之辯證（虛幻），這並不足夠；我

們必須亦要努力去發見這種辯證之根源，這樣，我們便可能夠去解明理性所已引起

的幻象，即那作爲「知性之一現象」（意即理性的知解上的現象）的那幻象。因爲

我們現在所正說及的這個「理想」是基於一自然的理念上的，而並不是基於一純然

地隨意的理念上的。因此，那須被問的問題只是這個問題，即：理性視一切事物之

可能性爲從一獨個的基本可能性，即最高實在之可能性，而被引生出，並因此，理

性遂預設此最高實在之可能性（基本可能性）須被含在一個體的（獨特的）根源存

有中，這是如何發生起的呢？

依據超越分析部中的討論而言，這個問題之答覆是顯明的。感取底對象之可能性卽是這些對象之關聯于我們的思想，在此思想中，某種東西（卽經驗之形式）能先驗地被思，而那構成「材料」者，卽構成現象領域中之「實在」者（實在是想應于感覺的那實在），則必須是被給與者，因為若非被給與者，則此實在（此材料）甚至亦不能被思，而其可能性亦不能被表象。現在，感取底一個對象其能完整地被決定是只當它與那些「在現象領域中為可能」的一切謂詞相比較時，它始能完整地被決定，而且藉賴着這些謂詞，它始可或肯定地被表象或否定地被表象。但是，因為那「構成事物本身」者，卽那「構成現象領域中之眞實物」者，必須是被給與的，（非然者事物本身必不能被思議），又因為一切現象底眞實物所由以被給與處就是經驗，就是視之為一整一而擁攝一切的那經驗，所以感取底一切對象之可能性上所需的材料必須被預設為是給與於一整全中（在一整全中被給與）；而一切經驗對象底可能性，一切經驗對象底互相區別以及其完整的決定，是只能基于「這整全之限。除感取底對象外，沒有其他對象事實上能被給與于我們，而對象之被給與于我們除在一可能經驗底絡中被給與外，亦無處可被給與；因此，我們亦可說，沒有什麼東西它可對于我們是一對象，除非它預設一切經驗的實在之綜集以為其可能性之條件。現在，由于一種自然的幻象，我們遂視此原則（卽『只應用于那些「當作我們的感取之對象而被給與」的東西上』的那原則）為一「必須在事物一般

上為有效」的原則。依此，由於略去這個限制（即略去只限于感取底對象這個限制），我們遂把關于我們的當作現象看的事物底可能性之概念之經驗的原則，視為關于「事物一般底可能性」之一超越的原則。

如果我們因此進而去把「一切實在之綜集」之理念實體化，則這是因為以下的緣故而然，即，因為：我們辯證地以經驗全體（當作一全體看的經驗）之「集合的統一」代替知性之經驗的使用之「分布的統一」；並因此，遂把全部現象領域思之為一獨個的東西，即一「含有一切經驗的實在於其自身」的那獨個的東西；復因此轉而又藉賴着上面所說的超越的非法臆斷（非法偷轉），以「居于一切事物底可能性之根源地位並為此一切事物之完整決定而供給真實條件」這樣一個東西之概念來代替那獨個的東西：即因為以上云云的緣故，如是，我們遂進而去把「一切實在之綜集」之理念實體化（實體化之為一理想，為一個體的存有，即上帝）。

關於此實體化，康德又加一注云：

這「最高真實的存有」之理想，雖然實在說來它只是一個純然的表象。（案此表象即擬議義），然而卻首先被真實化，即是說，首先變成一個對象，然後又被實體化，而最後，又因着「理性之自然地向着統一之完整而前進」這種自然的前進，它遂如我們將即刻所要表示的，乃被人格化。因為經驗之軌約的統一一並不是基于現象本身（並不是只基於感性）；而是基于通過知性而成的雜多之連繫（在一統覺中的雜多之連繫）；因此，最高實在之統一以及

一切事物底完整的可決定性（可能性）似乎卽存于一「最高的知性」中，因而亦就是說卽存于一「睿智體」中。

（以上俱見純粹理性批判下册辯證部第三章第二節論超越的理想，頁三四〇──三四四）

案此明示知解理性之形成人格神的上帝之概念是純然的虛構，是經由許多滑轉而形成的。原只是一軌約性的超越理念（一切實在之綜集或綜實在），其被視爲一個體性的存有亦原只是一主觀的表象（擬議），這是一根本的滑轉──從理念滑轉而爲一個體性的根源存有，這主觀的表象亦是滑轉的表象。經過此一根本的滑轉，然後它首先被眞實化（對象化），被視爲一客觀的對象，復又被實體化，被視爲是一獨個的，是單純的，是一切充足的，是永恒的，等等；最終則被人格化，被視爲是一最高的睿智體（最高的知性），而且具有意志。被眞實化（對象化），被實體化，被人格化，這三化都是一些滑轉。那根本的滑轉以及此三化之滑轉就是知解理性在形成人格神的上帝之概念中的虛幻性（辯證性）。這虛幻性之根源首先在「以經驗全體（當作一全體看的經驗）之集合的統一」代替知性之經驗的使用之分布的統一」，一切實在之綜集原只是一分布的統一，今誤之爲一集合的統一；既視之爲一集合的統一，如是『遂把全部現象領域思之爲一獨個的東西，卽一「含有一切經驗實在于其自身」的那獨個的東西』：這是被眞實化（對象化）底根源。既被眞實化對象化矣，如是，遂因着一種非法臆斷（非法偸轉），以「居于一切事物底可能性之根源地位並爲此一切事物之完整決定而供給眞實條件者」這樣一個東西之概念來代替那獨個的東西：這就是被實體化底根源。所謂「非法

臆斷」（非法偷轉）即是把那「只應用于那些當作我們的感取之對象而被給與的東西上」的原則誤視為一「必須在事物一般上為有效」的原則。這種誤視是忽略了那限于現象（感取之對象）之限制。由於忽略了這個限制，如是遂把關於「現象事物底可能性」之經驗的原則視為關于「事物一般底可能性」之一超越的原則：這便是非法臆斷（非法偷轉）。就因為藉賴着這種非法臆斷（非法偷轉），如是，遂可有上述那種代替以達至被實體化，即「以居于一切事物底可能性之根源地位並為此一切事物底完整決定而供給與實條件者」這樣一個東西之概念代替那獨個的東西這種代替以達至實體化。既經實體化矣，如是，再以擬人的方式而達至人格化。這樣，人格神的上帝之概念實是知解理性之經由種種滑轉而虛構成者。

既虛構成這樣一個對象，便有這對象底存在之問題，因此，遂有這對象底存在之證明之問題。這些都是知解理性上的事。然而知解理性之經由種種滑轉而虛構成者。其證明之虛幻，康德已詳明之，在此不必多言。

圓善所以可能之根據根本不需要由這樣一個虛構成的人格神的上帝之存在來充當。既是虛構的而又說它存在，這句話本身即是一矛盾。順思辨理性（知解理性）之進路而前進充其極只是一理神論（deism）。而「理神論」之神亦無多大的意義，只是一理極論，即「以理極為體」之義，如朱子之「太極」。康德說：

如果所謂神學我理解之為關於根源存有之知識，則它或是只基于理性，或是基于啟

示。前者之思考其對象或是通過純粹理性，只藉賴著超越的概念（根源的存有，最高真實的存有，一切存有之存有，這類超越的概念）而思之，在此情形下，它即被名曰「超越的神學」，或是通過從自然（從我們的靈魂之本性）假借得來的一個概念（一個作為一最高睿智體的根源存有之概念）而思之，既如此而思之，則它必須被名曰「自然的神學」。那些「復亦承認一自然的神學」的人們則被名曰「智神論者」（theists）。理神論者承認：我們能只通過理性而知一根源存有之存在，但他們卻主張說：我們的關于此根源存有之概念只是超越的而已矣，即是說，只是一個這樣的存有即「擁有一切實在性，但我們卻不能夠依任何較為更特殊的樣式而去決定之」這樣的存有之概念。智神論者肯斷說：理性是能夠通過類比於「自然」而更準確地決定其對象，即此存有通過知性與自由，于其自身中即含有每一其他東西之終極根據。這樣說來，理神論者表象此存有是只表象之為「世界之一原因」（至於是否依此存有底本性之必然性而表象之為世界之一原因抑或是通過自由而表象之為世界之一原因，則是存而不決者），而智神論者之表象此存有則是表象之為「世界之創造者」。

此段文見純粹理性批判下冊辯證部第三章第七節，頁三九八──三九九。康德在該節中又

說：

因為所謂上帝之概念，我們並非慣常理解之為只是一盲目地工作着（運轉着）的「永恒的自然」，以為一切事物之根源，而是理解之為一最高的存有，此最高的存有通過知性與自由而為一切事物之創造者，又因為只在如此理解之之意義下，上帝之概念始使我們感興趣。因為以上兩層緣故，所以嚴格地言之，我們能否認「理神論者有上帝之信仰」，而只承認「他有一根源的存有或最高的原因之肯斷」。但是，因為沒有人以其否決其所只不敢冒險肯斷者而應受責難，所以若說理神論者只相信一上帝，而智神論者則相信一活的上帝（有生命的上帝，最高的睿智體），這或許較少粗澀難聽而且亦比較更為公正。（該書頁四〇一──四〇二）。

我在此段文下曾加一案語云：「沒有人以其否決其所只不敢冒險肯斷者而應受責難」語中「所只不敢冒險肯斷者」意卽理神論者不敢冒險進一步復肯斷其所肯斷之根源的存有或最高原因為一睿智體，具有智性與自由者。他不敢肯斷如此之上帝，但他可相應其所肯斷之根源的存有而肯斷一形式的，理的上帝。如是，他否決其所不敢肯斷者而只肯斷一理上帝則是可以的。因此說他只信一上帝（理上帝），而智神論者，則信一活的上帝，有生命的上帝，作為最高睿智體的上帝，則是較為和緩（較少急切難聽）而且較為公允，不必定說他不信上帝

也（即不必否認他有上帝之信仰）。但是康德這樣公允的客氣亦是多餘的。因爲照他所說的理神論，雖只信一上帝，然而這「理上帝」卻仍是一個體的存有，而這個體的存有卻仍是一虛構，由滑轉而成者。充其極而最純淨的理神論，不但「神」字無多大意義，即「上帝」一詞亦不必是一個體的存有。康德明言吾人可否認理神論者有上帝之信仰。此即是充其極而最純淨的理神論，即理極論。

程明道云：「詩書中凡有一個主宰底意思皆言帝，有一個包涵徧覆底意思則言天。」又言：「上天之載無聲無臭。其體則謂之易，其理則謂之道，其用則謂之神，其命于人則謂之性。」（見心體與性體第二册明道章第一節天道篇）。又言：「天之自然者謂之天道，言天之賦於萬物者謂之天命。」凡此俱無個體存有義，即根源存有或最高原因義，這只是一形式的超越概念，並無特殊的規定——規定其須是一物（一個體物），更何況規定其爲一人格神。朱子之太極亦然。這是純淨的理神論。康德所說的理神論是不純淨的理神論。

康德明言超越的理念 （綜實在之理念） 被眞實化 （對象化） 而爲一個體的存有是一虛構。「我們沒有權利去作這一步，甚至亦沒有權利去假定這樣一個假設之可能性。而從這樣一個理想。而流出的任何後果對于事物之完整決定亦不能有任何關係，而在事物之完整決定方面亦不能表現絲毫影響力；可是超越的理念已被表明爲是必然的，其所以被表明爲是必然的，乃是只因其有助于事物之完整決定之故。」（見前錄辯證部第三章第二節文）。光只個體化而爲一個「理想」已不能對于事物之完整決定有任何關係或表現絲毫影響力。我們根

據這句話亦可說：即使再把這個體存有進一步再實體化，更進一步再人格化，亦不能對于事物之完整決定有任何關係，或表現任何影響力。此而無關係，則對于圓善中德福之諧一，便能有關係乎？即便能使自然與吾人行為之道德品質相諧和乎？即使朱子之純淨的理神論亦不能使德福一致為為可能。明道關于天或帝之純淨的理神論亦然；而其一本論之所以可作德福一致之根據乃是因為其理神（理極體）已消融于無限智心故（朱子無此義）。因此，我們決不能以知解理性所虛構的人格神的上帝之概念來充當圓善可能之根據。在實踐理性上，為實踐之目的，使圓善為可理解，需要這樣的人格神而信仰之，這信仰，亦是情識決定，非理性決定。（康德雖說這信仰是純粹理性的信仰，因為純粹理性——即知解理性的唯一源泉。但這說法並不足以使這信仰為理性決定，因為其出現為虛構故，因而在實踐理性上需要之，信仰之，這需要這信仰亦仍為情識決定，非理性決定。）情識地需要並信仰這樣一個人格神之存在並不能說明自然與道德品質相諧和，以之為這諧和之根據，說祂含有這諧和之原則，這並不能使人坦然明白。此如吾於本節開頭之所說。

據說康德本想去掉這個人格神之上帝，只因可憐他的僕人之不安，遂終于又把祂肯定了。由此可見這信仰是情識決定，非理性決定。當然，眾生根器不一，為顧念眾生情感上之安慰，留此情識決定之信仰亦未始不可，這亦是菩薩留惑潤生之一道也。然若就康德而言，設使彼去此情識決定之信仰，彼將何所歸乎？彼無中國傳統，將如何保住無限智心一觀念？

此而不保，彼將無法觸及圓善一問題，更何況此問題之解決！

依此，撇開那對于超越理念之個體化（真實化對象化），實體化，人格化之途徑，歸而只就無限智心以說明圓善可能之根據，這將是所剩下的唯一必然的途徑。這途徑即是圓教之途徑。此只就實踐理性而言即可。於知解理性方面，吾人隨康德只承認其軌約的使用，不承認其構造的使用（圓成的使用）。康德所想的上帝王國（圓善世界），由目的王國與自然王國諧一而成者，亦將只能在圓教途徑中朗現，除此以外，別無他途。

## 第二節 無限智心一觀念將如何被確立？

無限智心一觀念，儒釋道三教皆有之，依儒家言，是本心或良知；依道家言，是道心或玄智，依佛家言，是般若智或如來藏自性清淨心。這都未對象化而為人格神。凡此皆純自實踐理性言，毫不涉及思辨理性之虛構。然則此無限智心將如何被確立耶？以下試分別依三教之途徑予以詳明之展示。

儒家的無限的智心由孔子之「仁」而開示。仁所以能被引發成無限的智心是由于孔子所意謂的仁之獨特的基本性格而然。孔子之言仁主要地是由不安、不忍、憤悱不容已之指點來開啟人之真實德性生命。中間經過孟子之即心說性，中庸易傳之神光透發──主觀面的德性生命與客觀面的天命不已之道體之合一，下屆宋明儒明道之識仁與一本，象山之善紹孟子而

重言本心，以及陽明之致良知——四有與四無並進，劉蕺山之慎獨——心宗與性宗之合一：

經過這一切之反覆闡明，無限的智心一概念遂完全確立而不搖動，而且完全由實踐理性而悟

入，絕不涉及思辨理性之辯證。

我以前于心體與性體第二册講明道之識仁篇中曾對于孔子之仁作一貫通的綜述，今錄于

此以作理解之規範。

仁體，仁理，仁道，或仁心，此四詞通用。「識得此理，以誠敬存之而已」，此是

說仁為理，故可曰仁理。「此道與物無對，大不足以明之」，此是說仁為道，故可

曰仁道。「萬物皆備于我」，「蓋良知良能元不喪失」，此是就心說仁，故可曰仁

心。下第七條「學者識得仁體，實有諸己，只要義理栽培」，此是說仁體，仁卽是體。

仁體，依明道之理解，首先是人人俱有，而亦遍體一切而「與物無對」者。故曰

「仁者渾然與物同體」。此言與天地萬物為一體，渾然無物我內外之分隔，便是

「仁者」底境界，亦就是「仁」底意義了。「同體」是一體之意，不是同一本體。

由「仁者渾然與物同體」來識仁體之實義。此句用佛家詞語說，是以人表法，以

「仁者」之境界表「仁體」之實義。目的本在說仁，惟藉「仁者」之境界以示之

耳。故下卽繼之云：「義禮智信皆仁也」。識得此理，以誠敬存之而已。」又云：「此

道與物無對，大不足以明之」。此皆是說仁體，仁理，或仁道之自身，重點不在說

「仁者」。惟「仁者渾然與物同體」一語句則不能直解爲是說仁，以仁爲主詞。照此語句本身說，只能看成是由「仁者」底境界來了解仁體之實義。下第二條「醫書言手足痿痺爲不仁，此言最善名狀。仁者以天地萬物爲一體，莫非己也。」此亦是由「仁者」境界說仁。「痿痺爲不仁」，則仁之義便是感通一體，而以「仁者以天地萬物爲一體」以名狀（反顯）仁之實義也。「此言最善名狀」，最足以示之矣。「痿痺爲不仁」。仁者以天地萬物爲一體，而以「仁者以天地萬物爲一體」以名狀（反顯）仁之實義也。此是說人。但下繼之云：「大人之能以天地萬物爲一體者也。」此末句便是說「仁心」。此亦是由「大人」之境界直透示其本心仁體爲如此如此也。

仁體之實義何以是如此？此須進一步作更具體而眞實的了解。此可從兩面說：一是「萬物皆備于我，反身而誠，樂莫大焉。」二是感通無隔，覺潤無方。前者是孟子之所說，後者是明道之所獨悟。但人可問：明道之所獨悟者于論語亦有據乎？孔子之仁可得如此而言乎？曰：可。

明道說此當說此感通義是總特並消化孔子所指點之仁而眞切地體貼出者。字面上並無根據，但落實了，一句說出來，却亦實是此義。孔子說仁說義，吾人可說其文制的根據，卽是周公之制禮。周公制禮不外兩行，卽親親之殺與尊尊之等。由親親啟悟仁，由尊尊啟悟義。但一旦啟悟出，則雖不離親親尊尊，而亦不爲親親尊尊所限。而仁

・257・

尤有其成德上之本體性與根本性，故論語中說仁獨多，而孔子又不輕許人以仁也。仁道之大可知（雖其極也），明道說大字不足以明之，而亦甚親切。故孔子說仁大抵皆指點語也。首先說：「人而不仁如禮何？人而不仁如樂何？」又說：「禮云禮云，玉帛云乎哉？樂云樂云，鐘鼓云乎哉？」此即示凡禮樂決不只是一些虛文，必須有真實生命方能成就其爲禮樂。而仁即代表真實生命也。孔子由許多方面指點。親喪，食夫稻，衣夫錦，於汝安乎？宰予說「安」，即宰予之不仁，其生命已無悱惻之感，已爲其關于短喪之特定理由所牽引而陷于僵滯膠固之中，亦即麻木不覺之中，而喪失其仁心，亦即喪失其柔嫩活潑，觸之即動，動之即覺之本心。是以「不安」者即是真實生命之躍動，所謂「活潑潑地」者是也。此處正見仁。然則「安」者正是停滯下來，陷于痴呆之境而自固結也。孔子指點仁正是要人挑破此墮性固結之安，而由不安以安於仁也。故重憤啟悱發。有憤始啟，有悱始發。「不憤不啟，不悱不發。」此雖是仁」之安，乃是功利者着于利之「着」。不是「欽思、文明、安安」之安，乃是墮性之安，習氣固結之安。孔子指點仁正是要人挑破此墮性固結之安，而由不安以安於仁也。故重憤啟悱發。有憤始啟，有悱始發。「不憤不啟，不悱不發。」此雖是就教學言，啟與發爲他動詞，然收回來作自動詞亦可。無論他動之啟發，或是自動之啟發，皆須有憤悱作根據。而憤悱即是真生命之躍動。推之，一切德性之表現皆由憤悱而出也。憤悱即是不安，即是不忍。故後來孟子即以「不忍人之心」說仁，

· 258 ·

以「惻隱之心」說仁。此雖另撰新詞，而義實相承也。（尤後來諸葛公說「惻然有所覺，揭然有所存」，亦義相承也。）孔子之「學不厭，教不倦」，亦不過是眞實生命之憤悱之「不容已」。此亦卽眞實生命之「純亦不已」也。孟子引子貢曰：「學不厭智也，教不倦仁也，仁且智，夫子旣聖矣。」此雖是子貢之注語，然其師弟生命之親炙，其間自有相契應處，故由「學不厭教不倦」而啓悟仁智亦自是順適相應而毫無杜撰處。若由字面觀之，「敎不倦」與仁有何相干？由「敎不倦」說仁，可謂全無根據。然此不是字義訓詁之事，乃是眞實生命之指點與啓悟之事。「學不厭」是智之表現，亦轉而成其爲智。「敎不倦」是仁之表現，亦轉而成其爲仁。子貢有此生命之感應，故能卽由孔子之「學不厭敎不倦」而體悟到仁且智也。若非「精誠惻怛」，焉能「學不厭敎不倦」乎？故由不厭不倦單體悟仁字亦可也。若從字義訓詁觀之，卽孔子答弟子之問，亦幾乎無一語是訓詁上相對應者，然而却皆足以拈點仁。此可以獲得體悟仁體實義之門徑矣。

原來仁是要超脫字義訓詁之方式來了悟。孔子根本不取此方式，他是從生活實例上「能近取譬」來指點仁之實義，來開啓人之不安、不忍、憤悱不容已之眞實生命。仁甚至亦不是一固定之德目，甚至亦不能爲任何德目所限定。孔子本人根本未視仁爲一固定之德目。恭、敬、忠都足以表示仁，恭、寬、信、敏、惠亦都足以表示仁。「克己復禮爲仁」。「出門如見大賓，使民如承大祭，己所不欲勿施於人，在

邦無怨，在家無怨」爲仁。「夫仁者己欲立而立人，己欲達而達人，能近取譬，可謂仁之方也已。」「剛毅木訥近仁」。「仁者其言也訒」。「不仁者不可以久處約，不可以長處樂」。「惟仁者能好人，能惡人。」「觀過斯知仁矣」。「巧言令色鮮矣仁」。「仁者先難而後獲，可謂仁矣」。「仁者樂山」，「仁者靜」，「仁者壽」。凡此等等，如從字面觀之，似乎無一字與仁有關係。（除「樊遲問仁，子曰愛人」。此是最簡單的答覆。）然而孔子却正是從這些德與不德，仁者如何如何，不仁者如何如何，來指點仁。仁不爲任何一德目所限定，是一切德性表現底根源，是道德創造之總根源，故仁是全德。故明道曰：「義禮智信皆仁也。」此不是明道之推稱，孔子已經作如是之綜攝。明道所說猶簡約也。孟子說：「仁也者人也，合而言之道也。」此亦是根據孔子之指點而綜說。「合而言之道也」，即表示仁是人成全其爲一人，成全其爲一德性生命之大路（總根源）。

由不安、不忍、憤悱不容已說，是感通之無隔，覺潤之無方。雖親親、仁民、愛物，差等不容泯滅，然其爲不安不忍則一也。不安、不忍、憤悱不容已即直接函着健行不息，純亦不已。故吾常說仁有二特性，一曰覺，二曰健。健爲覺所函，此是精神生命的，不是物理生命的。覺即就感通覺潤而說。此覺是由不安、不忍、悱惻之感來說，是生命之洋溢，是溫暖之貫注，如時雨之潤，故曰「覺潤」。「覺」潤

至何處，即使何處有生意，能生長，此是由「吾之覺」之「潤之」而誘發其生機也。故覺潤即起創生。故吾亦說「仁以感通爲性，以潤物爲用」。橫說是覺潤，豎說是創生。橫說，覺潤不能自原則上劃定一界限，說一定要止於此而不應通於彼。何處是其極限？並無極限。其極也必「以天地萬物爲一體」。（案此即其無限。孟子說：「萬物皆備於我」，亦非孟子之誇大。此即仁之所以爲「仁體」。此並非明道之誇大。孟子，明道說之，亦非其杜撰也。此非執詞義者所能解也。非必不爲其所意許也。此可由覺潤直接而明也。此乃是孔子言仁所必函。孔子雖未說，

（案此橫說者即表示仁是一無限的智心）。

橫說是如此，豎說則覺潤即函創生。故仁心之覺潤即是道德創造之眞幾，此即函健行不息，純亦不已。亦即所以是一切德之總根源，綜攝一切德而爲一全德之故也。故明道說「仁者渾然與物同體」，「仁者以天地萬物爲一體，莫非己也」，「此道不與物對，大不足以明之」，于論語有根據也，即就「創生」義、「全德」義而說也。（案就覺信皆仁也」，于論語亦有根據也，即就「覺潤」義而說也。說「義禮智潤創生義說，仁不但是一切德之根源，而且亦是一切存在之根源。無限的智心是道德可能之根據，同時亦是存在之存有論的根據。

綜此覺潤與創生兩義，仁固是仁心。此仁心即是吾人不安、不忍、憤悱生德，不容已之本心，觸之即動，動之即覺，「活潑潑地」之本心，亦即吾人之眞實生

・261・

命。此仁心是遍潤遍攝一切而「與物無對」且有絕對普遍性之本體，亦是道德創造

之真幾，故亦曰「仁體」。言至此，仁心、仁體即與「維天之命於穆不已」之天命

流行之體合而為一。天命于穆不已是客觀而超越地言之；仁心仁體則由當下不安不

忍憤悱不容已而啟悟，是主觀而內在地言之。主客觀合一，是之謂「一本」。

（心體與性體第二册頁二二九——二三四）。

案此段文本是由程明道之識仁篇說起，上通孔孟，下賅陸王，上下貫通，若合符節。仁確是

一無限的智心。仁者或大人即是能操存踐履以天地萬物為一體的人。其能以天地萬物為一體

非意之也，意即非主觀造作臆想虛設其是如此也，乃是「其心之仁本若是其與天地萬物而為

一也」。此即由大人之操存踐履定知仁心為一無限的智心。此心不獨大人有之，人人皆有

之，甚至一切理性的存有皆有之，惟大人能勿喪耳。大人是此心之體現者。孟子已充分建立

起此義。此心雖由不安不忍憤悱不容已來指點，然決不是人們一時之感觸。孔孟所以如此指

點乃是予人以切近悟入之路。故此心決不是康德所說的「人性底特殊屬性」，「人類之特殊

的自然特徵」，或「某種情感和性癖性好」之類，乃確然即是其所說的純粹實踐的理性：此

心即是理性的心，乃有絕對普遍性者，故明道云：「此道不與物對，〔雖謂之為〕大，〔亦〕

不足以明之。」康德所說的「人性底特殊屬性」，「人類之特殊的自然特徵」，乃至性好性

癖以及某種情感之類，皆是告子所謂「生之謂性」，或宋明儒所謂「氣質之性」，決不能由

此等建立道德，亦不能由之說無限性以及絕對普遍性，更不能由之說覺潤萬物。故此仁心

——無限的智心乃即是純粹理性的心；孟子即此心以說性乃即是宋明儒所說的「義理之性」。

義理之性即義理之心，故有無限性以及絕對普遍性，一切理性的存在皆有之。就不安不忍而

指點之，乃是「當機指點」之意。當機指點之即示其當下可以呈現。每一現實之機即是引起

其當下可以呈現之緣。因為它是心，焉有既是心而可以不呈現？機是特殊的，故使其當下可以呈現之

之為人之超越的性，非生之謂性之性）而可以不呈現？此心即是性，焉有既是性（人

緣亦有局限性。但此心之本身則不為此機此緣所限而有其無限性與絕對普遍性，此則由大人

之操存踐履而已體現之矣，故云「其心之仁本若是其與天地萬物而為一也」。此即此無限的

智心之證成。此則純由實踐理性而證立者，決不涉及思辨理性之虛構。

有此無限而普遍的理性的智心，故能立道德之必然且能覺潤而創生萬物使之有存在。只

此一無限的智心之大本之確立即足以保住「德之純亦不已」之純淨性與夫「天地萬物之存在以

及其存在之諧和于德」之必然性。此即開德福一致所以可能之機。至於思辨理性所引出的那

些虛幻盡皆是多餘的（當然既已引出矣，而若釐清之，亦是好事，此即是康德之工作）。法

藏賢首云：若云眾生有盡，是斷見；若云眾生無盡，是常見。只一心開二門，一毘盧遮那佛

法身法界斯可矣。此即撤開一切思辨理性之辯證而直就實踐理性（佛家義者）以說圓滿也。

以上依儒家義說。道家義的無限智心是玄智，是道心。玄智者，「有無兩者同出而異

名，同謂之玄，玄之又玄，眾妙之門」（此依王弼注理解）。有是道之徼，無是道之妙。有

無合一（辯證的融一）謂之玄。分別言之，無是天地之始，有是萬物之母。天地之始由總持

地後返而見，萬物之母由散開地徹終而見。玄是有無始母之融一地說，由此得見道之具體而

真實的妙用，即成全一切之妙用。「天得一以清，地得一以寧」云云，即此之謂也。此一即

是玄一，玄一即道也。（若通過一、二、三以展示道，則無為一，有為二，玄為三，玄之三

亦實道也。）道心玄智一旦呈現，則人之生命虛一而靜，亦和光同塵而成全一切，而天地萬

物亦皆歸根復命而得其天常（復命曰常，不知常，妄作凶）。如是，此一無限的道心玄智一

旦呈現亦可保住玄德之純與夫存在之諧和于德（道家意義的德）。此亦可開德福一致之機。

此亦是純由實踐理性（道家意義的實踐理性，虛一而靜的清明之心即是實踐理性）而說圓

滿，並無思辨理性之層入。惟此一實踐途徑不由道德意識入，而是由「無」之意識入，故其

所成之圓滿純為境界形態之圓滿；其所說之「無」為作用層而無作用層與實有

層之分，乃吾所謂「縱者橫講」之系統也。（凡此俱當參看中國哲學十九講中第五、六、七

三講）。

佛家義的無限智心，直接地橫說，是般若智；通過佛性一觀念而間接地說，即堅說，是

如來藏自性清淨心。此是由「緣起性空」一法理而悟入。眾生底子是無明業識。通過「依緣

起性空一法理之理性而起修行」這一實踐而轉識成智，則無限智心呈現。一切智，道種智，

一切種智（般若經三智），乃至根本智，後得智，無分別智（唯識三智），皆無限智心也。

收用歸體，通過佛性一觀念，堅說如來藏自性清淨心，由此一心開二門：生滅門與真如門，

如此，亦可保住無量無漏功德之純（佛家意義的德），並可說明一切法（生滅門之染汙法與眞如門之清淨法）之存在以及轉識成智後一切清淨法之存在之諧和于德。此亦足以開德福一致之機。此一實踐途徑亦不由道德意識入，乃由苦業意識入。此一系統，其始也，雖豎說一心開二門，似是一縱貫系統，然而其終也，仍是縱者橫講，非如儒家之縱者縱講，蓋以其生滅門之一切染汙法乃由業識起現，而眞如門之一切清淨法則直就着生滅門而還滅之而然，並非別有一套清淨法而由自性清淨心以創生之也。其般若智並不能創生一切法也，其佛性法身亦然，其般若、法身、解脫三德秘密藏亦然。本體論的生起論並非是佛法。天臺、華嚴、禪三大宗亦並非是本體論的生起論。是故佛家的圓滿系統仍是縱者橫講。蓋以其並不以道德創造。（自由意志之特種因果）爲基幹也。

以上分別略述三教無限智心之義蘊。三教無限智心雖依教路不同而有不同之義蘊，然而其爲無限智心則一也；皆足以開德福一致之機亦一也，皆未被人格神化被推出去而視爲一對象亦一也。

無限智心雖可開德福一致以圓滿之機，然而光說無限智心之確立尚不能使吾人明徹德福一致。之眞實可能。如是，吾人必須進至由無限智心而講圓教始能徹底明之。蓋德福一致之眞實可能只有在圓教下始可說也。圓教之確立深奧非凡，並非籠統地一二語所能明。關此，佛敎方面之天臺宗貢獻最大。以下先依天臺宗之判敎以明圓敎之意義；次則藉其所明之圓敎模式以明儒、道兩家之圓敎；最後歸于儒家圓敎之境以明德福一致之本義。

第三節　圓教將如何被確立？佛家之圓教與圓善

圓教是佛教方面判教中的一個觀念，而判教判得最盡、解說圓教之所以為圓教解說得最明確者，則在中國之天臺宗。佛教在印度本有大小乘之爭，大乘中亦有空有之爭。所憑以成佛之車乘（教路）既有大小，則所成之佛亦必有較圓滿者與不圓滿者。教路小者，則依之以成佛者其所成之佛之規格必亦較小，較小即是不充盡，不究竟，此即是不圓滿。教路大者，空有之爭，其教路亦不必真能是圓教，而其所成之佛之規格亦不必真能是圓實之佛。大小之爭，空有之爭，爭是主觀地說，「各以其有為不可加矣」（莊子天下篇語）。然各種教路本都是佛所說，佛不能一時說盡一切話，是故必有時是權說，有時是實說，而且隨時可以各種方式說。行者有所執（隨機宜各有所取，隨其所取而復不解其所取者之實義，是故逐有所執），故起爭辯。但既都是佛所說，則凡佛所說者本不能有錯，是故客觀地言之，必皆是對的，即都是佛法，都可以成為通佛之路。因此，捨去主觀之爭，必有客觀的判教。佛教傳至中國來，中國佛弟子固亦有主觀之爭，然就佛所說而言，亦能取客觀的態度，將佛所說之各種法門（每一法是通佛之門）以及其說法之各種方式（或頓或漸或秘密或不定），予以合理的安排，此之謂判教。判者分判義，判教者分判佛所說之教法而定其高下或權實之價值之所謂也。故就佛所說而言判教，則判只能是分判義，不能是批判義，因佛所說無虛幻故。但若

分判者有不諦而予以糾正，則分判過程中亦有批判義。故判教是一大智慧，必須眞能相應地了解佛之本懷始可。天臺智者大師擔負此工作，固需要其本人有相應的智慧，而「佛教發展至最後需要此步工作」之客觀的必然性亦促使之然也──勢之必然促使之正視客觀的判教而不只是主觀地執守而已也。故判教既是歷史之使命，亦需個人之智慧。

判教以圓教爲究極。凡聖人之所說爲教，一般言之，凡能啟發人之理性，使人運用其理性從事于道德的實踐，或解脫的實踐，或純淨化或聖潔化其生命之實踐，以達至最高的理想之境者爲教。圓教卽是圓滿之教。圓者滿義，無虛歉謂之滿。圓滿之教卽是如理而實說之教，凡所說者皆無一毫虛歉處。故圓滿之教亦曰圓實之教。凡未達此圓滿之境之權說，卽對機而指點地，對治地，或偏面有局限地姑如此說，非如理之實說。儘管其指點地或對治地或偏面有局限地所說者亦對，然而其如此說則是方便，實理並不如此。是故實理言，其如此說便有不盡，尙未至圓滿之境，因而其所說者亦非究竟之義。有不盡卽函着向盡而趨；非究竟者函着向究竟而趨；非了義者函着向了義者而趨。聖人初始所說大抵皆是當機而說者，很少是純客觀地如理實說或圓說。圓實之境大體皆是後來之發展或後人之引申，而且越重視具體生活者越是如此，此如孔子。但孔子之敎亦有其圓實之境，非是後來的發展，非必老子與釋迦已說至如此之境引申，而且越重視具體生活者越是如此，此如孔子。但孔子之敎亦有其圓實之境，非是後來的發展，非必老子與釋迦已說至如此之境此雖是後人之發展，亦是引申的發展，但其所決定之方向本可含有此圓實之境亦非是外來的增加。道家佛教玄思較多，然其圓實之境亦是後來的發展，非必老子與釋迦已說至如此之境也。卽如天臺五時判教，說一切經典皆佛所說，此只是就義理系統而言，非必歷史事實是如

此。義理系統如此完整不爲多，釋迦初始所說表面有局限不爲少。蓋其立教之方向本應如

此，而現實之聖人事實上亦不能說盡一切話也。故大小之爭爲偏執，而開權顯實爲通達也。

教既是指「能開啟人之理性使人運用其理性通過各種型態的實踐以純潔化其生命而達至

最高的理想之境」者而言，則非如此者便不可說爲教。如邏輯，雖可以符號表象之，展示之

爲一符號系統，然空無內容，只是形式地表示「推理自身」之學，故只是邏輯學，並非是

教。就符號系統言，雖有較圓滿與較不圓滿之別，然既是一符號系統，故皆是由特定程序而

成的特定系統，更無絕對的圓滿系統，亦不能就特定的符號系統說圓教。絕對者只是一非符

號化的推理之自身，而此絕對亦非圓教之絕對。推理自身于凡有思考處皆可顯現，雖卽菩薩

佛，於其四無礙智中亦不能違背。然吾人不能說「推理自身」是教，更不能說表象推理自身

之符號系統是教，雖佛菩薩于實踐中可以涉及之。因此，推理自身只是思考上的一個「法」，

而邏輯學中的諸概念只是思考上的一些邏輯形式法，並非是教。

邏輯如此，數學幾何亦然。數學幾何是形式的科學，意卽關于數量與幾何圖形之純形式

的知識。分別言之，算數學是無需公理的一個定然系統，幾何學是有需于公理的假然系統。

客觀言之，都是套套邏輯地必然的；主觀言之，又都是直覺地綜和的。然都是一些特定的形

式系統，不能說爲是教。它們都是一些形式法之關係，這些形式法佛家名之曰「不相應行

法」，因其與色心等法不相應，與色心等法建立不起同或異之關係，而卻屬于思行故。數學

與幾何是教中所涉及的不相應行的形式法之關係，而其本身雖是一形式系統，然而這系統卻

並非是教。

物理化學等是經驗科學，它們是有關乎自然存在的一些經驗知識。色心等法都是自然存在，色法是物理化學底對象，心法是心理學底對象。這些經驗科學雖都成系統，然卻非套套邏輯的形式系統，是故其知識亦是經驗綜和的知識，因而其真假值亦是概然的，不是必然的，這些經驗知識之系統，佛菩薩于實踐中可以涉及之，其本身卻非是教；一切自然存在，皆是教中所涉及之（經驗對象）皆是教中所涉及之法，十八界，乃至三千世間，亦是自然存在，皆是教中所涉及之法，而其本身不是教。

邏輯、數學、幾何中的法是形式法，物理化學等中的法是材質法。關于這兩類法的知識系統都非是教，惟獨那「能開啟人之理性使人運用其理性通過各種形態的實踐以純潔化其生命而達至最高理想之境」者始可說為教。這樣的可說為教者，有各種不同的途徑，因此，有各種不同的教，在西方有耶教，在東方有儒道釋三教，每一教是一系統。就佛教而言，那樣的教，雖都是佛所說，然有各種說法，每一說法亦是一系統。然則于這些說法中，那一種說法是最圓滿的說法而可稱爲圓教呢？因此，這便有需于判教。那被判爲圓教者，我們如何能判之爲圓教？現在，我們先就所說「教」之定義立一大體之綱格以明在什麼關節上才可達至「教」之極致。「依理性通過實踐以純潔化一己之生命」，這是教中的一主要部分。這一部分，籠統地言之，就是成德的一部分，不管這所成之「德」是什麼意義的德，是儒家的，道家的，抑或是佛家的。我們先獨立地把這德訓爲「德者得也」。將某種東西通過實踐而實有

諸己謂之「得」。如此得之而純潔化人之感性生命便是「德」。如此，實踐是一種戰鬥，當

然需要努力，這表示它是生命底一種超昇。但是這樣的努力眞能有結果嗎？這須分別說。若

就實踐以成德是我自己所能掌握者而言，則可說必然有結果，成德即是其結果。「成德而純

潔化人之感性生命」是一分析命題，即成德必然函着純潔化一分感性生命。這也是其結

果。但是「成德而期改善人之實際存在」這卻不是一分析命題，因爲儘有成了德而且亦純潔

化了其感性生命（消化了其感性雜念）者，其實際存在之狀況仍不見佳。是以此一命題是一

綜和命題。但是吾人有實際之存在，吾人之實踐以成德不能不顧及此實際之存在。若置此不

理，光只看成德一面，則是偏枯之敎，或至多可說這是在扭轉一階段上爲然，非人生實踐之

極致。因爲吾人之實踐並非欲抹去此存在者，實踐而不肯定此存在等于自殺。自殺非可云實

踐。是以在實踐中必然函着肯定存在，因而亦必然函着「改善存在」之期望。但是這期望在

實踐以成德中不可必，即不能由成德分析而得。是故這兩者之關係爲綜和的。在成德以外而

有獨立意義的「改善存在」之期望即是「幸福」之期望。這是敎中的第二部分，這一部分必

涉及「存在」。因此，期望「德福一致」便是敎之極致，即「自然存在與德間之相應和而

諧一」是敎之極致。但是「德福一致」不是我所能掌握的，依基督敎說，是上帝所創造的。但是

上帝是一個體性的人格化的無限存有，這不是東方宗敎所取的途徑，因爲其中有虛幻故。因

此，儒釋道三敎捨上帝而言無限智心。此一無限智心有所事事于「存在」，但這不是依上帝

創造之之途徑而說。因此，要想達至德福一致，必須確立無限智心。但光只一無限智心，雖

可開德福一致之門，然尚不能眞至德福一致。必須由無限智心而至圓教。圓教始可眞能使德福一致之眞實可能之究極圓滿之教。德福一致是圓善，圓教成就圓善。就哲學言，其系統至此而止。

以下試依此綱格明如何判一教說爲圓教。

依天臺判教，「智不窮源，恩不及物」爲小教（小乘之教）。「智不窮源」者說法只限于三界，未能及于三界之外以徹法之淵底者之謂；就識變言，只限于六識，未能及于第七識與第八識者之謂；就智心言，未能及于如來藏自性淸淨心之無限智心者之謂：是卽無論就識或智言，皆未能通至界外之「無限界」以說明一切染淨法之存在也。「恩不及物」者慈悲心不足，不能不捨眾生而普渡之，而只個人自己解脫之謂也。反是者謂之大教（大乘之教）。大教者說法能通至界外之「無限界」而解脫亦以一切眾生得渡爲條件者之謂也。

但是通至界外之無限界，若只通至無限無明識心所謂阿賴耶識，而于無漏種只承認後天熏習而成漸教者，則是「界外一途法門，非通方法門」。此卽所謂唯識宗。別教是大乘敎，專就修菩薩道者而言。唯識宗因通至界外，固亦是別教，但此別教只是界外一途法門，非通方法門，言其由如來藏開出之一時之方便，非眞正了義之通方別教。

眞正了義之通方別教在言「如來藏自性淸淨心」者。此卽「大乘起信論」之系統。以一大乘心開生滅眞如之二門，于一切染淨法之存在皆得有根源之說明，而且捨無漏種而言眞心，則成佛之可能始有超越的根據。卽以是故，謂之爲了義通方之別教。然以經由超越分解。

之路而建立，故雖是了義通方之別教，然亦仍是別教，非圓教也。

即依此眞心系統，通過一頓教，而至華嚴毘盧遮那佛法身法界緣起之圓滿教，這還仍是別教一乘圓教，非眞正了義之圓教。蓋「曲徑紆廻，所因處拙」故也。「所因處拙」者謂以唯眞心爲準的，不能即染成淨，必「緣理斷九」（緣清淨眞如理以斷九法界之無明，因而亦無九法界法，唯只一佛法身法界法）而後成佛也。「曲徑紆廻」者以通過一超越的分解以立眞心之隨緣不變統攝一切法，然後經歷劫修行捨染取淨也。此則爲「性具」系統，非「性具」系統。「隨緣不變，不變隨緣」，眞如心隨緣起現一切法，謂之「性起」；非「一念無明法性心」當下圓具一切法，故非「性具」。隨緣起到處可有法起現，隨不到處則無法起現，是則于一切法之存在無圓足保證也。此即等于說是無定的無限，非圓成的無限。所以如此，蓋未能眞至「色心不二」故也。在性起系統，「色心不二」是分解的綜和命題，非詭譎的相即之命題，亦可以離而二之。（色心之詭譎的相即既非分解的綜和，亦非分解的分析。）既不能眞至「色心不二」，自亦不能智識不二，亦不能有「一切法趣」之唯聲、唯色、唯香、唯味、唯觸之圓說。（般若經言「一切法趣空，是趣不過」，乃至一切法趣某某皆是趣不過。天臺宗謂「一切法趣」是圓教說，即圓教之標識。因此既可以一切法趣識而唯識，亦可以一切法趣聲、色等，而唯聲、唯色、唯香、唯味、唯觸。）故華嚴圓教乃是隔離的圓教，徒顯高而不能圓，如日初出先照高山，未能照至幽谷，蓋以未經歷一辯證的發展故也。

（五時判教，第一時說華嚴，故華嚴圓教只就佛自身說，未經歷「第二時說小乘，第三時說

方等，第四時說般若，最終第五時說法華涅槃」之辯證發展，故非眞正圓教，未能開權顯實、即權說實也。故在華嚴會上小乘如聾如啞，是則只是「中道而立，能者從之」，未能普接羣機而皆圓成之也。故眞正圓教當在法華。）

華嚴性起系統既是別教一乘圓教，非究竟圓滿之教，故天臺智者大師必須進而依法華經再確立究竟了義之圓滿之教，此即是性具系統，華嚴家名之曰「同教一乘圓教」。同教者共同于一切權教而不離也，非捨權以言圓也。

依天臺，成立圓教所依據之基本原則即是由「即」字所示者。如說菩提，必須說「煩惱即菩提」，才是圓說。如說涅槃，必須說「生死即涅槃」，才是圓說。如依煩惱字之本義而分解地解說其是如何如何，進而復分解地說「斷煩惱證菩提」，或「迷即煩惱，悟即菩提」，或「本無煩惱，元是菩提」，這皆非圓說。華嚴宗就佛法身法界說圓教，不開權，不發迹，說本。即無權可開，本無迹可發，這只顯一隔離佛之高，亦非圓說。是故知禮云：

應知今家明「即」。永異諸師。以非二物相合，及非背面翻轉，直須當體全是，方名爲「即」。何者？煩惱生死既是修惡，全體即是性惡法門，故不須斷除及翻轉也。

諸家不明性惡（不明性德上本有的惡法門），逐須翻惡爲善，斷惡證善。故極頓者，仍云「本無惡，原是善。」既不能全惡是惡（全修惡即性惡），故皆「即」義不成。故第七記（荊溪法華文句記卷第七下）云：忽都未聞性惡之名，安能信有性。

德之行。」（案「性惡」意即理具三千本有，此穢惡法門之意，非儒家性善性惡之意。須詳看佛性與般若下冊第三章第六節。）

今既約「即」論斷，故無可滅；約「即」論悟，故無可翻。煩惱生死乃九界法。既十界互具方名圓，佛豈壞九轉九耶？如是方名達于非道，魔界即佛。故圓家斷、證、迷、悟，但約染淨論之，不約善惡淨穢說也。諸宗既不明性具十界，則無圓斷圓悟之義。故但得「即」名，而無「即」義也。此乃一家教觀大途。能知此已，或取或捨，自在用之。

（佛性與般若下冊頁七七九）

案此「即」義即詭譎的「即」義，非分解方式下的「即」義。分解的「即」如 A 是 A，此是依同一律而說者，固非此即義，即兩物關聯著說者，而若是「兩物相合」，或「背面翻轉」，亦是分解地說者，故亦非此詭譎的即義。諸宗凡就兩物相合或背面翻轉以說「即」者皆是用分解的方式說，故但有即名，而無即義，因而皆是權說，非圓說。

以上論「即」字之本義即是詭譎的「即」，非分解的「即」。生死與涅槃，煩惱與菩提，總持言之，即是無明與法性。無明與法性若是異體，則雖依而不即，猶各自住，這是別教；若是同體，依而復即，純依他住，方是圓教。同體者同一事體之謂。「無明」即煩惱心，即一切法。法性即法之性。一切法無自性，以空爲性，故法之性即是空。無明」即煩惱心，即一切法。法性即法之性。一切法無自性，以空爲性，故法之性即是空。無

明無住處，無住則無本，故必卽于空，卽「卽于法性」。卽于法性而爲法，亦猶「以有空義

故，一切法得成」也。（若不空，則非緣生，無緣生則無一切法）。是故「卽于法性」亦可

轉語爲「依法性住」，是卽純「依他住」，並無「自住」。（依法性住之依他住並不可誤解

爲實體性的因果，以法性非煩惱法故，不可以法性爲煩惱之本。「以有空義故，一切法得

成」，此「因此所以」亦非實體性的因果。）

「無明無住，無明卽法性」，旣如上解，則「法性無住，法性卽無明」，此須如此解：

法性卽是法之性，卽空如性，空如性非一實體字，乃一抒義字，卽抒緣生法之義也；旣是一

抒義字，故並無一獨立體曰空，是故空必卽于無明煩惱法之無自性而見，是卽法性卽無明，

亦純依他住，非若一物然而有其自住性。（卽于無明而依無明之依他住，更非實體性的因

果，此則甚顯，蓋法性不能以無明爲本也。）

無明無住，無明卽法性，法性無住，法性卽無明，兩聯交互一觀，卽可見兩者純依他

住，並無自住，此卽兩者同體也。同體依而復卽，此則爲圓敎。亦如胡五峯言「天理人欲同

體而異用，同行而異情」，此則就儒家詞語言，亦圓說也。

無明與法性兩者若是異體，則雖可以有依待關係，然是有「自住。」的依待，非純「依。他。

住」的依待也。故說「自住」是別敎意。異體者無明煩惱與法性乃是兩個獨立體，各有其獨

自的意義。此如華嚴「眞心隨緣不變，不變隨緣」，眞心卽是一獨立體，雖不染而染，依無

明賴耶現一切法（此爲眞妄合），然爲無明所覆，必待破無明始能顯，此則無明爲能覆，亦

有其獨立的「自住」義，此則為分解說的別教，非詭譎說的依而復即之純依他住無自住之圓教也。

無明法性以體同異而判別圓二教，是故圓教即依「同體之依而復即」而立「一念無明法性心」一觀念，由此而明一切法之存在，此即所謂「從無住本立一切法」，亦曰「一念無明法性心即具三千世間法」，簡言之，即所謂「一念三千」也。三千世間法由六凡四聖十法界為三種世間，一曰眾生世間，二曰國土世間，三曰五陰世間。每一法界可分拆為三種世間，然後再重叠之以三十種世間，而成。（每一法界皆具其他九法界為百法界，乘之以三十種世間，即為三千世間。）此三千世間法窮盡界內外一切法，即無量法。如來藏佛性所具備之恒沙佛法亦即此無量法。此無量法每一法皆依法性無明同體依即之方式說，此固是圓說，然就法之存在言，尚未盡而滿。今說一念無明法性心即具三千世間之無量法即為法之存在之盡而滿。此種圓滿教之法之存在之盡而滿即為法之存在之盡而滿即為法之存在之盡而滿即為法之存在之論的圓滿教，此種圓滿教之法之存在之盡而滿，如依四諦說，即為無作四諦。（界內者為有量四諦，界外者為無量四諦，通教為無生四諦。界外者別教只為無量四諦而非無作四諦，實亦只是無定的無量，非圓成的無量，以隨緣起現故，非性具故。圓教既無量亦無作，此方真是圓成的無量，以性具非性起故。）

此一念無明法性心即利那生滅心，亦曰煩惱心。此一念煩惱心即具三千世間法，即為法之存在之盡而滿之圓說。此為不縱不橫玄妙深絕之不思議境。本是一念心具，何以言性具？

以無明即法性，法性即無明，圓談法性，非孤調法性，從勝說，故曰性具。（以有空義故，一切法得成，性存身心存，以性為主，故曰性具。）何以又言理具？以三千世間法其法理皆中道實相理，從勝說，故曰理具。理非「但中」之理，法亦無離理之法。以理為主，故曰理具。念具，性具，理具，皆圓說也。

此圓說之一念無明法性心，煩惱心，不是唯識系統之阿賴耶識，亦不是其中之任一識，乃是由法華經之開權顯實，發迹顯本，依佛之本懷與佛自身即是迹，非神通變化才是迹，開決了唯識系統而說者，亦不是真心系統之唯真心，乃是依「不斷斷」，三道即三德，開決了真心系統而說者。（經此開決，法性與無明同體依而復即，如來藏乃就迷就事而言，非分解地偏指清淨真如心而言，故惑業苦三道即般若、解脫、法身之三德。惑道即煩惱道，此道即般若，如指薪為火爾。業道即解脫，如指縛為脫爾。生死苦道即法身，如指冰為水爾。）開決了諸權教而說的「一念心即具三千世間法」不與一切分解說的諸權教為同一層次，因而亦非這同一層次上此一說彼一說之分解地另立一說。它是非分解地，即詭譎地說的圓實教；它不與任何權教為對立，而是開決了亦即消化了一切權教而無說以說者，無立以立者。它固是一系統，然非分解說，故雖是系統（以是教故），然無系統相，以是故，它亦是無諍法。因而它是絕對的圓實，非主觀地各圓其圓者。蓋圓教只有一，無二無三。其所以如此，即以其不用分解的模式故。凡用分解的模式以成者皆有系統相，因而有限定相，故皆是權說，皆是可諍者，因而皆可予以開決。既開決已，一體平鋪，法法皆通，低頭舉手皆是佛道，何況

二乘行？何況別教菩薩行？以是故，是絕對的圓實，無可諍也。

但此由法華經所說的圓教之為無諍與般若經之為無諍不同。蓋由般若所說的圓通無碍只是般若智之作用的圓，它只是就一切法融通淘汰而歸于實相，「實相一相，所謂無相，即是如相」，所謂「不壞假名而說諸法實相」者是；它對于一切法無根源的說明，只就已有的或已說明了的法而融通淘汰之令歸實相，即所謂一法不立，一切法不可得；點空說法，結四句相（因緣所生法，我說即是空，亦為是假名，亦是中道義之四句），這也只是體法空之觀智之作用的圓。但由法華經而開出的圓教，則是就法之存在而說的存有論的圓。此是竪說者，作用的圓是橫說者。竪說者為經，橫說者為緯。經緯合一方是最後的圓教，而以竪說之經為圓之所以為圓之主導也。以般若為共法故。

存有論的圓既經確立，則就「三道即三德」，在「不斷斷」之圓修下，即可達至佛教式的「德福一致」之圓善。蓋般若、解脫、法身之三德，依德福問題言，俱屬德邊事。但般若之智德是就三千世間法而為智德，解脫之斷德（斷煩惱而清淨為解脫，此亦曰福德，有清淨之福）是就三千世間法而為法身德（佛法身即九法界而成佛法身），主觀面之德與客觀面法之存在在根本未曾須臾離，而幸福即屬于「法之存在」者（存在得很如意即為幸福）。在此圓修下，生命之德（神聖的生命）呈現，存在面之福即隨之（此福必須就存在言，與解脫之福德之福不同，福德仍屬于德，是分析的，由解脫而即分析出清淨之福）。但在此圓修下，存在無定性的存在（非如上帝所創造者然），當德呈現

時，由解心無染，通達惡際即是實際，行于非道通達佛道，魔界即佛，是故一切存在即隨之而轉，一切善惡淨穢法門皆成佛法，咸稱常樂，此即是福。（「三千在理同名無明，三千果成咸稱常樂」。既稱常樂，自然是福。）是則德福必一致，「自然」（存在）必與「德」相諧和。若非圓教，則「緣理斷九」，自然有德不必有福，以不開權，不發迹，只一清淨之法身德，法之存在原由隨緣起現本非圓具今後亦無交待故；因而幸福無着卽無可言故；色心不能眞不二，色法被泯，幸福亦無可言故。「法身無色」是分解的極言，不是三道即三德下之圓實之教，蓋以「德」與「存在」有隔離故，非圓盈故。既已離矣，則德與福不必能一致，或只有德而無福，或德即是福（此「即」是分析的意義）而不須另有福，或須另有福寄託于存在但卻須藉神通作意以示現。如若藉神通作意以示現，則佛本身不是迹（原無迹），迹由機感神通作意示現而成，是則福與德之連繫仍為互相外在的綜和關係，機感消逝，神通亦寂，是則仍只有德而無福，德福間仍無必然的連繫──必然的一致關係，蓋因法之存在無必然性故，色心不二無必然性故。圓教所成的德福一致是必然的，此「必然」是詭譎的必然，非分析的必然。此詭譎的必然亦可以說爲是德福同體，依而復即，德當體即是福，福當體即是德；但此兩「即」是詭譎的即，非分析的即，故前一即不成斯多噶，後一即不成伊璧鳩魯，佛不壞九斷，即如在地獄，佛既就一切地獄法而成其德，則亦必就一切地獄法而成其福。因爲佛畢竟是佛，他雖有惑業苦三相，然究非實地獄眾生也。他就地獄法而成佛，此「就」是圓教下詭譎地必然地就；而地獄法之存在是圓教下性具之存有論的

存在，故其存在有必然性，非暫時機感神通示現其存在，示現其存在之存在是偶然的，是一時之方便。就地獄法之必然的存在而解心無染而成佛，則地獄法之存在在處固成其德，同時亦成其福。若不能解心無染，則地獄固苦，卽華堂大廈亦未必是福。圓教下德福一致既是詭譎地必然地一致，故德與福兩者之關係既非權教下之綜和關係，亦非如斯多噶與伊璧鳩魯說法中那樣的分析關係。此則非康德之依「上帝創造自然」而說者所能至。（上帝創造自然，自然不能在圓修中隨德而轉，故德福一致仍無顯明可解之根據。上帝保證其可能只是硬說而已。徒說上帝依其神智與神意創造自然，這並不能函着說「其所創造之自然必與吾人之德相諧和」。）

## 第四節　道家之圓教與圓善

上節依佛家天臺宗詳明圓教之所以爲圓教並基此以明圓善之可能。茲再說道家。道家亦有圓教之理境，惟未曾如佛家天臺宗那樣詳明而確定地說出之，但基本理趣已具備。

道家亦約略有判教意，如「失道而後德，失德而後仁，失仁而後義，失義而後禮。夫禮者忠信之薄而亂之首。」（道德經三十八章）。此明有高下之判。最高者爲道。道之所以爲最高以其「法自然」，無爲而無不爲，無爲故無敗（爲者敗之），無執故無失（執者失之）之故也。此明示道爲圓滿之境。凡有爲有執者皆有限定，有限定卽不圓滿，卽其生命不合

道，未成一神聖之生命，未成一眞人或天人。上引經語並不表示道家一定否認德、仁、義、禮等，重在表示以何方式始能成其爲德，爲仁，爲義，爲禮等。蓋必須以無爲無執之方式始能實有之也。故云「上德不德，是以有德；下德不失德，是以無德。」（同上三十八章）。此亦如「絕聖而後聖功存，棄仁而後仁德厚」（王弼語，見老子微旨例略），復亦如「般若非般若斯之謂般若」，般若以無學學，以無得得。此在佛家名曰般若智之妙用，在道家則爲玄智之妙用，其基本精神同也，同爲一融通淘汰之精神。淘汰是汰除執、爲，蕩相遣執，融通是消化封限而歸於玄德，令萬物皆各歸根復命而得自在也。在佛家，則曰令歸實相，「實相一相，所謂無相，卽是如相。」此皆無限智心之妙用。故般若成全一切法，玄智亦成全一切德如仁義禮智等，同時亦成全天地萬物令歸自在。此種成全曰「作用的成全」，吾亦曾名之曰「作用的保存」。例如「絕聖棄智，絕仁棄義，絕學無憂」，此並非是從存有上棄絕而斷滅之也，其實義乃只是卽于聖智仁義等，通過「上德不德」之方式或「無爲無執」之方式，而以「無」成全之也。此「無」是作用上的無，非存有上的無。但就聖智仁義之德言，道家卻亦無從存有上正面肯定之之工作，蓋以其並不從道德意識入手也。就天地萬物言，道家似初亦有一根源的說明，如道德經由道之無性與有性（此爲道之雙重性）以說明天地萬物之根源，此卽是從存有上說明之也。但此種由無與有之雙重性以說明之只是「上德不德是以有德」中之無與有之擴大，故總歸是道心玄智之作用地成全之。在此作用的圓中保住一切德，亦保住天地萬物之存在，此可曰道家式的圓教中之存有論。

莊子應帝王篇記載巫咸（神巫季咸）見壺子，壺子以四門示相，亦是一種判教。

第一，「示之以地文，靆乎（山貌）不震不止，是殆見吾杜德機也。」郭注：「德機不發曰杜。此乃至人無感之時。」成疏謂「第一，妙本虛凝，寂而不動。」此爲無門。

第二，「示之以天壤，名實不入，而機發于踵，是殆見吾善者機也。」陶光注列子以爲「善者機」當爲「善道機」，亦或然也。成疏謂「第二，垂迹應感，動而不寂。」此爲有。

第三，「示之以太冲莫勝，是殆見吾衡氣機也。」成疏謂「第三，本迹相即，動寂一時。」此爲亦有亦無門。

第四，「示之以未始出吾宗，吾與之虛而委蛇，不知其誰何，因以爲弟靡（摩），因以爲波隨。」成疏謂「第四，本迹兩忘，動寂雙遣。」此爲非有非無門。

千變萬化「未始出吾宗」，此即莊子天下篇所謂「不離于宗謂之天人」之渾化境界。「芴漠無形，變化無常。死與生與？天地並與？神明往與？芒乎何之？忽乎何適？萬物畢羅，莫足以歸。」（天下篇語，莊子所悅者）。此即最高最圓滿之境界，亦即渾化之境界。

莊子以「未始出吾宗」或「不離于宗」說之，說這是「天人」，甚至比「眞人」還高。孟子說「大而化之之謂聖，聖而不可知之謂神」。「大而化之」（把大化掉大無大相）之化境是儒家語。此「化」字最好，一切圓實皆化境也。不至于化，便不能圓，不能實，不能一切平平，無爲無作。故「化」字是圓之所以爲圓之最高亦是最後之判準。凡冰解凍釋皆化也，是

融化之化。不融化，則不免有局限，有情執，皆權敎也，亦皆不能免于可諍。

但是此種融化之境界必須在詭譎的「卽」中顯示。以「卽」字顯示，此在莊子多含有

之。所謂「卽」卽于什麼？向郭注莊明說之爲卽于「迹」，乃提出迹冥論以說明此融化之圓

境。「以卮言爲曼衍，以重言爲眞，以寓言爲廣」。卮言，重言，寓言皆迹也，卽卽此迹以

明道。「謬悠之說，荒唐之言，無端崖之辭」，亦迹也，亦足以藉之以示道。故寄言出意，

亦卽卽于所寄之言以出「意」也。開始是「寄」，是「藉」，最後亦可歸于「卽」也。大宗

師篇：「其好之也一，其弗好之也一。其一也一，其不一也一。其一也與天爲徒，其不一

與人爲徒。天與人不相勝也，此之謂眞人。」好、弗好皆迹，其好而能冥而不滯于好，弗好

而能冥而不滯于弗好，故其好與弗好皆不失其一（皆不失其生命超脫之諧一卽自在）。其與

天爲徒（遊方之外之出世間）之「一」以及其與人爲徒（遊方之內之俗迹卽世間）之「不

一」亦皆是迹，然無論其處于「一」與處于「不一」，亦皆不失其一，卽不失其生命之灑脫

或自在，此卽是化境。「天與人不相勝」（卽不相凌駕）而皆任之而無所軒輊卽無所矜

尙，卽是眞人化境之一。（該隱則隱，該顯則顯，出處進退隨時而化，卽是儒聖之聖之時）。

「天地與我並生，萬物與我爲一。既已爲一矣，且得有言乎？既已謂之一矣，且得無言乎？

一與言爲二，二與一爲三，自此以往，巧曆不能得，而況其凡乎？故自無適有，以至于三，

而況自有適有乎？無適焉，因是已。」（齊物論）。「爲一」（成爲一）是無言之化境，此

名曰「無」，此無是一，卽以「二」代表無。「既已謂之一」便是處于有言之境。有言之

「言」與此有言中之一（謂之一之一）是「二」，此二即是名言之「言」與其所名之客觀對

象之「一」之兩者，故曰「一與言爲二」。此二再與原初無言中之一（「爲一」之一）合而

爲「三」，故曰「二與一爲三」。此之謂「自無適有以至于三」。「爲一」之一本是無言之

化境，本無可適。只因通過「謂之一」之名言，遂引起「從無適有以至于三」之牽引。這本

是人之執情之纏夾，亦佛家所謂戲論也（由于名言而有之一、二、三之展轉引申即是戲論）。

處因着名言之方便而有所適往之牽引，你只應于「爲一」處因應而如之，此便是最高化境之

圓實，不離于宗之天人。然而人常不免于名言之執，故遂有「從無適有以至于三」之牽引。

「自此以往巧曆不能得，而況其凡乎？」此言從三以後，無窮無盡，巧曆家都算不出，而何

況凡人？「從無適有以至于三，而況自有適有乎？」自有適有，其無窮盡更不須說，因已落

于經驗界故。「從無適有」尚從超越界起也。王弼根據此「自無適有以至于三」注老子之

「道生一，一生二，二生三，三生萬物」，此雖未嘗不可方便借用，亦比一切其他解者爲成

義理，然實語意不合。莊子重在無言之化境，故云「無適焉，因是已」。

而老子則重在明「道生萬物」之妙用。故吾以老解老，以道德經首章之有、無、玄說此一、

二、三，以爲道之「無」性（先以無表象道）是一，此爲「道生一」（由道引生一）；而無

不一于無，即道亦有徼向之「有」性，有與無相對爲二。即以有代表二，是即爲「一生二」

（由無之一引生出有之二）。而有無「兩者同出而異名，同謂之玄」，故玄（有無融于一，

由于是道之雙重性而融于一)是三,此即為「二生三」(由有之二以與無相對亦即有無相對為二以引生出三)。「玄之又玄眾妙之門」即是「三生萬物」。三生萬物實即道生萬物,蓋玄即代表道之真實而具體的作用,而有無是道之雙重性,是對于道之分解的表象,故必至乎有無融一之玄始能恢復道之自己之具體而真實的妙用。老子之有無對言屬分解的表象,故其所言之「無」非莊子無言化境之「無」也。而「道生一、一生二、二生三、三生萬物」此一、二、三是對于道之分解的表象之客觀地實說,實說其引生一、二、三之經過,非如莊子之重在明因名言之纏夾而引起嚕囌,故最後以歸于「無適」為真也。老子尚質實,而莊子則玄微矣。故王弼以此「自無適有以至于三」解老子之「道生一、一生二、二生三、三生萬物」,雖似未嘗不可方便借用,然實于語意不合,亦即立言精神不合。若注意到萬物不可泯,總須有一根源。的說明,不管是何形態的說明,則此種牽合不只語意不合,亦實于義理為不對應也。蓋「適」之牽引可消除,而萬物之存在不可泯。莊子對于萬物之存在無根源的說明(此如般若經),只重在就既成之萬物當下而冥之,即當體而如之,此于其言「天籟」處即可知之。老子之說明最後終歸屬于境界形態之說明,非實有形態之說明,與莊子精神不相違,然義理上它總是一說明,故以莊子之「一與言為二,二與一為三」之「自無適有以至于三」來解老子之「道生一、一生二、二生三、三生萬物」,此不但語意不合,亦于義理為不應也。

　莊子對于最高最圓之化境玄理不喜作分解的表象,而善于作詭譎的點示,此點除上所說外,復于以下齊物論之言可見:

有有也者，有無也者，有未始有無也者，有未始有夫未始有無也者。　俄而、無

矣，而未知有無之果孰有孰無也。

常途喜對于萬物作向後追溯以尋其根源，尋至「有」；「有」不徹底，乃尋至無「無」（未始有「無」），如此無窮地向後追溯無有已時，終不得明。是故莊子不取此方式，乃曰：「俄而有、無矣，而未知有、無之果孰有孰無耶？」此是說：俄頃之間說有說無，有無紛然，都不能定，我不知你們所謂有也，無也，究竟是有誰是無。此明是表示要把你們所謂有無一起頓時而化之，亦無有，亦無無，此即所謂「冥」。有無之相既冥，則萬物當體即如，而得獨化之自在（獨化無化相）。

庚桑楚篇亦云：

有乎生，有乎死，有乎出，有乎入，入出而無見其形（不知何爲入，何爲出，乃至何爲生，何爲死），是謂天門。天門者，無有也。萬物出乎無有。（案即出乎天門之自然，即無所由以出。）有不能以有爲有，必出乎無有；而無有一無有，聖人藏乎是。（案生死出入皆有也，）既是有，有自不能再以與之爲同類者而明之，蓋若如此，必落于無窮追溯故，故必出乎無有。出乎無有即出乎天門之自然。出乎自然即

無所由以出。「自然」者無稱之言，窮極之詞。是故「無有一無有，聖人藏乎是。」

把「無有」亦化掉，是卽泯一切相而萬物當體卽如，聖人卽藏乎此。）

古之人其知有所至矣。惡乎至？有以爲未始有物者，至矣盡矣，弗可以加矣。其次

有以爲有物矣，將以生爲喪也，以死爲反也，是以分已。其次曰：始無有，旣而有

生，生俄而死；以無有爲首，以生爲體，以死爲尻。孰知有無死生之一守者，吾與

之爲友。（案「一守」猶德充符篇「以死生爲一條，以可不可爲一貫」。）

案此段話明與齊物論之「俄而有無矣，而未知有無之果孰有孰無耶」爲同一義旨。

齊物論最後云：

罔兩問景曰：曩子行，今子止，曩子坐，今子起，何其無特操與？景曰：吾有待而

然者耶？吾所待又有待而然者耶？吾「待」蛇蚹蜩翼耶？（「待」字衍，當刪。）

惡識所以然，惡識所以不然。

景待形，形待誰？蛇蚹（蛇之蛻皮）待蛇，蜩翼（卽蜩甲，蟬所脫之甲殼）待蜩，那麼蛇

與蜩又待什麼呢？你說我（影）待形體而然，很無持操，我似乎就好像蛇蚹蜩翼那類東西

嗎？此誠可說。但吾所待者又待什麼呢？蛇蚹待蛇，蜩翼待蜩，蛇與蜩又待什麼呢？要說

待，都有待，要說無待，都無待。待至何處而止？我那裏知道現實上一切東西之所以然與夫

所以不。（如景待形而然，但你能定知形卽無所待而

如此耶？你能定知其何以不待耶？）是以你譏我待他而然，甚無特操，然你同樣知形與景卽不知絕待

而不然者究是誰。絕待者決非卽吾所待之形。如吾類蛇蚹蜩翼，則絕待者亦決非卽蛇蚹所待

之蛇，蜩翼所待之蜩。你們這樣追尋吾之所以然，決無止境，亦如那追尋物之根源追尋至有

至無乃至無無，決無止境，毫無意趣。是知絕對者唯在冥一切相，泯一切虛妄分別，就萬物

當體而如之，是卽逍遙無待之旨。是故莊子決無撐開說的宇宙論的生成根源之分解的表象或

追溯的表象，但只有靜態的境界形態的存有論之如境，卽吾所謂無執的存有論。此是莊子最

高最圓之玄境。（老子雖顯有宇宙論的陳述，然其實只是一姿態，最後必歸于莊子之玄境。

詳見才性與玄理。）

就萬物泯一切相冥而如之既爲最圓滿之化境，則圓滿敎不能不用詭譎的「卽」之方式來

表達，這是甚爲顯然的。特彰此義，提出迹冥論以明之，則是向、郭注莊之慧解。以下試就

其明圓聖之所以爲圓以明之。

聖人之所以爲聖卽在其已至渾圓之化境。「大而化之之謂聖，聖而不可知（不可測度）

之謂神。」渾圓化境之生命卽是神聖之生命。魏晉人義理崇尚老莊，然眞能體現老莊之「道」

者，彼等皆以爲唯聖人能之。聖人遠說指堯舜，近說指孔子，老莊本人固不能至也。此義，

王弼首先發之。裴徽問弼曰：「夫無者誠萬物之所資也。然聖人莫肯致言，而老子申之無已

者何？弼曰：聖人體無，無又不可以訓，故不說也。老子是有者也，故恒言其所不足。」（何劭王弼傳）。「聖人體無」意卽聖人能于生活上體現無，而無又不是可以用言說訓解的，故不說也。老子達不到此境，故恒言其所不足。此亦「作者之謂聖，述者之謂明」之意。老子至多是「述者」之哲學家，其生命未必眞能至渾化之境。王弼說他「是有者也」，意卽其生命深處未必眞能「解心無染」，無爲無執，而至圓通自在之境。未能至此，卽仍是處于「有」境，而未至化境。「解心無染」者卽于一切生活出處進退皆無妨碍，應興應革，制禮作樂（作者之謂聖卽指此言），皆循天理之公而無己私。表面上皆是「迹」，而實則皆是化境之「冥」。未至化境之冥亦必不能有此迹也。

不言無而自有無之用。是以聖人決不分解地言有言無，而只從事于生活之迹以順通乎萬物。不言無而自有無之用。是以表面上其本身全是迹，而亦必不離迹以通無。此卽天臺宗所謂「佛本身卽是迹，非神通變化才是迹」也。依此故，故王弼復謂聖人亦有情。「何晏以爲聖人無喜怒哀樂。其論甚精，鍾會等述之。弼與不同，以爲聖人茂於人者神明也，同于人者五情也。神明茂，故能體沖和以通無；五情同，故不能無哀樂以應物。然則聖人之情應物而無累于物者也。今以其無累，便謂不復應物，失之多矣。」（何劭王弼傳）。五情（七情）是其現實生活之迹，通無是其神明茂而無執。

王弼發此「體無有情」之義，向、郭注莊卽承之而言迹與冥由此以言迹本圓，或言迹與所以迹打成一片。此皆由老子「無爲而無不爲」之義展轉引申而槪括以成者。

逍遙遊云：

堯讓天下于許由許由曰：日月出矣，而爝火不息，其于光也，不亦難乎？時雨降矣，而猶浸灌，其于澤也，不亦勞乎？夫子立而天下治，而我猶尸之，吾自視缺然，請致天下。

許由曰：子治天下，天下既已治矣，而我猶代子，吾將為名乎？名者實之賓也，吾將為賓乎？鷦鷯巢于深林，不過一枝，偃鼠飲河，不過滿腹。歸休乎君，予無所用天下為！庖人雖不治庖，尸祝不越樽俎而代之矣。

案此為莊子之原文。許由隱者也。隱于箕山，師于齧缺，依山而食，就河而飲。堯知其賢，讓以帝位。許由聞之，乃臨河洗耳，以為污吾耳也。如許由者，世俗以為有德之高人。堯為君不過世俗之富貴，治天下乃累心勞形之俗事。屬末俗，許由固足尚，然不必是圓境。君臨天下固俗事，然孔子稱堯曰：「大哉堯之為君也，唯天為大，唯堯則之，蕩蕩乎民無能名焉。」是則堯必有其所以為堯之至德，豈只馳騖于俗事而已哉？即俗迹而見至德，至德亦不離乎俗迹，豈不更為圓聖乎？稱許由者乃分解地單顯「不即迹」之德耳，固非圓境也。向、郭注莊即盛發此義。故對于上錄莊子原文，向、郭注曰：

夫能令天下治，不治天下者也。故堯以不治治，非治之而治者也。今許由方明既治，則無所代之。而治實由堯，故有「子治」之言。宜忘言以尋其所況。而或者遂

云：治之而治者堯也，不治而堯得以治者許由也。斯失之遠矣。夫治之由乎不治，為之出乎無為也，取于堯而足，豈借之許由哉？若謂拱默乎山林之中而後得稱無為者，此莊老之談所以見棄于當塗，自必于有為之域而不反者，斯之由矣。夫自任者對物，而順物者與物無對。故堯無對于天下，而許由與稷契為匹矣。何以言其然耶？夫與物冥者固羣物之所不能離也。是以無心玄應，唯感之從，汎乎若不繫之舟，東西之非己也。故無行而不與百姓共者亦無往而不為天下之君矣。以此為君，若天之自高，實君之德也。若獨亢然立乎高山之頂，非夫人有情于自守，守一家之偏尚，何得專此？此固俗中之一物，而為堯之外臣耳。若以外臣代乎內主，斯有為君之名，而無任君之實也。

案：此示許由有對，而堯無對。獨立高山，雖可顯無以為本，而不能順物無對，則滯于無而無亦成有。堯雖治天下，而「以不治治之」（如以無為為之），則無心而成化。是則圓境必在堯而不在許由也。論語子曰：「大哉堯之為君也！巍巍乎唯天為大，唯堯則之；蕩蕩乎民無能名焉，巍巍乎其有成功也，煥乎其有文章。」又曰：「無為而治者其舜也與？夫何為哉？恭己正南面而已矣。」又曰：「巍巍乎舜禹之有天下也而不與焉。」此是儒聖之贊語，向、郭注莊即本此而明圓境在堯也。然而世人只從表面以觀則不能知此義，故向、郭注文有「宜忘言以尋其所況」之語，又常云莊子是「寄言」以出意。莊子本人是不是如此則難說，也許莊子

本人只是憤世嫉俗一往不返之狂者，未能就堯以明迹本圓。然而無論如何，就迹本圓以說圓
境固應是道家之所許可，向郭之注固有其推進一步「辯而示之」之新發明也。（莊子齊物論
云：聖人懷之，眾人辯之以相示也。）

是故于「藐姑射之山，有神人居焉，肌膚若冰雪，綽約若處子」云云之文則注曰：

此皆寄言耳。夫神人卽今所謂聖人也。夫聖人雖在廟堂之上，然其心無異于山林之
中。世豈識之哉？徒見其戴黃屋，佩玉璽，便謂足以纓（攖）紱（綍卽拂）其心
矣。見其歷山川，同民事，便謂足以憔悴其神矣。豈知至足者之不虧哉？今言至德
之人，而寄之此山，將明世所無由識，故乃託之于絕垠之外，而推之于視聽之表
耳。

案此卽假託神人以明「無」。「託之于絕垠之外，推之于視聽之表」只是分解的表象，所謂
寄言以出意。聖人如堯舜不只是「迹」，亦有其「所以迹」。雖在廟堂，無異山林。雖心如
山林之閒淡，不泯廟堂之俗迹。迹不離本，本不失迹。此其所以爲圓境。然世人徒蔽于其耳
目可見之迹而不能透悟其「所以迹」，故推開聖人之渾化，而假託世外之神人以明其所以
迹，卽明其有本而能冥此迹。能冥迹而不滯于迹，則迹卽本；迹卽本而不滯于本，則亦能迹
也。卽迹以冥，則本非遠，卽本以迹，則迹卽神。

·292·

故于「堯治天下之民，平海內之政，往見四子藐姑射之山，汾水之陽，窅然喪其天下

焉」之文則注之云：

夫堯之無用天下為，亦猶越人之無所用章甫耳。然遺天下者固天下之所宗。天下雖宗堯，而堯未嘗有天下也，故窅然喪之，而嘗遊心于絕冥之境，雖寄坐萬物之上，而未始不逍遙也。四子者蓋寄言以明堯之不一于堯耳。夫堯實冥矣，其迹則堯也。自迹觀冥，內外異域，未足怪也。世徒見堯之為堯，豈識其冥哉？故將求四子于海外，而據堯于所見，因謂與物同波者失其所以逍遙也。然未知至遠之迹順者更近，而至高之所會者反下也。若乃厲然以獨高為至而不夷乎俗累，斯山谷之士，非無待者也。奚足以語至極而遊無窮哉？

案此段注文最為明徹。「至遠之迹順者更近，至高之所會者反下」，尤為圓唱。「至遠之迹」如「託之于絕垠之外」，「至高之所」如推之于視聽之表」，皆指藐姑射之山而言，代表神人之至德，亦分解地表示冥體之無也。然這樣表示的冥體之無只是冥體之無的抽象觀。冥體之無實不能遠在「絕垠之外」，亦不能高處「視聽之表」。具體而真實的冥體之無當無在而無所不在。順物無對者冥體之無即在其順物中見，故遠在天邊，近在眼前。此即所謂「至遠之迹順者更近」。「順者」即是順物而與物無對者。「更近」即是近在眼前也。至

· 293 ·

遠而至近，冥體之無卽在聖人順物之迹中當下呈現而亦無形無狀人所無由識，此是具體而眞實的冥體之無；而「聖人體無」亦是迹本最圓之化境。迹本圓融亦名曰「體化合變」，會通萬物而無隔。故「至高之所會者爲下」。「會者」卽那「能體化合變會通萬物而無隔」者。會通無隔，則在視聽之表者亦在視聽之內，最高者亦最低，亦「當下卽是」之義也。此在儒家名曰「極高明而道中庸」，在道家名曰「和光同塵」，在佛家名曰「煩惱卽菩提，生死卽涅槃」，一是皆可以迹本圓（迹本相卽）表達之。而迹本圓之論則首發之于向、郭之注莊。

開其端者則爲王弼之聖人體無，聖人有情而無累于情。此等理境雖由王、郭等說出，然卻亦是三敎本有之義也。其大前提，籠統言之，是「道無在而無所不在旣超越而亦內在」（依三敎敎路不同，此一大前提須依不同辭語表達之），因此而有當機指點，因而有當下卽是，因此而可總說之以迹本圓融。

以上是向、郭注莊就堯以明迹本圓。此下再就其言孔子者以明之。

莊子德充符篇有如下之故事：

魯有兀者叔山無趾，踵見仲尼。

仲尼曰：子不謹，前旣犯患若是矣，雖今來，何及矣？

無趾：吾唯不知務，而輕用吾身，吾是以亡足。今吾來也，猶有尊足者在，吾是以務全之也。夫天無不覆，地無不載，吾以夫子爲天地，安知夫子之猶若是也？

孔子曰：丘則陋矣。夫子胡不入乎？請講以所聞。

無趾出。

孔子曰：弟子勉之！夫無趾兀者也，猶務學以復補前行之惡，而況全德之人乎？

無趾語老聃曰：孔丘之于至人，其未耶？彼何賓賓以學子爲？彼且蘄以諔詭幻怪之名聞，不知至人之以是爲己桎梏耶？

老聃曰：胡不直使彼以死生爲一條，以可不可爲一貫者，解其桎梏，其可乎？

無趾曰：天刑之，安可解？

案此故事是說：叔山無趾是一個失足的殘廢者（兀者）。然他不在乎此點，他以爲他猶有尊于足者存在，他想如何保全此尊于足者。如是，他求見孔子。他以爲孔子如天地，必能使物各得其所，因此，他必能告以保全尊于足者之道。然孔子初見，不知叔山無趾之高致，以爲他之來見是想如何治殘廢。但既殘廢已，誰能有辦法使之不殘廢？故云：「子不謹，前既犯患若是矣，雖今來，何及矣」？叔山無趾一聽孔子此語，便說你是誤會了。我來不是求養有形之生之道，乃是求養無形之生之道。如是把孔子責備了一頓。孔子趕快道歉，把他請進來，請他講大道理。其所講者大概是如何修道充德以至「至人」之境。講完了，辭退以後，孔子便勸戒其弟子務必「務學」以進德，以叔山無趾爲榜樣。孔子所理解之「學」不必同于叔山無趾之所說，然以孔子觀之，你所說的修道充德以至「至人」之境亦仍是「學」也。爲

道與爲學不必截然兩途。學以進德即是修道，道即在學中見。但叔山無趾採取老子的觀點，把學看成是經驗知識之逐物，是老子所謂「爲學日益」之學，故以爲孔子未達至「爲道日損」之至人之境。如是遂向老聃曰：「孔丘之于至人，其未耶？彼何賓賓（頻頻）以學子爲？彼且蘄以諔詭幻怪之名聞，不知至人之以是爲己之桎梏耶？」他以爲學是在想以「諔詭幻怪之名」聞于天下，而不知此「名」正是至人之視之爲己之桎梏者。老聃曰：你何不「直使彼以生死爲一條以可不可爲一貫者解其桎梏」？難道孔子不可救藥終不可解乎？我想他是可解救的。叔山無趾曰：「以他自安于學而觀，他是定然要受此桎梏之刑的。這個刑戮是天刑之」，安可解？「天刑之」意即他自然而定然要受此刑，不可解除也。

案以上之疏解是莊子原文之本義，這本是道家的立場，仍是高視叔山無趾而譏諷孔子。莊子未必視孔子爲迹本圓之圓聖，亦未必視「天刑」爲未得自在者所自然而定然有的桎梏。然向、郭之注莊卻是就迹本圓而說天刑，因而亦視孔子爲圓聖，仍是高抬孔子而貶偏至，亦如高視堯舜而貶許由也。

對于上錄德充符之原文，郭注云：

夫無心者人學亦學。然古之學者爲己，今之學者爲人，其弊也遂至乎爲人之所爲矣。夫師人以自得者率其常然也，舍己效人而逐物于外者求乎非常之名者也。夫非常之名乃常之所生。故學者非爲幻怪也，幻怪之生必由于學；禮者非爲華藻也，而華

藻之興必由于禮。斯必然之理，至人之所無奈何，故以爲己之桎梏也。今仲尼非不冥也。顧自然之理，行則影從，言則響隨。夫順物則名迹斯立，而順物者非爲名也。非爲名，則至矣，而終不免乎名，則孰能解之哉？故名者影響也，影響者形聲之桎梏也。明斯理也，則名迹可遺；名迹可遺，則尚彼可絕，尚彼可絕，則性命可全矣。

案此注甚美。聖人不廢學，然聖人之學是無心于學而學。無心于學而學是師人以自得而率其常然者也。此亦猶聖人有情而不累于情，故能順乎人之常情。後來程明道云：「聖人以其情順萬事而無情」。「而無情」卽無心于情也。無心于情而情存，無心于學而學存，卽能成其爲學，因而能有非常之名，此則非舍己效人而逐物于外者所可得而妄求也。舍己效人而逐物于外只是爲人之所爲，焉能成其爲學而有非常之名哉？故云：「夫非常之名，乃常之所生」，意卽非逐物者所能妄求也。「非常之名」卽「幻怪之名」。但聖人無心于學，而其學只是率其常然，並非爲幻怪之名而學。雖非爲幻怪之名而學，然而幻怪之名卻必然地隨之而來：非常之名乃常之所生。故下文卽繼之云：「故學者非爲幻怪也，幻怪之生必由于學；禮者非爲華藻也，而華藻之興必由于禮。斯必然之理，至人之所無奈何，故以爲己之桎梏也。」

此亦猶人不能不行，行則影從；亦不能不言，言則響隨。順物者不能廢學，學則必有幻

怪之生，亦不能廢禮，禮則必有華藻之與。影與響是自然而必然地隨着行與言而來者，幻怪

之名與華藻之飾是自然而必然地隨着學與禮而來者，卽必然有名迹

隨之。儘管順物者不爲名而順物，然而終不能免乎名，則已至乎極至之境；

而終不能免乎名者，則名之累是其必然所有之桎梏，自然而受之天刑，安可解之哉？此卽示天

刑乃圓聖所必受者，亦如天台宗言佛亦有惑業苦三相也。蓋三道卽三德，不斷斷故也。夫聖

人不廢學不廢禮，雖必帶有學之名迹與禮之華藻，然解心無染，無心于迹，則雖迹而能冥，

迹亦卽于本也。本不空懸，本亦卽于迹。如是，則名迹與華藻不爲累。然而世人

不能知其是如此也。故自外觀之，以爲這是至人之桎梏，必去之方可爲至人。去此名迹與華

藻，自亦必廢禮與廢學。此爲遊方之外者之偏尙。故自彼觀之，孔子並未至「至人」之境，

故其桎梏亦不可解，而視之爲天刑。然孔子富幽默，卽甘心受此「天刑」而不辭。大宗師篇

孔子自居爲「天之戮民」，亦此義也。

大宗師篇云：

莫然有間，而子桑戶死，未葬。孔子聞之，使子貢往侍事焉。〔孟子反、子琴張〕

或編曲或鼓琴，相和而歌曰：嗟來桑戶乎！嗟來桑戶乎！而已反其眞，而我猶爲人

猗！

子貢趨而進曰：敢問臨尸而歌，禮乎？

〔孟子反、子琴張〕二人相視而笑曰：是知禮意？

子貢反，以告孔子曰：彼何人者耶？修行無有，而外其形骸！臨尸而歌，顏色不變！無以命之，彼何人者耶？

孔子曰：彼遊方之外者也，而丘遊方之內者也。外內不相及，而丘使女往弔之，丘則陋矣。……

子貢曰：然則夫子何方之依？

孔子曰：丘、天之戮民也。

此處孔子自稱為天之戮民，與德充符篇叔山無趾謂之為「天刑之安可解」同。分解地說，「遊方之內」即佛家所謂「世間」，處于迹中，自受迹之拘限而為其所桎梏，此曰天刑，亦曰天之戮民；遊方之外則佛家所謂「出世間」，解脫世間之迹而為至人，神人。若真「內外不相及」，則內迹固無價值，即外本亦無價值。叔山無趾與孟子反子琴張等是「不相及」地視孔子，然孔子甘于天刑而自稱為天之戮民，則言外之意不必「不相及」。孔子自有渾化之幽默，故向、郭之注得以視孔子為圓聖。此即「世出世間」打成一片也。其注文云：

夫理有至極，外內相冥，未有極遊外之致而不冥于內者也；未有能冥于內而不遊于外者也。故聖人常遊外以宏內，無心以順有，故雖終日揮形而神氣無變，俯仰

· 299 ·

萬機而淡然自若。夫見形而不及神者天下之常累也。是故觀其與群物並行，則莫能謂之遺物而離人矣；觀其體化而應務則莫能謂之坐忘而自得矣。豈直謂聖人不然哉？乃必謂至理之無此！是故莊子將明流統之所宗，以釋天下之可悟。豈直謂聖人不然尼之如此，或者將據所見以排之，故超聖人之內迹，而寄方外于數子。宜忘其所寄以尋述作之大意，則夫遊外宏內之道坦然自明，而莊子之書固是涉俗蓋世之談矣。

此內外相冥所顯示之迹冥論，由迹冥論所顯示之迹本圓融（迹冥即于本，本冥即于迹），乃由向、郭之注莊並由莊子之狂言而得之。郭象莊子序曰：「……然莊生雖未體之，言則至矣。」山木篇末述莊子「守形而忘身，觀于濁水而迷其狂言。」

于清淵。」又述莊子自謂「遊于雕陵而忘吾身。異鵲感吾顙，遊于栗林而忘眞。」以至于「栗林虞人以吾爲戮，吾所以〔三月〕不庭」（庭即逞字，快也）。注云：「夫莊子推乎于天下，故每寄言以出意，乃毀仲尼，賤老聃，上掊擊乎三皇，下痛病其一身也。」由此狂言，即顯其必有所嚮往，其所嚮往者即其所未能體之之迹本圓融也。

向秀、郭象之意，當寄託于堯舜或孔子，此即其所以會通孔老之道。蓋自兩漢以來，堯舜周孔之聖人地位已確立而不搖動，故王、向、郭等以爲老莊雖知本，然實未能體之而至于聖人之境。此一迹本之論，由魏晉始直貫至南北朝，乃四百餘年玄言之最迹本圓融者謂之聖人。

高原則。梁阮孝緒綜而述之曰：

夫至道之本貴在無為，聖人之迹存乎拯弊。弊拯由迹，迹用有乖于本；本既無為，
〔有〕為非道之至。然不垂其迹，則世無以平，不究其本，則道〔實〕交喪。（案。
「實」似當為「迹」，或此句改為「道無以明」亦可。）丘、旦將存其迹，故宜權
晦其本；老、莊但明其本，亦宜深抑其迹。迹既可抑，數子所以有餘；本方見晦，
尼丘是故不足。（言尼丘不言丘，旦者，騈文為諧韵故）。非得一之士闚彼明智，
體之之徒獨懷鑒識。（案「得一之士」指周、孔言，「體之之徒」指老、莊言。又
此所謂「體之」意對于道或本有體會，呼應下「鑒識」二字，與王弼郭象所謂「體
之」或「未能體之」不同。此後者中之「體之」是體而有之于現實生活中，非單指
對于道本身有體會或照鑒或洞見也。「未能體之」是未能將道或無體而有之于現實生
活中。）然聖已極照，反創其迹；賢未居宗，更言其本。（案「居宗」即是「不離
于宗」。「賢未居宗意即未至居宗成聖之境。謝靈運有辨宗論，辨宗即明居宗成聖
之道，言成聖須由頓悟，非積學可至。）良由迹須拯世，非聖不能（作者之謂聖）；
本實明理，在賢可照。（述者之謂明）。若能體兹本迹，悟彼抑揚，則孔、莊之意其
過半矣。（言如此品鑒，孔、莊之意大體可明矣。）

（梁書卷五十一，處士列傳，阮孝緒傳。）。

案此段話，可作爲魏晉時代由王弼、向秀、郭象所倡發之儒道會通之綜括，其言甚美。陳、

隋間佛家天臺宗興起，盛言迹本以明圓教，蓋亦由王、郭之迹本論而啟發，將此玄言之最高

原則用之于佛教者也。天臺判教，其所判者固是佛教之義理，然此迹本之原則，其所依以判

教者、則發之于王、郭，非由佛教而來也，史實不可泯也。依此而言，王、郭等確有明智，

不可輕視，其啟發于天臺宗者亦大矣。

由王、郭等之闡發，道家之圓境固已昭然若揭，此實相應而無若何歪曲者。惟須知此迹

本圓融之圓境，雖說儒聖能有之，然並非依儒家義理而說者，乃只是依道家義理而說者，故

只可說這只是道家之圓境，誰能有之，則不關重要。此一圓境惟是就無限智心（玄智）之

體化應務（亦曰體化合變）與物無對（順物者與物無對）而成全一切迹用亦即保住一切存在

而說，然而卻無對于一切存在作一存有論的根源的說明。故此亦可說只是一境界形態之圓

境，而非一實有形態之圓境，亦如佛家般若智成全一切法，此只是般若智之作用的圓，尚非

存有論的圓，以般若學（空宗及般若經）對于法之存在無根源的說明故。老子雖言「無名天

地之始」，有名萬物之母」，又言「天下萬物生于有，有生于無」，又言「道生之，德畜之」，

此似對于天地萬物（一切存在）有一根源的說明，然此實只是一姿態（豎說之姿態，縱貫之

姿態），最後總歸于此境界形態之圓境，而非眞有一實有形態之圓境也。蓋「無」只是一沖

虛的無限智心之境界，並非一客觀的存有也。是故「道生之」之生實亦是不生之生，生之實

唯在物之自己，並非眞有一實體如上帝，如天道，或如仁體，以創造之，或創生之。故「無」

只是聖人生命之沖虛心境，故亦可曰一沖虛的無限智心之妙境。只就此無限智心之體化合變

順物無對而成全一切。此並非說此無限智心能縱貫地創生一切也。故吾亦說此境界形態之圓

境是縱貫者橫講。（儒家是縱貫者縱講，佛家雖對于一切法之存在有一根源的說明，然最後

亦是縱貫者橫講，蓋三德秘密藏並非創生一切法也，以佛家非本體論的生起故。）老子云：

「生而不有，為而不恃，長而不宰，是謂玄德。」（道德經第十章）。「生而不有」即是不

生之生。不生之生則于物暢其源，物自然而生，都任置之，非吾所得而有也。「為而不恃」

即是無為之為。無為之為則「虛而不屈，動而愈出」，物自成濟，非有吾之功所可得而恃

也；亦即于物不禁其性，體化合變，順物無對，則物自濟，非恃吾為之之功而然也。「長而

不宰」即是不主之主。不主之主則雖首出庶物，而無宰制之施。生，為，長皆指「道」言，

即沖虛的無限智心之妙用。你能讓開一步，而不操縱把持，即等于生之，為之，長之矣。你

的生命能如此，即謂為有道之生命，亦可說為有「玄德」之生命。在此玄德之中，天地萬物

（一切自然或一切存在）皆得成全而得自在。此之謂「與物冥而循大變」。如此方能「無待

而常通」。此是道家圓滿之境也。

在此圓滿之境中，一切存在皆隨玄德轉，亦即皆在無限智心（玄智）之朗照順通中。無

限智心在迹本圓融中而有具體之表現以成玄德，此即為圓善中「德」之一面（道家意義的

德）；而一切存在（迹用）皆隨玄德轉，即無不順適而調暢，此即為圓善中「福」之一面。

故主觀地就生命之「體沖和以通無」而言，即謂之為「德」；客觀地就「體化合變順物無

對」而言，即謂之為「福」。此即是「德福一致」之圓善。此時之「一致」不但是德福間外部地說之有相配稱之必然關係，而且根本上內部地說之德之所在即是福之所在。此只有在迹本圓之圓實境中始有真實的可能。此迹本圓中之德福一致既非斯多噶與伊壁鳩魯主張中之分析關係，亦非如康德所言之綜和關係之靠上帝來保障，乃是迹本圓中詭譎的「相即」之關係。辨解地說，德福間的關係原是綜和關係，在現實人生中，在漸教漸修中，在一切權教中，其因綜和而成的連繫只是偶然的連繫，即其綜和是偶然的綜和，因此，便無圓善之可能。圓善之所以為圓善即在德福間有相配稱的必然連繫，即其綜和是必然的綜和。此在康德只有上帝能保障之，但還是綜和關係，只不過是必然的綜和而已，因為若非必然的綜和便無圓善。但康德這一思路，好像是圓教，其實非圓教，它只是一情識決定之權教，吾人已明其並不能使圓善之可能真為可理解。是以只有在圓教中，德福之必然連繫始真成為可理解。但一旦在圓教中，此必然連繫即德福一致，吾人即不說之為綜和，但只說之為詭譎的「相即」，因為分析，綜和等詞語是辨解地說的分別地說的權教中的詞語，並非是非分別說的圓實教中的詞語。依此而言，康德的說法亦只是分別說的表面似圓教而實非圓教的權教中之一途法門，尚非是權教之通方法門（以無限智心人格化而為個體存有故），何況是圓實教，此更非其所能及。德福之詭譎的相即（德福同體）是依圓聖言。一切圓聖皆是「天之戮民」，然其所受桎梏之戮（天刑）即是其福之所在，同時亦是其德之所在。蓋桎梏天刑即是其一切存在狀態之迹，即迹而冥之，迹即是其德之所在；迹隨本轉，則迹亦是其福之所在。

那通過智德與斷德而成的佛性出纏之法身。其無限智心之本除解心無染（自性清淨心）與無

用，卽進一步對應佛家如朿藏恒沙佛法佛性而言，此「以天地萬物為一體」之大人亦不只是

言，其「本」固不只是解心無染或無為無執，其無限的智心固亦不只是般若智或玄智之妙

人，與鬼神合其吉凶，先天而天弗違，後天而奉天時」而言，則迹本論可直接用于此大

其序，與鬼神合其吉凶，先天而天弗違，後天而奉天時」而言，則迹本論可直接用于此大

若徒自「大人者以天地萬物為一體」，或「大人者與天地合其德，與日月合其明，與四時合

貫的骨幹──豎立的宗骨。迹本論固可用于儒聖，儒聖不離人倫日用，亦卽不離天地萬物。

執」之作用，而表明。蓋它由道德意識入手，有一「敬以直內，義以方外」之道德創造之縱

通過「解心無染」或「無為無

儒家義理之圓教不像佛道兩家那樣可直接由詭譎的卽，

# 第五節　儒家之圓教與圓善

于人格化的上帝存在之肯定，則德福一致便渺茫矣。

其各自獨立的意義只有在圓聖中始可能。圓聖非人格化之上帝也。故將德福相卽而又不失

身上，則德與福便成斯多噶之主張中之分析關係，福便無獨立的意義。故德福相卽而又不失

義，福亦有獨立的意義，以本迹本圓融而來故也。若在自以為能解天刑而卻並無迹用之至人

依靠一什麼物事把它們兩者綜和起來使之有必然連繫也。在此「相卽」中，德固有獨立的意

執」之作用，而表明。蓋它由道德意識入手，有一

故德卽福，福卽德，此「卽」是詭譎的「相卽」之卽，非分析關係，亦非綜和關係，蓋並非

為無執外，還有一豎立的宗骨，此即是「敬以直內義以方外」所表達的道德的創造，即仁心之不已，此由首章講孟子即可知也。是故儒家的無限智心必扣緊「仁」而講，而體現此無限智心之大人之「以天地萬物為一體」之圓境亦必須通過仁體之遍潤性與創生性而建立，此即其所以不能直接由「詭譎的即」而被表明之故也。它不能只由般若智或玄智之橫的作用來表明，它須通過仁體創生性這一豎立的宗骨來表明。因此，它必須是縱貫縱講，而不是縱者橫講。

縱貫縱講的圓教不甚好講。在什麼情形下，它始能徹底透出呢？儒家自孔子開始，通過孟子而至中庸易傳，此是先秦已有之發展，後來再經過宋明儒之發展，其中義理多端，此亦必須有一判教始能將那縱貫縱講的圓教徹底顯出。以下試總持而略明之。

凡聖人之所說為教。凡能啟發人之理性，使人運用其理性從事于道德的實踐，或解脫的實踐，或純淨化或聖潔化其生命的實踐，以達至最高理想之境者為教。此是籠統一般言之。那能啟發人之理性，使人依照理性之所命而行動以達至最高理想之境者為教。依理性之所命（定然命令）而行動即曰道德的實踐。行動使人之存在狀態合于理性。因此，道德實踐必涉及存在。此涉及存在或是改善存在，或是創生一新存在。因此，革故生新即是道德的實踐。革故即是改善，生新即是創生。革故生新即是德行之「純亦不已」。我之個體生命之存在是既成的，雖是既成的，但可改善。因此，茲並無定性的存在，此如佛家說無定性眾生。推之，凡天地萬物都

是既成的存在，但亦都非定性的存在。一切存在都可涵泳在理性底潤澤中。此即中庸所謂「參天地贊化育」，或「致中和，天地位焉，萬物育焉。」因此，此所謂理性即是無限的理性，無限的智心。其爲無限是因其潤澤一切存在而然。此無限的智心必須首先被確立，但它卻不可對象化而爲人格神。

依此無限智心之潤澤一切，調適一切，通過道德的實踐而體現之，這體現之之極必是以天地萬物爲一體，爲一體即是無一物能外此無限智心之潤澤。以天地萬物爲一體之生命，即是神聖之生命，此在儒家，名曰聖人或大人或仁者。仁者之以天地萬物爲一體非私意之臆想造作其是如此，乃是其心之仁（其無限智心之感通潤物之用）本若是其與天地萬物爲一體也。此即是說，其無限智心本有此存有論的遍潤性。此遍潤性之所以爲存有論的乃因此無限智心是「乾坤萬有之基」之故也。王陽明即依此義而說「有心俱是實，無心俱是幻。」意即一有此無限的智心之潤澤，則一切俱是眞實的；若無此心之潤澤，則一切俱是虛幻的。此亦即中庸所謂「誠者物之終始，不誠無物。」依此，此普遍而無限的智心乃是一存有論的原理，或亦曰本體宇宙論的原理，乃使一切存在爲眞實而有價值意義的存在並能引起宇宙生化而至生生不息之境者。若把此無限智心撤掉了，則一切存在終歸于虛幻而不實，因而亦就是說，終歸于無是價值地說，非經驗地說。此無限智心不獨仁者（大人）有之，惟仁者（大人）能無喪耳，能通過道德實踐而體現之耳。一般人雖不能完全體現之，然總能體現一點，因爲它隨時可以呈現。一般人皆有之，用康德的辭語說，一切理性存有皆有之，

只要理性作主，不是感性作主，由其隨時可以呈現，吾人卽可用當下指點之法令一般人通過逆覺體證（操存涵養）而時時體現之，終至于完全體現之。此完全體現是可能的，此卽函圓頓體現之可能。儒家圓教必須從此圓頓體現之。體現之可能處說。此是建立儒家圓教之大體規模，規模者悟入圓說時事先之義理綱維也。然卽此綱維亦必須經過抉擇與簡別，始能徹底明白。

原初孔子踐仁知天卽已約略隱含此規模。踐仁是成德的事，知天是生命之上達而通至絕對的事。「天何言哉？四時行焉，百物生焉。」知天卽是默契那「於穆不已，生物不測」之道體（形而上的絕對實體）。踐仁成德必函通契于這形而上的實體——這涉及一切存在的存有論的原理，這本體宇宙論的原理。「夫子之文章可得而聞也」，夫子之言性與天道不可得而聞也。」文章卽「煥乎其有文章」之文章，此是踐仁成德而表現于外者，故可得而聞。性與天道是存有論的事，卽，如此兩詞之通常字面意義而觀之，此兩詞本指表一切存在之存有論的原理——天道籠綜一切存在而爲其存有論的原理，性是分別地就各個體而爲其存有論的原理。一切存有論的原理皆是奧體——無限的奧秘。「上天之載無聲無臭」固是無限的奧秘，「性也者天地鬼神之奧也」（胡五峯語），亦是無限的奧秘。

「性也者天地所以立也」，但聖人不欲通過思辨理性把此奧體推出去作一對象而去智測空言之，而且它亦不是空言得來的，是故「不可得而聞」。不可得而聞一方表示孔子不常言（落于思辨理性之智測卽不易理解，亦無定準），但卻並不表示孔子對于性與天道無默契。一方亦表示弟子們不易理解，雖有默契，但卻不常言（子所雅言詩書執禮），夏不用思辨理性去推測，蓋因此等事本不可

以空言也。「仁遠乎哉？我欲仁斯仁至矣。」踐仁是我自己所能掌握的事，是孟子所謂「求則得之，舍則失之」，是求有益于得也，是求之在我者也。「不怨天，不尤人，下學而上達，知我者其天乎？」天之知我即必然函着我之知天，知其知我即是默契，與天通契而融于一。「天地與我並生，萬物與我為一」，此雖是莊子語，然亦是一切聖人所共有的意識。踐仁而可以知天，則仁與天必有其共通的性格，即創生一切而成全一切也。性與天道這存有論的原理（奧體）不須強探力索以求知解（通過思辨理性以求證明即是強探力索之知解），但須踐仁成德即可冥契。此即易傳所謂「默而識之，不言而信，存乎德行」，亦即其所謂「〔天道〕顯諸仁，藏諸用，鼓萬物而不與聖人同憂，盛德大業至矣哉！」是則仁與天俱代表無限的理性，無限的智心。若能通過道德的實踐而踐仁，則仁體挺立，天道亦隨之而挺立；主觀地說是仁體，客觀地說是道體，結果只是一個無限的智心，無限的理性（此不能有二），即一個使「一切存在為眞實的存在，為有價值意義的存在」之奧體──存有論的原理。這完全是由踐仁以挺立者。踐仁而至此即是大人之生命，聖哲之生命。一切存在俱涵潤在這大人底生命中由大人底生命持載之，俱覆在這無限的智心理性下而由此無限的智心理性涵蓋之，此即所謂天覆地載也。自無限的智心理性而言，則曰天覆；自大人底踐仁之實踐而言，則曰地載。易傳乾道創生萬物，即是天覆；坤德成物即是聖人之實踐，此曰地載。（此義，范良光同學首發之）。性體是居中的一個概念，是所以能作道德實踐之超越的性能──能起道德創造之超越的性能。無限智心（仁）與天道俱在這性能中一起呈現，而且

這性能即證明其是一。這性能即是仁心，人本有此能踐仁之仁心，仁不是一外在的事物。

踐仁即如其本有而體現之而已。這「體現之」之能即是其自己之躍動而不容已地要形之于外之能。（此義，孔子未言而孟子言之）。是以這仁心即是無限的智心，這性能亦是無限的性能，此其所以為奧體，因而亦即同于天道道體，因而仁體、性體、道體是一也。一切存在俱函攝在這仁心性能中，這能作道德實踐能起道德創造的大人生命中。若離開大人之踐仁而空談天道，這便是玩弄光景之歧出之教，亦曰偏虛枵腹之妄大。；若隔斷天道道體而不及存在，不曉仁心性能之無限性即是道體，這便是小教。兩者皆非聖人圓盈之教之規模。聖人已約略隱含此圓盈之規模，後人無能外此者。此即陸象山所謂「夫子以仁發明斯道，其言渾無罅縫」。至于後人見仁見智，或及或不及，皆可以此原有之規模為判準而評判之也。

孟子盡心知性知天，存心養性事天，妖壽不貳修身以俟之之立命，乃相應孔子原有之規模而充分展現之者。此即陸象山所謂「孟子十字打開，更無隱遁。」「十字打開」者即將孔子約略渾含之言予以義理的撐開也。「更無隱遁」者即一切聖教義理俱含在此「十字打開」中更無餘蘊可被隱蔽而不被展露也。此言善矣。

中庸從性體言慎獨，並以誠發明斯道，而言「肫肫其仁，淵淵其淵，浩浩其天」，亦相應原有之規模而言者，並無岐出處。視為岐出者乃小教之妄言也。

易傳乾坤並建，尊乾而法坤。聖人之實踐即法坤，此曰地載；乾道創生即尊乾，此曰天覆。此仍是相應原有之規模而言者，並無歧出處，視為歧出者乃小教之妄言；亦非離開無限

智心與聖人之踐仁而言以言者，空頭以言者乃偏虛梬腹之妄大，非圓盈之大也。

大學乃實踐之綱領，朱子所謂空殼子，此須依孔子原有之規模以定其方向，其自身並不能自足，視之為自足而可以決定聖教之方向者乃朱子之歧出，此方是真正之歧出。

下屆宋明儒，周濂溪默契道妙，以「幾動于彼，誠動于此」明實踐工夫之切要，此雖開端另說，但亦不違孔子原有之規模。吾人若知以通書定太極圖說，則周濂溪之默契固相應者。視之為歧出者既未明徹其言工夫之緊要，復又是隔斷「存在」者之妄言。朱子以大學格物窮理為準，以太極圖說定通書，始成為真正歧出者，此非濂溪之過，乃朱子之過。

張橫渠雖盛言太和太虛，又多滯辭，然歸本于「聖人盡道其間兼體而無累者存神其至矣」，則亦相應于孔子原有之規模而無違者，雖其辭語有異。視之為歧出者亦隔斷「存在」者之妄言。

濂溪橫渠大體皆是論孟中庸易傳通而為一以言大人之實踐，此固無違，然多偏于先明「存在」之原理，其言工夫固切要，但不免蜷伏相，人多忽之，遂視之為歧出。論孟中庸易傳通而為一，工夫無蜷伏相，於踐仁中盛言一本者，則為明道。故明道之一本論乃真相應于孔孟圓盈之教之規模者。

濂溪橫渠明道言工夫皆不就大學格物窮理言，其所循者乃是逆覺體證之路，此則相應于孔孟之言工夫。盛言大學之格物窮理者自伊川始，朱子承之而張大其軍，如是遂不自覺走上歧出之路而與孔孟原有之規模不相應。此言工夫之路，吾名之曰「順取之路」，以與「逆覺。

之路」相對反。工夫之路既異，如是言心言性亦異。心屬于氣，乃形而下者，如是，無限智心乃不能言；而性屬于理，乃形而上者，如是，性成爲只是理，而且成爲泛存有論的「所以然」，而原初孟子言性善之性之道德性遂減殺。此則徹底違反聖人踐仁知天之圓盈之教之規模。此卽象山所謂「不見道」。「不見道」者無形中把自律道德轉爲他律道德，把方向道德轉爲本質道德也。此卽陽明所謂「析心與理爲二，乃告子義外之說也」。氣之靈之心只通過涵養與察識（包括格物窮理）以求合于泛存有論的性理，此豈非他律道德乎？孔孟所言之無限智心之自定方向以遍潤一切存在之圓盈之教之規模遂全泯失而不見矣。于是，象山遂直承孟子而興起矣。

陸象山直接承孟子而立言以扭轉朱子之歧出，其相應于孔孟原有之規模自不待言，朱子學雖是歧出，然其歧出而特彰顯一橫攝系統（他律道德，本質道德，泛存有論之性理俱屬橫攝系統）亦自有其足以吸引人處，人不知其爲歧出也，朱子自信如此其堅，其本人亦不知自己之爲歧出也。其權威已成，于三百年後，復有王陽明興起而扭轉之。陽明之扭轉之不是直承孟子而扭轉之，乃是順其講大學而扭轉之。經此一曲折，如是，遂特提致良知以爲說，而最後終歸宗于孟子，復亦相應于孔孟原有之規模而不違。良知本孟子原有之詞語。然陽明悟良知不是直接由讀孟子而自得之，而是經過「順朱子之講大學而覺其有刺謬」這一曲折，于生死艱危之中而徹悟之。他特提致良知以爲說，似是一新說，人亦以新說目之，其實乃孟子原有之義。新說者是就其講大學而言也。落于大學遂有心、意、知、物四者之關

聯。良知在孟子只是一本心之本明，與惻隱、羞惡、恭敬、是非之心之爲本心同，並未關聯着心、意、物而言良知。就此而言，致良知而正心誠意以正物，對講大學言，是一新說，就實踐工夫言，是一新發展，有大貢獻。孟子、象山皆未講至此步，故亦有其獨立的意義。如此講大學之本意很難斷定，因爲大學之「知」即使是指知止知本而言，亦很難定其就是良知，因而格物之格亦很難斷其應訓爲「正」。但無論如何，經此扭轉，遂合于孔孟原有之規模，則無疑。孔孟聖教原有之規模是縱貫系統，非橫攝系統。

心、意、知、物四者關聯着說而有四句教：

　　無善無惡心之體。

　　有善有惡意之動。

　　知善知惡是良知。

　　爲善去惡是格物。

無限智心之自體是無善惡相而爲評判一切善惡者之標準。此即示相對而言的善惡之謂詞不是可以應用于無限智心之自體的。無限智心之自體是絕對的純淨，故云「無善無惡是謂至善」，此「至善」之讚辭非是一謂詞也，而無限智心之自體亦非是一行事也。意是心之所發，即吾人所謂發心動念；而吾人現實意念之發動卽所謂作意或起意有時是善的有時是惡的，故意始

有相對的善惡可言。此意是受感性影響的意念之意，故意是屬于經驗層的。此意之向此或向彼之動作，康德名之曰根源的行動，即其採用惡格言或善格言之行動，尚未表現于外而爲行爲之行動，此即吾人所謂「存心」也。（表現于外而爲行爲，康德名之曰派生的行動）。然意之動或善或惡，良知之明自然知之。良知之明是無限智心自體之用，即其自體虛靈明覺之用。無限智心非死體，其自身全是一虛靈明覺之用，故良知之明即反證無限智心自己之絕對純淨性。分別說是心與知，其實是一也，故此兩亦可說良知之明即反證無限智心自己之絕對純淨性。其所以可如此分別說是因爲關聯着「意」而然也。「意」指表吾人受感性影者屬于超越層。其所以可如此分別說是因爲關聯着「意」而然也。無限智心遂受良知之響隨軀殼而起念。意念之動或善或惡，本心之明皆知之，即因此故，無限智心遂受良知之名。然而意之所在爲「物」，如意在于「事親」，事親即爲一物，此物顯然即是行爲也，故吾亦名之曰「行爲物」，康德所謂派生的行動，由根源的行動（存心起意）而決定至之者。意既有善惡，故此行爲物亦有正與不正，因此，意與物皆屬經驗層。在超越層的心與知以及經驗層的意與物之分別中，實踐之工夫始可能。實踐之工夫即所謂「致知格物」也。陽明義的致知格物與朱子所說者截然不同。辭語同者以皆依附大學之故而然也。依陽明，致知格物者「致吾心良知之天理于事事物物，事事物物皆得其理」之謂也。良知既知意之善惡，自亦知意之所在之物之正或不正。良知既知之，自可依良知之天理而正之，使其不正者以歸于正。依良知之天理而正之即表示良知之天理可彰顯出來落實于物上而發其正物之用，此即所謂「致」。致者推至其極而實現之之謂也，即孟子所謂「擴充」。推致而擴充之不能離開物謂「致」。致者推至其極而實現之之謂也，即孟子所謂「擴充」。推致而擴充之不能離開物

（行爲）推致而擴充之。故推致良知之天理之致必致至于物上始落實，故云：「致知在格物」也。格者正也，格物是致良知之天理以正物，非窮究事物之理之謂也。良知之天理卽良知自發自立之道德法則也，以是故，致之于行爲物上而行爲物皆能正行爲物之不正以使之歸于正，使行爲物皆合天理，則意亦誠矣。意不誠而自欺，故爲惡意。誠意者使意之動皆爲順良知之天理而動，故爲眞實而無妄，無一毫之自欺，因而爲純善而無惡也。意既誠，則心亦正。心正者無限智心因良知之天理之呈現而復其正位而無忿懥、恐懼、好樂、憂患之謂也。「正心」者卽使原因受感受之影響而放失之心復其正位而無一毫忿懥、恐懼、好樂、憂患之相之謂也。此卽孟子所謂「求放心」，亦孟子所引孔子語「操則存舍則亡」之對于心之操存也。通過致知格物以誠意之工夫，則原初所設定的無善惡相的無限智心之自體卽如如而朗現矣，故無任何忿懥、恐懼、好樂、憂患等等偏曲之相也。一有偏曲之相皆爲心之不正，卽皆是本心之放失。故孟子云：「學問之道無他，求其放心而已矣。」致知格物以誠意卽「求放心」之道也，而同時能盡此道者，則謂之爲有德。

以上所說卽是陽明之就大學正心、誠意、致知、格物而言之「致良知教」之大意，那四句卽是致良知教之綜括。此則扭轉朱子之歧出。故朱子之「卽物而窮其理」之格物窮理之說亦可被說爲是由「無限智心之遍潤一切」而開出之一途法門，非通方法門，蓋以其將原初之無限智心之心義則失落之故也。佛家唯識宗，天臺宗謂其爲由如來藏開出之一途法門，非通方法門，蓋以其「發頭據阿賴耶出一

切法」爲不當，又因其于無漏種無善解之故也。因此不當與無善解，故結果是三乘究竟，違

反「一切眾生皆可成佛」之一乘究竟之佛之本意。此亦可說是唯識宗之歧出。朱子之歧出

則是違反孔孟無限智心縱貫系統原有之規模，轉而爲「泛存有論的性理」之通過格物窮理而

成爲一橫攝系統。兩者皆是徹底的漸教，一使成佛不可能，一使成聖不可能，蓋皆以無限智

心不立故也。

但王陽明之四句教尚不是究竟圓教，但只是究竟圓教之事前預備規模。究竟圓教乃在王

龍谿所提出之「四無」，而四句教則爲「四有」也。

四無者心、意、知、物四者皆非分別說的各有自體相，而乃一齊皆在渾化神聖之境中爲

無相之呈現之謂也。在此無相的呈現中，四者皆無相對的善惡相可言：「惡固本無，善亦不

可得而有。」是故王龍谿云：

夫子立教隨時，謂之權法，未可執定。（案此指四句教言）。體用顯微只是一機，

心意知物只是一事。若悟得心是無善無惡之心，意即是無善無惡之意，知即是無善

之知，物即是無善無惡之物。蓋無心之心則藏密，無意之意則應圓，無知之

知則體寂，無物之物則用神。天命之性粹然至善，神感神應，其機自不容已，無善

可名：惡固本無，善亦不可得而有也。（天泉證道記）

案此卽渾化之境中四者之無相的呈現，卽皆是天命之性之神感神應其機自不容已之自然之流。行，卽如如呈現。在此情形中，首先，「惡固本無，善亦不可得而有」之心意知物是無心之心，無意之意，無知之知，無物之物。「無心之心」語中之「無」是心之表現作用上的無，非存有上的無，意卽在存有層上肯定有心，但心之表現作用卻是以「無心」之方式表現，卽不是有心或有意在表現。故此「無」亦如「無有作好無有作惡」之無，亦如程明道定性書所謂「天地之常以其心普萬物而無心，聖人之常以其情順萬事而無情」語中之無。「以其心」是表示存有層上肯定有心，「普萬物而無心」是說其普遍于萬物而爲其體不是有意造作如此也，意卽是以「無心」之方式而普。「聖人之常以其情順萬事而無情」亦同此解。「以其情」是有情，「而無情」是無意于情。「無有作好，無有作惡」亦同此解。好惡是有的，然不要有意造作地去好，亦不要有意造作地去惡。此亦如禪家所謂「卽心是佛，無心爲道」也。「卽心是佛」肯定有心有佛，「無心爲道」是以「無意于心與佛」之方式，卽以般若智之妙用之方式，而體現此心以成佛也（此卽所謂「非心非佛」也）。王陽明亦說「有心俱是實，無心俱是幻」，此是存有層上的有無。在存有層上，良知之心是有的。有良知爲之體處，一切皆實，否則皆幻，此亦中庸所謂「誠者物之終始，不誠無物」也。但同時陽明亦說「無心俱是實，有心俱是幻」。此是「體現良知」之作用層上的有無。在體現良知本心這體現之之作用上卻須以「無心」之方式體現之，如此，則一切皆渾然天成，不但工夫是實，卽本體亦如如呈現；若非然者，則一切皆幻，不但工夫不實，卽本體亦扭曲而成意象。必知此兩層

之分別，然後始可了解「無心之心」一語之意義。心是無心之心，意亦是無意之意。意是有的，但此時之意其表現是以「無意之心」之方式即「不起意」（不隨感性而造作起念）之方式而表現，此時之「意之動」是無動相之動，即動而無動之動，故亦不見有意相也。此時之意乃純然是天機流行之意，而亦不知其究爲意抑爲非意也，故爲無相之意，此亦劉蕺山所謂「化念還心」也。知是無知之知亦然，即知亦是無知相之知也。何謂「知」相？有意之善惡與物之正不正爲其所對而顯「良知知之」之作用即謂爲有「知」相。「無知之知」不能與「無心之心無意之意」一律解。無論有知相無知相，良知之表現總是自然的，不是有意造作的。

無知相之知，在吾人未至渾化之境時，亦不碍其有自然地知善知惡之用。在渾化之境中，「知亦是無善無惡之知——惡固本無，善亦不可得而有」，此語不是對遮「良知之知有善有惡」者，因爲良知之知根本不能有善有惡。無知之知之遮知相與無善無惡之遮善惡相不是同義語，故不能與「無心之心無意之意」一律解。嚴格言之，「無善無惡，惡固本無，善亦不可得而有」之語用于良知之知本不曾有善惡，因良知之知無甚意義，說其有善有惡或無善無惡則無意義。是故說良知之知有知相無知相有意義，說其有善有惡或無善無惡則無意義。是惡是不通的。是故說良知無經驗層上之意與物爲其所對，而只是無知以在渾化之境中，「知是無知之知」只表示良知無經驗層上之意與物爲其所對，而只是無知相之知之如如流行，亦如「大而化之」，化掉大，大無大相。知是如此，物亦然。在渾化之境中，物即相之知之如如流行，亦如「大而化之」，化掉大，大無大相。知是如此，物亦然。在渾化之境中，物即是無物之物。但此物是無物之物，物無物相。王陽明亦說「明覺之感應爲物」，此物即是無物之物。無物相者是說此物既無爲良知所知之對象相，亦無善惡意中之正不正相。「意

之所在爲物」，此物是經驗層上的物；「明覺之感應爲物」則是超越層上的物。若用康德詞

語說之，前者是實踐中現象義的物，相應于有善惡相之意而說者，後者是實踐中物自身義的

物，相應于明覺之感應而說者。

在渾化之境中，心意知物四者既皆是無相之自然流行，如如呈現，是故王龍谿云：

　　無心之心則藏密，無意之意則應圓，無知之知則體寂，無物之物則用神。

而總之云：

　　天命之性粹然至善，神感神應，其機自不容已，是謂無善無惡。（天泉證道記）

　　得而有也：是謂無善無惡。

心意知物四者總只是那粹然至善其機自不容已的天命之性之神感神應之自然流行或如如呈現

之渾然一事，故云：「體用顯微只是一機，心意知物只是一事。」心知是體是微，意物是用

是顯。但旣只是一機，只是一事，是故亦可用莊子之語調曰：俄而心意知物矣，而未知心

意知物之果孰爲心孰爲意孰爲知孰爲物耶？此是渾化之境中的心意知物，卽藏密、應圓、體

寂、用神之心意知物，綜之亦可曰冥寂中之心意知物，或迹本圓融中之心意知物（心知是

本，意物是迹）。此即所謂四無。

全本是迹，全迹是本。

至于四有則是心意知物四者分別說之各有自體相之謂。因感性之參與。所謂分別說之，最重要的是經驗層與超越層之分別。所以有此分別是因感性之參與。因感性之參與而首先凸出者則爲有善有惡之「意之動」，是以「意之動」是重要的關鍵。因爲有這意之動之關鍵，所以關聯着說，逐得超越地有心知之肯定。意之動有善有惡，這有善有惡就是其自體相。因爲有此兩層之肯定，所以分別地各有其自體相。意之動有心知之肯定，復須經驗地有物之肯定。至于無善惡相之自體則是分別而超越地肯定一絕對純淨之心以爲標準，這無善惡相而絕對純淨就是此心之自體相。因爲意是心之所發，發而爲意之動，此動是因着動于物而動，故有其「有善有惡」之相，所以我們必須預設一不動于物而無善惡相的心之超然之自體以爲標準。此標準之證成是因着良知之知善知惡知是知非而證成，因爲良知就是那作爲標準的心之虛靈明覺之用，故反而能證成此心善知惡知是知非而證成，因爲良知就是那作爲標準的心之虛靈明覺之用，故反而能證成此心之超然的絕對純淨之自體也。心之虛靈明覺有此良知之判斷之用（知善知惡、知是知非即是其判斷之用），故良知即與「意之動」發生一密切的關係而能化惡爲善，把意提起來使之不動于物而爲一眞實而純潔化的意，此即劉蕺山所謂化念還心。非然者，意之動將永遠沉淪下去。良知旣顯其判斷之用，故「知善知惡」即是良知之自體相。意之動動于物而着于物，意之所在爲物（如意在于事親，事親即是事，即是一行爲物）。意之動動于物而着于物（如意在于事親，事親即是事，即是一物，故此物實即是事，即是一行爲物）。意之所在之物亦有正與不正，「事親」之物（事）爲正，「偸盜」之物（事）爲不正。意旣是有善有惡，事親是善意，偸盜是惡意，故其所意在之物亦有正與不正，「事親」之物（事）爲正，「偸盜」之物（事）爲不正。良知旣能判斷意之善惡而使之

歸于善，自亦能判斷物之正與不正而使之歸于正。物之正或不正卽是經驗層上的物之自體相。心意知物四者既是分別地說各有其自體相，此卽是四者凸顯起來而處于有的境界中。亦可以說：致知以誠意正物而復心之正位這實踐之工夫無窮無盡，這亦表示四者皆在有之境界中，未能至渾化而無「迹」也。是以王龍谿云：

若有善有惡，則意動于物，非自然之流行，着于有矣。（動于物卽是着於有）。自性流行者，動而無動。（濂溪云：動而無動，靜而無靜，神也，神妙萬物。此卽王龍谿所謂神感神應。）着于有者，動而動也。（濂溪云：動而無靜，靜而無動，物也，物則不通。）意是心之所發。若是有善有惡之意，則知與物一齊皆有，心亦不可謂之無矣。（天泉證道記）

此最後一句「則知與物一齊皆有，心亦不可謂之無」，語意簡略，不可誤解爲一齊皆有善有惡，蓋此爲不通也。「知與物一齊皆有」是說知與物皆處于「有」境，皆有其各自之體相，卽是處於「有」境，並非說一齊皆有善有惡也。因爲物有正與不正，可是良知之知卻不能有善有惡。良知之知知善知惡，而其本身卻不能有善有惡。有正不正是經驗層上的物之自體相；知善知惡是超越層上的良知之自體相。各有其自體相卽是皆處于「有」境。知與物既各有其自體相而處于「有」境，則心亦處于「有」境。心之無善惡相之超越絕對純淨性卽是心

· 321 ·

之自體相，亦即是其處于「有」境，此即「心亦不可謂之無」一語之意。「不可謂之無」言其非化境中「無心之心」也。此無是「無相」之無，是吾人「體現之」之作用層上的事。

四句教中心意知物四者既皆處于「有」境，則致知以誠意正物而復心之正位這一實踐工夫隨而亦可以說為是一無限之進程，而吾人亦永不能至無迹之化境。但須知四句教並非是徹底的漸教，如朱子者然，或如唯識宗者然。以良知本心為超越的無限真心故。既有此無限真心之肯定，即函有其圓頓，即函有其圓頓地超化時間中一切感性之雜之可能，即是說，它可以圓滿地頓時被轉化。

人之感性現實地一切感性之雜之可能，即是說，它可以圓滿地頓時被轉化。如孟子說大舜「聞一善言，見一善行，若決江河，沛然莫之能禦」，即是此境。此當然是指上上根器言，一般人不必能如此，然亦並非絕對不可能。蓋孔孟皆肯定無限智心隨時可呈現故。既隨時可呈現，即函圓頓地呈現之可能。一般人雖較為艱難一點，然並非絕對不可能也。故云「人一能之，己百之，人十能之，己千之，及其成功一也。」故云「人人皆可以為堯舜。」真心之圓頓的呈現以及意物之圓頓地被轉化這一圓頓之可能即含有四無之可能。

在四無之境中，「體用顯微只是一機，心意知物只是一事。」（天泉證道記）。此方是

它亦可以圓滿地頓時被轉化。如孟子說大舜「聞一善言，見一善行，若決江河，沛然莫之能禦」，即是此境。此當然是指上上根器言，一般人不必能如此，然亦並非絕對不可能。蓋孔孟皆肯定無限智心隨時可呈現故。

麼快，好像很明白，其實細審是很糊塗的。若不如此分別，那是很難索解的。

有其自體相（無善惡相即是其自體相）即是有相，是存有層上的事。王龍谿那個語句說的那

一時間長串中無限定地拉長，然有無限智心以覆之(此如天覆)，吾心之肯定，即函有其圓頓地超化之。

眞正的圓實教。心、知是體是微，意、物是用是顯。然這「體用顯微只是一機，心意知物只是一事」並非是分別地說者，乃是非分別地說的四無化境中之事。俄而心意知物矣，而未知心意知物之果孰心意孰知物耶？此卽是聖人之冥，亦卽是聖人之迹本圓。心知是本，意物是迹。全本是迹，全迹是本，而未知迹本之果孰迹孰本耶？此時作爲迹之意與物是無意之意與無物之物，而作爲本之心與知是無心之心與無知之知。此時亦不說「意之所在爲物」，而直說「明覺之感應爲物」。蓋無意之意卽是心知明覺之圓應也。亦不說良知知意之善或惡，知物之正或不正，而只說良知明覺之感應爲物，而物無不正且亦爲無物之物也。明覺之感應爲神感神應，就此神感神應既可說無心之心，無知之知，同時亦可說無意之意，無物之物。蓋體用顯微只是一機，心意知物渾是一事，而亦未知體用顯微之果孰體孰用，心意知物之果孰心孰意孰知孰物也。聖人冥寂無相而迹本圓融卽是地載，而亦卽是天覆之迹在地載中，地載之卽在天覆中，而亦未知天覆地載之果孰爲天覆孰爲地載。分別言之，心知之本創始萬物，此曰天覆。在聖人之實踐中，萬物攝于聖人之迹而卽在聖人之迹中呈現（聖人之心順物正物最後遍潤一切存在而使之生生不息卽是聖人功化之迹），迹本圓融，此卽程明道（地德博厚持載一切）。然既是冥寂無相而迹本圓，則天覆地載之分別亦化矣。此卽程明道所謂「只此便是天地之化，不可離此個別有天地之化」。凡分別說者皆是權教，非圓實教。參天地，贊化育，亦是分別說者，故明道云：只參贊字亦是多餘的。

至此可謂極矣。然若依天臺圓教之方式而判，此種從「無」處立根之說法猶是于四有之

·323·

外立四無，乃對四有而顯者。此如華嚴圓教唯是就佛法身所示現之法界緣起而說十玄之圓融

者然，猶是高山頂上之別教一乘圓教也。若眞依天臺「一念三千，不斷斷，三道即三德」之

方式而判，則四有句爲別教，四無句爲教一乘圓教，而眞正圓教（所謂同教一乘圓教）則

似當依胡五峯「天理人欲同體而異用，同行而異情」之模式而立。同一「一念無明法性心」

之三千法體不變，而「三千在理同名無明，三千果成咸稱常樂」。同一世間一切事，概括之

亦可說同一心意知物之事，若念念執着，即是人欲：心不正，只是忿懥、恐懼、好樂、憂患

之私心；意不誠，只是自欺欺人之私意；知只是識知，非智知；物只是現象之物（有正不正

並有物相之物），非無物相之物。若能通化，即是天理。心爲無心之心，意爲無意之意，知爲

無知之知，物爲無物之物。此如色心不二，煩惱心遍即是生死色遍，此即是人欲，若能通化

自在，以其情應萬事而無情。此如心普萬物而無心，則即是天理。飲食男女之事不變，視聽

言動之事不變，然「形色天性（生）也，「世間相常住」（法華經語），無一法可廢，只爭順理不順理

耳，所謂「除病不除法」（維摩詰經語）也。順理則迹本圓，不順理則迹本喪。順理則

「體用顯微只是一機，心意知物只是一事」之四無妙義通體透出而無餘蘊矣。如此說方爲眞

圓實教。若以明道「只此便是天地之化」之語衡之，則同一世間相，順理而迹本圓即是天地

之化，而天覆地載之分別亦化矣。不順理，則人欲橫流，迹本交喪，人間便成地獄。順理不

順理只在轉手間耳。但須知如此圓說必須預設那些分別說者，進而通化之。分別說者雖皆是

權敎，非圓實敎，然必須就之而予以開決，方能顯圓實，所謂醍醐味不離前四味也。若不預

知那些分別說的眉目，平面地空講圓實，則必覺一團混沌而沈落矣。

但是只有在非分別說的「只此便是天地之化」之圓實敎中，德福一致之圓善才眞是可能

的。因為在神感神應中（神感神應是無執的存有論中之感應，非認知的感性中之有執着的被

動的感應），心意知物渾是一事。吾人之依心意知之自律天理而行卽是德，而明覺之感應為

物，物隨心轉，亦在天理中呈現，故物邊順心卽是福。此亦可說德與福渾是一事。這德福渾

事不是如在斯多噶與伊壁鳩魯處那樣是分析的，當然亦不是如在康德處那樣是綜和的（必然

連繫之綜和），那須靠上帝來保障者。這德福渾是一事是圓聖中德福之詭譎的相卽。因為此

中之心意知本是縱貫地（存有論地）遍潤而創生一切存在之心意知。心意知遍潤而創生一切

存在同時亦函着吾人之依心意知之自律天理而行之德行之純亦不已，而其所潤生的一切存在

必然地隨心意知而轉，此卽是福——一切存在之狀態隨心轉，事事如意而無所謂不如意，這

便是福。這樣，德卽存在，存在卽德，德與福通過這樣的相卽便形成德福渾是一事。

在此情形下，靜態地說，便在「主觀面德行之純亦不已與客觀面潤生一切存在而使之隨心

轉」這兩面同時渾一呈現這一層次上便有德福之詭譎的相卽之回應（此亦可說是福報）。因

為分解地說，德之意義只在吾人之依心意知之自律天理而行，而福是屬於「存在」的事，而

「存在」不是由德可以分析出的，亦如康德說「存在」（物之存在之存在）不是可以構造。

但是此心意知動態地說，是無限的智心而有創生妙用的心意知，物之存在繫于其創生妙

的。

用之創生或潤生，並不繫于德而可以由德而構造出。即以此故，靜態地說，德與福遂有詭譎

的相即之關係。「吾人之依心意知之自律天理而行即是德」之德相即于心意知所創生的存在

之隨心轉，而「存在隨心轉即是福」之福亦相即于「吾人之依心意知之自律天理而行即是

德」之德。若不相即，則非圓教。例如在四有中，「意之所在為物」，此物是行為物，實

即是事。縱然一切行為物（事）經過致良知以誠意而得其合乎天理之正（此即正物，陽明義

之格物，格者正也），然而吾之存在以及一切其他自然物之存在不必能隨良知轉，因而亦不

必能表示吾有福，此則德福仍不一致也；縱或偶爾有之，亦是德福之偶然連繫，非必然連

繫，此即仍無圓善也。必升至「明覺之感應為物」，然後始可至德福一致。因為此時之「物」

不只是事，亦指一切存在。而「明覺之感應為物」即是心意知物渾是一事，而亦即是「四

無」也。

又在四有中不必能得德福一致之必然連繫，只有偶然連繫，故福之得不得有「命」存

焉。然而在四無中則無命義，因命已被超化故。儘管聖人亦奉天時，聖人亦有死（指自然生

命言），然不管怎樣死，怎樣奉天時，一切天時之變，生死之化，盡皆是其迹用。縱使一切

迹用，自外觀之，是天刑，然天刑即是福，蓋迹而能冥迹本圓融故。天刑即是福，則無「命」

義。一切迹用盡皆是隨心轉之如如之天定，故迹用即是福。縱或此如如之天定自外部觀之仍

可說是「命」之事，然迹用既隨心轉，則事之為事雖或可說固自若，而其意義全不同，故實

亦可說為無所謂命也。此即是命之被超化。適說事之為事或可說為固自若，實則亦並非自若

之事，蓋迹用隨心轉，已不是那說為「命」之事矣。蓋命原只是非圓教中「吾人之生命與氣化之相順或不相順」之虛意概念（參看前第二章），在圓教中無所謂不相順，故命亦被超化矣。命者聖人之謙退也。若在圓教則無所謂命。在謙退中「安之若命」，實非命也。蓋已能迹而冥冥而迹矣。

又有須簡別者，即：在心意知物渾是一事之情形中，好像不是縱貫縱講，而是縱貫橫講，這樣便與佛老無以異。實則仍是縱貫縱講，只因圓頓故而「縱」相不顯耳。因為此意知仍是創生一切存在之心意知，而且亦仍是以「敬以直內義以方外」為其基本底子，並非只是「無為無執」之玄智，亦非只是「解心無染」之佛智。此後兩者皆是無創生性之無限智心也。故只能即于一切存在而純潔化之（無之或空如之），因而亦成全而保存之，然而不能實言創生也。故于彼兩系統中言德福一致，只因圓頓故而「縱」相不顯。因為此意知在佛家只是清淨德。此只是消極意義的德，非正物，潤物，生物之積極意義的道德創造之德。故仍非大中至正保住道德實踐之真正圓教，實只是解脫之圓教。然而習于佛教者，既無真正之道德意識，亦不能真切于儒聖之的意，只為佛教之圓融義所吸住而不能詳察其所以，而與居士和尚辯，千言萬語總在昭顯此意，其所爭者總在此創生性也。熊先生總不滿意于佛教好為通泛之言，如佛家世出世間打成一片，菩薩亦能繁興大用等等，實則此皆不相干者，徒環繞此而爭辯有何益哉？其真如空性並非實體字，乃甚顯然也。「以有空義故，一切法得成」，並非說「空」義能創生一切法也；緣起法非此「空」義之所創生也。般若、解脫、法

身卽三千世間法而爲般若、解脫、法身，並非說般若、解脫、法身能創生三千世間法也。本

體論的生起論並非佛家義，此固甚顯然。不管天臺之「性具」，華嚴之「性起」，抑或六祖

壇經之「性生」，皆非本體論的生起論，亦甚顯然。（不可爲表面詞語所惑）。而本體論的生

起論之切義唯在「自由意志之因果」處見，此亦不爭之事實。而意志因果之道德創造性爲佛

道兩家所無，此亦不爭之事實。只此是本質的相干者，通泛之言大家皆可說，並不能決定儒

佛之同異也。

不惟佛家無創生義，卽道家亦無創生義。嚴格言之，佛道兩家實不能言縱貫系統。縱貫

者，照字面解，是「豎起來而豎直地直貫下來」的意思。什麼東西能豎直地直貫下來？直貫

下來貫至什麼？落實說，這是預設一道德性的無限智心，此無限智心通過其創造性的意志之

作用或通過其感通遍潤性的仁之作用，而能肇始一切物而使之有存在者也。肇始一切物而

使之有存在卽所謂「創生」或「始生」。無限智心能如此創生一切物卽所謂豎直地直貫下來

貫至於萬物──貫至之而使之有存在。儒家講仁，講心與性，講良知，講天命不已，最後劉

蕺山講「意根最微」之意（與念絕不同者）與「穆穆不已」之性，總起來，卽在昭示上說之

創生義。佛道兩家皆無此創生義，故嚴格言之，于彼不能言縱貫系統。然吾仍以「縱者橫

講」說之者，是因他們對于萬物之存在亦有一種講法。凡對于萬物之存在有講法者，不

管如何講，開始總屬于存有論的縱貫系統，以問題屬于同一層次也，卽同屬于存有論的層次

也。但因智慧方向不同，故有不同之講法。就佛道兩家言，吾卽謂其講法是「縱者橫講」。

「縱者橫講」者不言創生義而仍能說明一切法之存在或最後終能保住一切法之存在之謂也。

即如一切法等依于阿賴耶，此只是「識變」說，並非說阿賴耶識能創生一切法。不能說創

生，即不能說創始。宇宙無「始」，亦無「無始」，始與無始俱不能說，只是一連串種子現

行之無限定地輪廻轉。無論連串至如何遠，一切法總皆止于阿賴耶。一切法是識變地依

止于阿賴耶，非阿賴耶創生之也。轉識成智後，後得智，淨識流行（識變地流行），有一切清淨法

非無限智能創生此清淨法也，只根本智，所謂萬法唯識，三界唯心，既非阿賴耶識創生之，亦非

耳。是則一切法之存在原出於識變，無分別智將淨識現行轉爲法身無漏功德

無限智心創生之。即講至一切法等依于如來藏自性清淨心亦如此，非清淨心能創生一切法

也。此由「一心開二門」即可知之。即最後講至天臺圓敎，由一念三千說起，此仍是理具事

造之識變說（煩惱心遍即是生死色遍），至三德秘密藏保住一切法之存在（除病不除法），

此亦非般若解脫法身之三德能創生一切法也。故云「縱者橫講」，即只就識變上一切法解心

無染而寂滅之而無一法可除，此即爲解脫，亦即爲佛敎式的存有論。此是「由十界互具之法

身保住一切法之存在」之存有論，非云法身能創生一切法也。故非縱貫系統。佛家如此，道

家亦然。道家只是以「無爲無執」之玄智保住萬物之獨化（道法自然），並非玄智能創生萬

物也。「道生之」只是不生之生。「生」之實全在萬物之自己。「不禁其性，不塞其源」，

彼自會生，此即等于你生之也。此是玄智成全一切，非創生一切，亦如般若成全一切，非般

若創生一切也。是故此不生之生且不是無心于生而生之。蓋無心于生只是非有意造作地生

之，此只是作用層之「無」，非存有層之無也。存有層的實體性的心之創生性仍有也。般若智之成全一切法亦然，即既非創生一切法亦非無心于生而生之。是故佛道兩家俱只有王陽明所謂「無心俱是實，有心俱是幻」之存。有層。此存有層即是創生層。作用層是非創生層，但可以成全而保住一切法之存在或萬物之存在。故終于是縱者橫講，而非縱者縱講也。（佛家言依止于阿賴耶或依止于如來藏是識變義之存有層，非創生義之存有層。道家無存有層之作用，不管是何義之存有層。）故究非大中至正之圓教也。蓋缺道創造義故也。言創生者可具備「無爲無執」與「解心無染」之作用，只言此作用層者卻不備道德創造之存有層。兩層備者爲大中至正之圓教，只備作用層者爲偏虛之圓教，只橫而無縱故也。其問題雖原屬縱而卻不能有縱以實之，故偏虛而中心無主幹也。故佛道兩家之圓教爲團團轉之圓教，非方中有圓圓中有方之圓教，看似甚玄甚妙，實只因團團轉而爲玄妙，並未十字打開，故綱維不備，非大中至正之天常。（天者自然而定然義，常者常度義，即「天地之常以其心普萬物而無心」語中之常。）如此，吾可解一切辯者之惑並可使熊師之諦見全部朗然。

圓善之問題，依康德，必涉及目的王國與自然王國之綜和，而此兩王國之合一即爲上帝之王國。因此，哲學系統，由兩層立法而成者，必至上帝王國而止，那就是說，圓善之問題必引至哲學系統之究極。今依中國傳統說，圓善之問題必在圓教中得解決，兩層王國之諦一惟在圓教中始有真實的可能。如是吾人以圓教理境代替上帝之王國，以上帝王國爲空話故，

人格神之上帝爲情執故，徒言上帝創造自然不能使「自然與道德相諧和」爲可理解故。但既

以上帝保證圓善之可能，如是，于人之實踐以要求圓善之實現中，于自力以外，復又要求或

祈禱從上面而來的協力之合作。但是卽就康德所說的道德的宗教，卽善的生命之宗教（不是

求眷顧求福祐之宗教）而言，康德亦說以下的話：

但是在道德的宗教中（而在已有的公眾宗教中，唯基督教是道德的宗教），以下所

說乃是一基本原則，卽：每一人皆須盡量作其力量之中的事以去成爲一個較好的

人，而且只有當一個人未曾埋葬其內在而固有的才能，已使用了其根源的向善之能

以去成爲一較好的人時，此人始能希望那不在其力量之中者將因一較高層面的協力

合作（將通過從上面而來的協力合作）而被供給。但是「人定須知道此協力合作存

于何處」這並不是絕對必要的；或許以下所說甚至是不可避免的，卽：如果此協力

合作所依以發生的那道路已在某一定時間內被顯露出來，則另一人，在另一時間內可

對于協力合作所依以發生的道路形成一另一不同的想法，而其形成此不同的想法

亦是以至誠而形成之。這樣，以下所說的原則是有效的，卽：「一個人要想去知

道在其得救上上帝所作的是什麼或所已作的是什麼」這對于任何人而言皆不是本質

的，因而亦並不是必要的，但只一個人要想値得有上帝之協助，「去知其自己所必

須去作的是什麼」這才是本質的。（康德論基本惡最後的結語。見第一章附錄。）

案在一個人之得救上去知上帝所作的或所已作的是什麼既非本質亦非必要,而上帝之眷顧不眷顧又不可得而必,是則上帝之保證圓善之可能終是一句空話,而圓善亦終于不可得其具體而真實的意義之可能。康德是主張道德的宗教者,而且他覺得「在已有的公眾宗教中唯基督教是道德的宗教」。但這道德的宗教,依剛才所說在人之得救上什麼是本質什麼不是本質而言,充其極必歸于圓教之路始能使圓善為真可能。若死抱「上帝保證圓善之可能」之信念,則若想使圓善不落空,必歸于祈福祐求眷顧之宗教(只知祈禱作禮拜者),而祈福祐求眷顧之宗教乃是康德所放棄者,而康德所主張的道德的宗教亦終不可保,人們可不理你那套道德的勸戒。(努力作自己所應作之事以成為一較好的人之勸戒),而只著重在求上帝之眷顧。康德說「惟基督教是道德的宗教」,此語太過。基督教的道德不必是康德所說的道德。康德若根據其所想的道德而說基督教是道德的宗教,那是增益見。依康德的道德哲學而于圓善問題上猶仍歸于上帝之信仰這乃是其道德哲學之不徹底,實踐理性之未充其極,此只可說是實踐理性之始教或別教。若實踐理性充其極而至圓教,則人格神之上帝以及以之來保證圓善之可能必被拆穿,此當是康德思路所必應有之歸宿。蓋在康德,道德與宗教仍是兩截未通氣故,關鍵唯在人格神──一個個體的無限存有之肯定。(關于康德論基督教的道德請參看康德的道德哲學頁三七六至三七九)

圓教必透至無限智心始可能。如是,吾人以無限智心代上帝,蓋以無限智心之人格神化為情執故,不如理故。無限智心不對象化而為人格神,則無限智心始落實。落實云者人能體

現之之謂。人能體現之始見其實義。對象化而爲人格神只是情識崇拜祈禱之對象，其實義不可見。**實義不可見**，吾人不能知其于德福一致問題之解決將有何作用。無限智心能落實而爲人所體現，體現之至于圓極，則爲圓聖。在圓聖理境中，其實義完全得見：既可依其自律而定吾人之天理，又可依其創生遍潤之作用而使萬物（自然）有存在，因而德福一致之實義（真實可能）亦可得見：圓聖依無限智心之自律天理而行卽是德，此爲自然王國；無限智心于神感神應中潤物、生物，使物之存在隨心轉，此卽是福，此爲目的王國（此自然是物自身層之自然，非現象層之自然，康德亦說上帝創造自然是創造物自身之自然，不創造現象義的自然）。兩王國「同體相卽」卽爲圓善。圓教使圓善爲可能；圓聖體現之使圓善爲真實的可能。

因此，依儒聖智慧之方向，儒家判教是始乎爲士，終乎聖神。士尙志，特立獨行之謂士。禮記儒行篇皆士敎也。成一眞實的人卽爲士。「可欲之謂善（此可欲指理義言），充實之謂美，充實而有光輝之謂大」。此三義是由士而進于賢，亦可說是賢位敎。「大而化之（大無大相）之謂聖」，此是賢而聖，亦可說是聖位敎。以天地萬物爲一體，乃至「與天地合德，與日月合明」云云，皆聖位敎也。「聖而不可知之謂神」，此是聖而神（神感神應之神），亦可說是神位敎（四無敎）。「君子所存者神，所過者化，上下與天地同流，豈曰小補之哉？」此等語句卽是聖而神之四無義也。如是，由士而賢，由賢而聖，由聖而神，士賢聖神一體而轉。人之實踐之造詣，隨根器之不同以及種種特殊境況之限制，而有各種等級之能。

差別，然而聖賢立教則成始而成終矣。　至聖神位，則圓教成。圓教成則圓善明。圓聖者體現圓善于天下者也。此爲人極之極則矣。哲學思考至此而止。中間餘義詳見現象與物自身，復見下附錄之補文。

頌　曰：

　　　尼父得其實
　　　圓教種種說
　　　人極賴以立
　　　中西有聖哲

復爲之歌以詠之曰：

　　　象山讀孟而自得，
　　　朱子伊川反渺茫。
　　　周張明道皆弗違，
　　　孟軻重開日月光。
　　　儒聖冥寂存天常，

陽明新規亦通方。
四有四無方圓備，
圓教有待龍谿揚。
一本同體是真圓，
明道五峯不尋常。
德福一致渾圓事，
何勞上帝作主張。
我今重宣最高善，
稽首仲尼留憲章。

# 附　錄：

## 「存有論」一詞之附注

西方的存有論大體是從動字「是」或「在」入手，環繞這個動字講出一套道理來卽名曰存有論。一物存在，存在是虛意字，其本身不是一物，如是，道理不能在動字存在處講，但只能從存在着的「物」講。一個存在着的物是如何構成的呢？有些什麼特性、樣相，或徵象呢？這樣追究，如是逐標舉一些基本斷詞，由之以知一物之何所是，亞里士多德名之曰範疇。範疇者標識存在了的物之存在性之基本概念之謂也。存在了的物之存在性或實有性。講此存有性者卽名曰存有論。因此，範疇亦曰存有論的概念。範疇學卽是存有論也。此種存有論，吾名之曰「內在的存有論」，卽內在于一物之存在而分析其存有性也，康德把它轉爲知性之分解，因此，這內在的存有論便只限于現象，言現象之存有性也，卽就現象之存在而言其可能性之條件也；吾依佛家詞語亦名之曰「執的存有論」。

但依中國的傳統，重點不在此內在的存有論。中國的慧解傳統亦有其存有論，但其存有論不是就存在的物內在地（內指地）分析其存有性，分析其可能性之條件，而是就存在着的物而超越地（外指地）明其所以存在之理。興趣單在就一物之存在而明其如何有其存在，不

在就存在的物而明其如何構造成。有人說這是因爲中文無動字「是」（在）之故。這當然是一很自然的想法。中文說一物之存在不以動字「是」來表示，而是以「生」字來表示。「生」就是一物之存在。但是從「是」字入手，是靜態的，故容易着于物而明其如何構造成；而從「生」字入手卻是動態的，故容易就生向後返以明其所以生，至若生了以後它有些什麼樣相，這不在追求之內，因爲這本是知識問題，中國先哲不曾在此着力。故中國無靜態的存有論，如文中所說儒家的存有論（縱貫縱講者）及道家式與佛家式的存有論（縱貫橫講者）即是這種存有論，吾亦曾名之曰「無執的存有論」，因爲這必須依智不依識故。這種存有論即在說明天地萬物之存在，就佛家言，即在如何能保住一切法之存在之必然性，不在明萬物之構造。此種存有論亦函着宇宙生生不息之動源之宇宙論，故吾常亦合言而日本體宇宙論。

中國以往雖未構造出內在的存有論，然可以隨時代之需要，文化心靈之開展，而補充之或吸納之。動字「是」與「生」之異途只是自然語言之方便，並非義理之必然，非然者便成定命論。又，佛家有不相應行法，此已類乎西方之範疇，故可順之而講內在的存有論（執的存有論）。只因佛家重視轉識成智，故著重點不在此，因而遂亦未積極地構造出此種存有論。又朱子雖重視道問學，然光只順其所說之道問學，既不足以成知識（科學），亦不足以成內在的存有論；但其系統中氣自身之凝結造作，自成一機括，此中即含有物本身之構造之問題，此是內在的存有論之根芽，但朱子卻亦未能順此而構造出一個內在的存有論，蓋光只此

尚不足夠故也，無範疇故也。其太極之理所擔負的仍是「存在之理」也。但朱子的這「存在之理」雖表示是「存在」之所以然（超越的所以然），然其本身以非卽心故，卻亦無動用義，因而亦無創生義。有人以爲朱子之理卽是生之理，既是生之理，就有「能生」之動用義，此理非是。「生之理」並不表示此理本身就有「能創生萬物」之動用義，這完全是兩回事。吾明之屢矣，人還如此致疑，可見其既不虛心，又無思想義理之訓練，甚鄙陋也。朱子之思想甚一貫，爲其辯護者皆一團混亂，不必爲朱子之所喜。

又海德格雖力圖建立其基本存有論，對于人這有限的存有詳作存在的的分析，然仍屬內在的存有論，雖不是亞里士多德與康德之知識義的存有論。他力斥「表象的思想」而想後退一步回到「根源的思想」，但終未透出，未達無執的存有論之境；雖時有妙語，然終頭出頭沒，糾纏不已也。

又西方雖以內在的存有論爲主，然有時亦常有越出現象之存在以外引出某種東西以說明此存在者，如柏拉圖引出理型以爲說明一物之「是」之根據，此爲「形式的存有論」，吾亦可名之曰純質的存有論；又如羅素經由邏輯分析肯定原子性以爲說明知識以及知識對象之根據，此名曰邏輯原子論，此爲多元的存有論（來布尼茲的心子論則名曰純質的多元論，此亦是一種存有論，對理型之爲形式言，此可曰材質的多元存有論，此材質是就心子言，不就物理原子言。）然無論是理型，是心子，是邏輯原子，就其無創造性言，皆可屬于內在的存有論，或說是內在存有論之變形，皆屬于假定者，未能如由範

· 339 ·

言的內在存有論之轉爲知性之超越分解者之爲定然的。（胡塞爾的現象學，由意指的分析入，無假定，但亦是內在存有論之一變形，未能越出康德的超越統覺以外。）

若越出現象存在以外而肯定一個「能創造萬物」的存有，此當屬于超越的存有論。但在西方，此通常不名曰存有論，但名曰神學，以其所肯定的那個「能創造萬物」的存有是一個無限性的個體存有，此則被名曰上帝（智神的上帝，非理神的上帝）。

吾人依中國的傳統，把這神學仍還原于超越的存有論，此是依超越的，道德的無限智心而建立者，此名曰無執的存有論，亦曰道德的形上學。此中無限智心不被對象化個體化而爲人格神，但只是一超越的，普遍的道德本體（眩括天地萬物而言者）而可由人或一切理性存有而體現者。此無限智心之爲超越的與人格神之爲超越的不同，此後者是只超越而不內在，但前者之爲超越是既超越而又內在。分解地言之，它有絕對普遍性，越在每一人每一物之上，而又非感性經驗所能及，故爲超越的；但它又爲一切人物之體，故又爲內在的。（有人以爲既超越而又內在是矛盾，是鑿枘不相入，此不足與語。）因此，它之創造性又與上帝之創造性不同，此不可以瞎比附而有曲解也。

因此，依中國傳統圓實智慧而作消融與淘汰，結果只有兩層存有論：執的存有論與無執的存有論。

國家圖書館出版品預行編目資料

圓　善　論

牟宗三著. － 初版. － 臺北市：臺灣學生，民 74
面；公分

ISBN 978-957-15-0743-9 (平裝)

1. 天臺宗 2. 智慧 － 哲學，原理

128.6　　　　　　　　　　　　　　　　85002689

圓善論

著　作　者：牟　宗　三
出　版　者：臺灣學生書局有限公司
發　行　人：楊　雲　龍
發　行　所：臺灣學生書局有限公司
　　臺北市和平東路一段七五巷十一號
　　郵政劃撥戶：○○○二四六六八號
　　電話：(○二)二三九二八一八五
　　傳真：(○二)二三九二八一○五
　　E-mail:student.book@msa.hinet.net
　　http://www.studentbook.com.tw

本書局登
記證字號：行政院新聞局局版北市業字第玖捌壹號

定價：新臺幣四○○元

一九八五年七月初版
二○一九年十二月初版四刷

19004